普通高中新课程新教材实施国家级示范校建设成果

厚植沃土
深耕内涵

人大附中『双新』国家级示范校建设探索

主编 刘小惠

中国人民大学出版社
·北京·

本书编写，事繁任重。在此，向接受采访、提供素材、协助修改的老师表示衷心感谢（排名不分先后）。

王　艳　王　喆　王　强　毛锦旖　刘　婧　佟世祥　昌　盛　徐翔宇　周景萍
陈莲春　马畅蓬　钱颖伟　周　琳　于丹丹　才子聪　王　鼎　白　冰　司　健
刘文秀　孙　芳　杨功荣　吴中才　吴文庆　张　雯　郑华林　侯立伟　唐小徐
崔　旺　崔　鹏　梁丽平　李　漪　马　悦　尹　航　刘景军　杨卫华　高　山
韩甲祥　谭松柏　张卫汾　刘学斌　刘永进　李志刚　李　彪　吴多常　陈伟孟
陈若冰　张燕怡　周　晶　胡继超　段宝维　曹荣太　韩　琪　卢海军　林声远
黄群飞　冯　姝　过新炎　刘　丹　张文胜　陈　昊　贺　新　蔡元博　丁晓新
吴建军　曹　喆　周　萌　周龙平　马　磊　王志鹏　吕继华　闫新霞　苏昊然
李　朴　李　峰　挚伟峰　雷　杨　杨德宝　刘文凤　蔡　磊　杜　军　戴　亚
和　渊　朱甜甜　李　虎　杨迪之　张　帅　唐艳杰　蔡义武　朱　峰　陈　钗
胡宏根　梁月婵　李晓风　王佳雨　闫桂红　孟祥宏　胡望舒　周盈吉　刘嘉丽
卢婧华　佟松龄　武　迪　袁中果　彭惠群　袁继平　张　思　梁　霄　常　青
王　璐　温婷婷　谷多玉　纪朝宪　李作林　何玲燕　姜凤敏　刘长焕　郑　晓
温天骁　施一宁　温明男　马佳佳　孔心怡　孙　颖　杜方志　李　琦　陈海涛
殷现飞　彭　伟　程炜晗　王　朵　王　欣　王　霖　叶　娜　孙　玥　冯树远
朴绪路　许译文　曲　涵　闫晓燕　张　诚　靳　美　张　兴　刘桂华　万秋实
李　桦　张林若愚　陈　华　陈静萍　耿　雁　臧春梅　潘　燕　徐　乾　万　丹
代　旭　王思泓　王晓楠　孙京菊　刘秀清　张　勇　唐汝磲　陈艳萍　王　军

序　言

　　2020 年 7 月，中国人民大学附属中学（以下简称"人大附中"）入选首批普通高中新课程新教材（以下简称"双新"）实施国家级示范校，本书是人大附中自 2017 年以来普通高中"双新"实施和示范校建设成果的荟萃。

　　人大附中是一所有着浓厚家国情怀和鲜明红色基因的学校。1950 年建校之初，学校就肩负着为国家培养急需的工农干部的历史使命，是新中国第一所工农速成中学。1955 年成为普通中学。75 年来，人大附中一直坚持"为党育人、为国育才"的初心使命，努力办高质量的教育。

　　高中新课程新教材实施对于落实立德树人根本任务、推动教育教学改革、适应时代发展需求、促进教育公平与均衡发展以及提升教师专业素养等具有重要意义。"双新"实施以来，尤其是 2020 年入选普通高中"双新"实施国家级示范校以来，人大附中对照教育部关于示范校建设工作的要求，对标学校 3 年规划，扎实推进"双新"实施和示范校建设工作，已于 2023 年底高质量完成了全部建设任务——"五育并举·全面育人"的课程体系建设、"平稳运行·科学高效"的课程组织管理、"学生主体·追求实效"的教学改革策略、"科学命题·综合评价"的考试评价机制、"民主共享·互帮互助"的校本教研制度及"优势突出·率先实践"的特色培养模式。

　　育人模式实现创新。基于"全面发展＋突出特长＋创新精神＋高尚品德"的育人目标，立足新时代，人大附中进一步阐释育人目标的新内涵：以立德树人为核心、以全面发展为基础、以突出特长为重点、以创新精神为引领。以此为基点，在"双新"建设中实现育人模式创新，形成"一条龙·多通道·立交桥"特色育人模式。

　　课程体系迭代升级。对标"五育并举"的"双新"实施要求，人大附中优化课程体系的顶层设计，分阶段、有重点地进行课程群建设，在迭代升级中构建了"一核·两翼·三层级"的学校课程体系。严格落实国家课程标准，构建起 13 个学科课程群和独具特色的跨学科课程群。

　　课程管理规范科学。"一核·两翼·三层级"的课程体系充分保障了国家课程的校本化实施，同时也对课程组织与管理提出了新的要求。人大附中不断强化课程管理与实施，同时注重课程实施计划性与灵活性相统一，因课施策，因生施策，全面满足全体学生的学习需求。

教学改革不断突破。人大附中在课堂教学改革方面持续突破，积累了丰富的优质课堂教学案例，这些案例鲜明地呈现出人大附中多样化课堂教学实践样态的高品质共性特征，即"素养导向·学习中心·学科本质·生活为基·数智融合"。

评价体系多元立体。人大附中始终坚持"过程性评价"与"终结性评价"并重，强化学校育人成效评价改革，不断创新评价方式，积极探索促进教学的一体化作业设计，扎实推进核心素养导向的测试命题实践，充分发挥评价对教与学的促进功能。

校本教研持续深化。人大附中关注教师专业成长与发展，针对不同发展阶段的教师量身定制个性化专业成长方案，助力教师成长为学习型教师、研究型教师、学者型教师。教师们组建教科研共同体，开展形式多样的校本研修，这也是学校办学质量持续、稳步提升的关键因素。

实施成果向外辐射。人大附中注重强化项目的实施引领作用，持续总结"双新"实施经验成效，在不断把"双新"实施向纵深推进的同时，采用"两面向""全覆盖"原则，通过干部输送、教师培养、课程建设、课堂教学等方式进行教育帮扶，积极把成功经验向外辐射，发挥优质成果的示范、引领作用。

创新人才培养优势突出。在"双新"建设过程中，指向创新人才早期培养的"优势突出·率先实践"特色培养模式得到了深化发展。人大附中从 1985 年开始探索创新人才早期培养，至今已有近 40 年历史。进入新时代，为服务国家战略发展需求，我们把"双新"实施和创新人才早期培养这两项工作融合推进，这既是基于人大附中的办学特色，也是出于对"双新"的深刻理解。我们以"双新"实施助力创新人才早期培养行稳致远，持续推动人大附中创新人才早期培养模式的不断优化与改进，厚植沃土，宽广融通，面向全体学生开展创新人才早期培养，为每一位学生提供适宜的土壤，让创新人才不断"冒出来"。

本书从"新理念·新课程、新教学·新评价、新指导·新成长、新教研·新驱动"四个维度，总结并呈现了人大附中在课程体系建设、课堂教学研究、评价体系建设、学生发展指导、教师专业发展、课程改革保障以及示范、引领、帮扶等方面的实践经验成果。在素材的选取上，注重实践，突出案例，以理统例，以例说理，将"双新"示范校建设要求通过一个个教育教学案例呈现出来，把理论的实践与实践的理论融为一体，力争为广大同仁和读者呈现一个真实、立体、全面的人大附中样本。

一"结"一"起点"。展望未来，我们还将不断从"双新"建设中汲取力量，继续砥砺深耕，向纵深推进；以"实施普通高中内涵建设行动，促进优质特色发展"为新契机，继续探索面向人人、具有普适性的创新人才早期培养模式，为更多中小学提供借鉴，为实现教育强国贡献人大附中智慧和方案。

刘小惠

2025 年 1 月

目　录

第一章　新理念·新课程

第二章　新教学·新评价

第三章　新指导·新成长

第四章　新教研·新驱动

附　　录

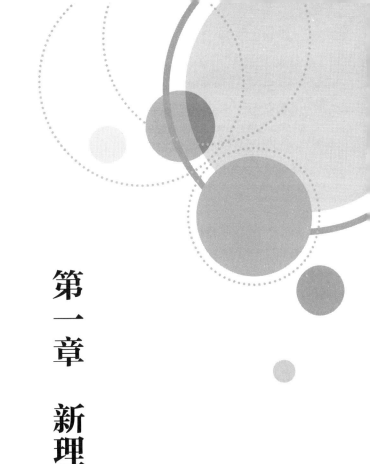

第一章 新理念·新课程

以"一核·两翼·三层级"课程体系推动学生全面而有个性的发展 ①

政策·聚焦 ┈┈┈

《普通高中新课程新教材实施国家级示范区(校)建设指南(试行)》将"构建五育并举的学校课程体系"列为示范校建设的首要任务,并提出具体要求:"基于前期已有改革基础,结合学校办学定位、人才培养目标,构建五育并举的学校课程体系,为不同发展方向的学生开发提供多样化有选择的课程。开齐国家规定的课程,开足国家规定的课时。鼓励与中等职业学校课程互选、学分互认、资源互通,积极进行普职融通的探索。"

人大附中历来重视学校课程体系的建设,以"双新"建设为契机,在"构建五育并举的学校课程体系"方面取得了突破性进展——基于学校已有课程体系的迭代升级,构建了"一核·两翼·三层级"的学校课程体系,充分实现学校整体育人功能,深化学校教育高质量发展的内涵。

一、对标政策,找准问题,明晰课程建设理念

在认真研读相关政策要求的基础上,学校系统梳理普通高中课程建设的历史脉络,厘清了学校课程建设的已有基础和存在的问题。

历经30余年的发展,人大附中已经形成了比较完备的课程体系:必修课程全面落实国家课程方案,纲举目张,基本覆盖"五育"要求;选修课程在国家课程方案的指导下,基于学校特色和教师学术倾向,呈现百花齐放的景象。但是,对标"双新"示范校建设要求,学校课程建设仍存在若干亟待改进的问题:一是构成学校课程体系的层级结构、功能类型及课程名称等关键要素略显杂乱,各门课程之间的横向关联与纵向进阶不甚清晰,不同形态的课程组织未能相互协调,在一定程度上妨碍了学校整体育人功能和价值的充分释放;二是部分校本课程的内容设置存在随意、松散的现象,校本课程数量众多、内容庞杂,未充分考虑国

---

① 本文部分内容发表于《人民教育》2024年第1期,文章题目为《以"一核·两翼·三层级"课程体系推动学生全面而有个性的发展》,作者刘小惠。

家战略发展需求，未突出学校特色发展需要。

深刻认识到学校课程建设的不足后，学校成立课程建设专项小组，经过多次调研与深度研讨，首先明晰了学校课程建设的基本理念：一是聚焦"五育并举、融合育人"的"双新"示范校建设要求，优化学校课程体系顶层设计，增强学校课程结构的系统效应，提升课程的整体育人价值；二是综合考虑国家政策导向、学校特色发展需求、师资和生源基本状况，统筹规划课程内容及课时设置，实现学校课程建设的可持续发展，夯实学校高质量发展的内涵。秉持上述基本理念，课程建设专项小组对各类问题的成因进行深刻剖析，寻找解决问题的最优路径和最佳方案。

二、整体规划，顶层设计，迭代升级课程体系

紧扣学校"全面发展＋突出特长＋创新精神＋高尚品德"的育人目标，对标"五育并举"的"双新"示范校建设要求，学校对课程体系的迭代升级进行顶层设计。一是对已有课程体系进行系统性调整和优化，重点解决分类分层问题；二是对现存所有课程进行全面审核，重点关注名称规范、属性界定、内容整合及学段衔接；三是按照优化后的课程体系结构，分类分层排布审核规范后的各门课程。如此"三步走"之后，基本完成了人大附中课程体系的又一次迭代升级，正式构建了"一核·两翼·三层级"课程体系 3.0 版本。我们进一步将其形象地呈现为"人"字型课程体系结构图（见图 1）。

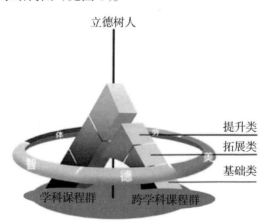

图1　人大附中"人"字型课程体系结构图

学校课程体系能够"顶天立地"的核心是"立德树人"；"人"字的一撇一捺代表落实育人目标的两个重要载体"学科课程群"与"跨学科课程群"，这两类

课程群都依照"基础—拓展—提升"的功能层级划分持续完善；环绕"人"字的五彩能量圈彰显"五育并举、融合育人"的"双新"建设要求。

"一核"，即以落实立德树人根本任务为核心，这是构建学校课程体系的根本立足点。我们始终把立德树人放在首位，秉持"全员育人、全程育人、全科育人"的基本原则，从"思政课程"到"课程思政"，立德树人已经在学校办学目标、办学思想、培养目标、课程建设、教学管理、课堂学习、学生发展指导等方方面面得到生动诠释和落实。

"两翼"，即学科课程群和跨学科课程群，是落实学校育人目标的重要载体。"课程群"以促进学生核心素养的达成为目标，学校应用课程自主权，通过将具有关联性的学科或课程模块进行重新组织，形成结构合理、衔接有序的课程组织，实现课程整体育人价值。[①] 当前，培育学生核心素养成为基础教育课程改革新的目标追求，将单门课程发展为课程群成为学科课程提质增效的重要途径。依据国家课程方案的规定，人大附中构建了13个学科课程群，分别是语文课程群、数学课程群、英语课程群、思想政治课程群、历史课程群、地理课程群、物理课程群、化学课程群、生物学课程群、信息技术课程群、通用技术课程群、艺术课程群、体育与健康课程群。

在做强、做优学科课程群，保障学科核心素养落地的同时，依托多年累积形成的丰富的活动资源，着眼课程育人的综合性和实践性，人大附中积极探索不同样态、各有特色的跨学科课程群，以学生特定的素养结构为目标，以发展理念为统领，以跨学科主题为线索，对性质相近或者关联的课程进行整合、优化、重组，从而充分体现课程的整体育人价值，形成结构清晰、内在一致、彼此衔接的课程组群。学校跨学科课程群包括作为国家课程的综合实践活动课程与劳动课程的校本化实施、服务国家发展战略的人工智能课程群，以及满足学生个性化发展需求的特色跨学科课程（群）系列。

"三层级"，即根据课程功能将"两翼"课程群分为基础类、拓展类和提升类三个层级。基础类课程是全体学生必修课程，旨在实现全体学生德智体美劳全面发展；拓展类课程的主要功能在于开阔学生学习视野、促进个性发展，面向全体学生任选；提升类课程，包括学科优长课程、大学先修课程、大中衔接课程以及体艺竞技课程等，旨在最大限度满足不同学生的优长发展和特殊需求。无论学科课程群还是跨学科课程群，都遵循"基础—拓展—提升"的功能层级划分来规划各门课程的设计与实施，每一门课程都力求准确定位，保证在每一个功能层级上都有相应的若干具体课程支持。

---

① 王凯，郭蒙蒙.学科课程群：概念辨析、类别梳理与系统设计.课程·教材·教法，2020（11）：4–12.

"一核·两翼·三层级"的课程体系，既指导各教研（备课）组以此为依据不断调整、优化、丰富课程群内部结构，又给各教研（备课）组充分的自主空间，以彰显不同学科课程群的优势与特色，以及跨学科课程群的多样化探索。

三、同步赋能，重点突破，推动"两翼"课程群建设

在实践中，学校摸索出统分结合、同步赋能的"两翼"课程实施机制。每学期伊始，学校对课程群建设工作进行统一规划与部署，分别明晰学科课程群与跨学科课程群的建设目标和成果导向。同时，全程关注并指导具体实施过程。学期结束时，学校统一组织第三方评价，并督促各方及时盘点反思，为下一轮课程实施做好改进方案。这种统分结合的课程实施机制，充分保障了课程质量，务实且高效。

（一）筑基提质：建构横向关联、纵向衔接的学科课程群

学科课程群构建，要尊重学科本质及逻辑，界定与厘清学科内部各部分内容之间的横向关联。同时，依据不同课程功能的层级划分，呈现纵向衔接和进阶，满足学生对学科课程的差异化需求。

1. 学科课程群建设路径

学科课程群的建设以学校各学科教研组为主要力量。学校采取"三步走"的策略构建学科课程群。第一步，由"双新"建设项目组系统梳理近 5 年所有课程，重点关注名称规范与层级归属。第二步，按照"基础—拓展—提升"层级结构，初步构建起学科课程群结构图。第三步，将课程群结构图反馈给各学科教研组，建议教研组对已开设的校本课程进行内容和结构的再评审，规划开设新课标中所列的选修课程；同时，根据学校育人目标和学生差异化需求，研发特色课程。通过这三步，各学科的课程群结构得以不断完善。

实践证明，在学科教研组层面采用"自主选课、统一调控，结成小组、合作研发"的做法，能充分调动教师开发课程的积极性，既能实现课程建设的规模效应，还能对教师个体或群体教学特色、教学风格的形成产生积极影响。在此背景下，学校学科课程群建设呈现出生机勃勃的发展态势，在落实"五育并举"、融合发展方面不断突破。

2. 学科课程群建设示例

以数学课程群结构图（见图 2）为例。基础类课程涵盖了课标规定的所有必修和选必内容，共 14 学分；拓展类课程有 13 门，重点向三个方向发展——强调数学应用、关注数学文化、拓展数学视野。提升类课程包含竞赛课程、大学先修

课程，着眼于培养数学特长。课标规定每一位高中生都要完成6学分的选修课程，我们实际提供了41学分的课程。

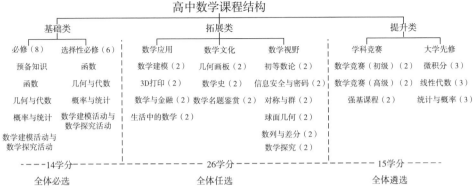

图2 人大附中高中数学课程群结构图

以拓展类课程中的数学文化系列课程为例，"数学史"侧重于介绍一些数学历史上经典问题及其背景知识，"数学名题鉴赏"讲解国内外很多著名比赛的真题，这两门课旨在帮助学生开阔数学学习视野。荣获第38届全国中学生数学冬令营竞赛金牌的王镜廷同学在接受采访时，特别提到了这两门课程对他的帮助。

13个学科课程群是人大附中落实国家课程的重要载体，也是国家课程校本化实施的核心体现。目前，这13个教研组仍在继续完善学科课程群建设。

此外，借力"双新"，学校有意识加强了各个学科课程群提升类课程的设置，以便更好地服务于拔尖创新人才早期培养。仅以提升类课程中较有挑战性的大学先修课（见图3）为例，我校先后开出20门课程，涵盖数学、物理、化学、语文等各个学科，为在某些领域具有创新潜质、超常潜能的学生搭建了持续进阶的平台。

学科	课程名称	学科	课程名称
数学	微积分（分析导论）	物理	力学
	微积分（上）		电磁学
	微积分（下）		听清华教授讲物理前沿
	线性代数初步	生物	现代生物学导论
	概率论与数理统计		基因神探科学
语文	中国古代文化	政治	微观经济学
	文学创意写作	历史	中国古代史
	科幻创意写作	地理	地球科学概论
英语	通用学术英语	通用技术	电路基础
化学	大学化学	信息技术	计算概论

图3 人大附中高中提升类课程之大学先修课（部分）

（二）多态融合：建构跨学科、多样态、有特色的跨学科课程群

依托经年累积形成的丰富的活动资源，着眼课程育人的综合性和实践性，人大附中鼓励教师积极探索不同样态、各有特色的跨学科课程群。

1.跨学科课程群建设路径

近年来，学校努力改变课程决策和授权方式，转向扁平化的项目管理，围绕课程建设的核心任务组建项目小组，通过制度建设保障各项目小组密切沟通，根据实施情况灵活决策，提升从决策到行动的效率。[①]学校跨学科课程群的开发主体比较多元，可以概括为"三主体"的课程实施策略：其一，学校统一规划并组织实施的跨学科课程群，如劳动课程群、研究性学习课程群，这是对国家课程的校本化实施，统一管理非常有必要；其二，教研组根据学科课程标准的引领，主动开发的系列跨学科课程或课程群，比如，由信息技术学科、通用技术学科衍生的跨学科课程群；其三，教师组建微团队，开发跨学科课程或课程群。三类主体分别发力、互相借力，促使跨学科课程群建设呈现蓬勃之势。

2.跨学科课程群建设示例

目前，学校跨学科课程群主要有三类。

（1）劳动课程和综合实践活动课程的校本化实施。

国家课程中的劳动、综合实践活动是基础教育课程体系的重要组成部分。为更好发挥这两门课程的育人功能，人大附中采用跨学科方式进行校本化实施。比如，通用技术教研组与生涯规划备课组融合学校、家庭、社会资源，开发生产劳动实践、校园劳动服务、传统工艺与生活技术、生涯规划与职业体验等 4 个模块，涵盖近 40 个学习主题，涉及 60 余位任课教师。学校创造尽可能多的劳动场域，注重劳动教育与德育、智育、体育、美育相结合，以发展的眼光全面培养学生的劳动观念、劳动技能、劳动习惯与品质、劳动精神等。

研究性学习是综合实践活动课程的重要内容。目前，学校已经创新形成了"基础研究方法＋多研究领域"统分结合的课程机制，并在不断调整过程中形成独具特色的研究性学习课程群（见图 4）。该课程群每年提供几十个研究领域，组成相互关联又独立的课程，分别由具有相关学术背景的教师担任导师，扩大学生的选择范围。

比如，2023—2024 学年高二研究性学习课程由全校 70 多位来自各个学科的教师参与授课、指导，为学生提供物理与能源、地理与环境、运动与健康、航天科技、人工智能／机器人技术、身边的化学、语言文学、图像文化、流行音乐、历史学、社会学及多学科交叉等 50 个可选择的研究领域。学生全员参与，取得

---

① 牛楠森，李煜晖.新时期中小学课程建设的系统范式.教育科学研究，2022（4）：53–58.

了丰硕的研究成果，撰写研究论文 361 篇。

图 4　人大附中研究性学习课程群结构图

（2）服务国家发展战略的"AI＋X"人工智能课程群。

学校开设了近 20 门人工智能课程，形成贴近学生生活、服务国家发展战略的"AI＋X"人工智能课程群（见图 5）。

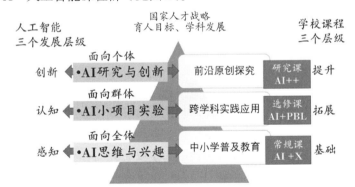

图 5　人大附中"AI＋X"人工智能课程群结构图

该课程群通过剖析人工智能的学科基础、核心思想、内涵外延，以大视野、大概念、大思维为主线来设计，横向跨学科、纵向分层次。横向跨学科，即在 STEM 学科整合的大框架下，从人工智能学科基础和应用两方面挖掘与其他学科的交叉创新点。纵向分层次，指面向学生的不同需求，呈现感知、认知与创新三个层次，与学校课程体系"基础→拓展→提升"的层级结构保持高度一致。

（3）满足学生个性化需求的多样态特色课程开发。

促进学生"全面而有个性的发展"①是普通高中教育的目标，也是高中课程建设的基本立足点。在综合课程群建设中，学校特别重视根据学生个性化的发展需求，及时、灵活地开发多样态的特色课程。

为了切实提升学生的实践能力和创新思维，以通用技术教师为主体的备课团队开发了一系列指向解决真实问题的特色课程。以"鱼类'牧羊犬'——仿生机械鱼设计与制作"课程为例。首先，教师抛出真实问题——设计一款可以在发生污染或灾害的地方引导鱼群脱离危险区域的机械鱼，引导学生综合各个学科的知识思考设计方案；之后，学生分组进行方案设计与实施；然后，探究鱼类引流原理、学习 CorelDraw 绘图软件、进行机械鱼外形设计并加工组装、探究机械鱼的传动机构、对机械鱼进行技术测试，形成测试报告；最后是机械鱼作品的展示、评价和进一步优化创新。10 课时的学习构成了完整的真实问题解决过程，学生沉浸其中，综合运用物理、数学、技术、工程等多个领域的知识、技能和方法解决问题，真实体验结构与功能、权衡与优化、设计与创新等技术思想，进而提高设计创新能力，形成系统与工程思维，锻炼团队意识和合作能力。

拓展类校本选修课程"故宫建筑文化研究"是跨学科特色主题课程，在2021 年被认定为北京市普通高中特色课程。课程以故宫建筑为学习主线，引领学生对故宫建筑中蕴含的中国传统文化进行探究式学习。课程内容分为"故宫建筑与人文历史研究""故宫建筑形制与工艺研究""故宫装饰艺术研究"三个方向。通过项目式学习，教师带领学生由"形"至"神"，深入了解和挖掘中华优秀传统文化，使学生具有更加深厚的文化基础、更加崇高的精神审美、更加深刻的国家认同。

总之，经过 3 年的普通高中"双新"实施国家级示范校建设，学校以"一核·两翼·三层级"课程体系推动高质量发展初显成效。丰富多样的课程充分发掘了学生的潜能，实现学生全面而有个性的发展。教师的课程设计、研究与实施能力得到显著提升。学校以课程开发建设为主要研究内容的 5 项课题获全国教育科学规划教育部重点、青年专项课题立项，3 项获北京市教育科学规划立项。通过学校课程建设，人大附中特色发展得以彰显，高质量发展成为常态。

---

① 中华人民共和国教育部.普通高中课程方案（2017年版2020年修订）.北京：人民教育出版社，2020: 1.

三级课程助力学生打破写作的"围城"

政策·聚焦

《普通高中语文课程标准（2017 年版 2020 年修订）》（以下简称"语文新课标"）指出，语言建构与运用是语文学科核心素养的基础，在语文课程中，学生的思维发展与提升、审美鉴赏与创造、文化传承与理解，都是以语言的建构与运用为基础，并在学生个体言语经验发展过程中得以实现的。

人大附中语文教研组一向致力于"培养具有传统底蕴、现代精神、世界眼光、道德高尚、底蕴深厚、眼界开阔的当代中学生"，并据此初步构建了高中语文课程群（见图 1）。

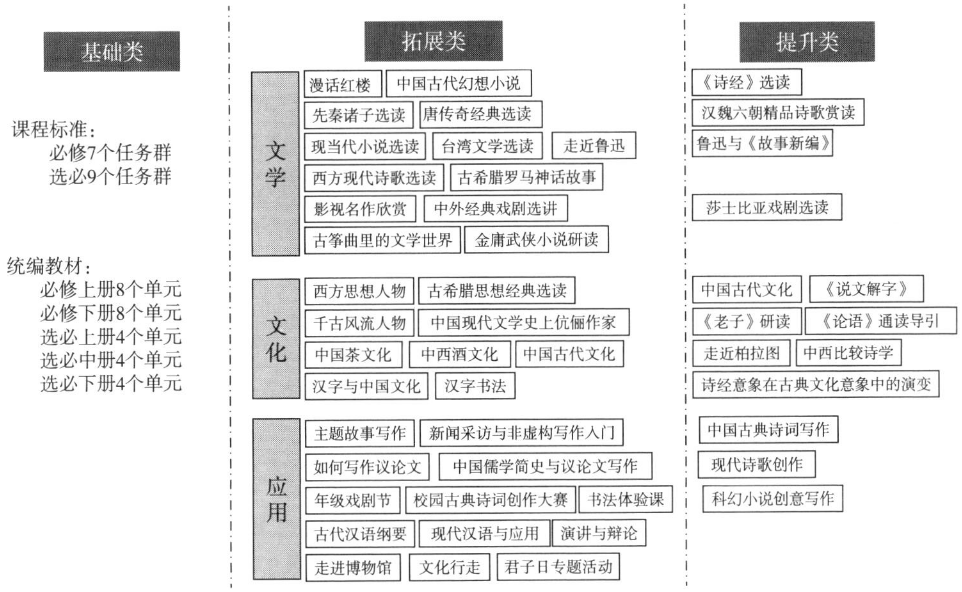

图 1　人大附中高中语文课程群结构图

构成语文课程群的基础类课程涵盖了语文新课标所规定的 7 个必修学习任务群和 9 个选择性必修学习任务群，主要依托统编语文教材来落实，要求全体学生必选，以确保每一位学生达到高中阶段基本、共同的语文素养要求。拓展类课程，既包括课标建议的汉字汉语专题研究、古代经典阅读、跨文化专题研讨、文学文化拓展等内容，也包括具有学校特色的读写实践课程，供全体学生任选，以满足学生对不同发展方向、不同发展水平语文素养的追求。提升类课程，以大学先修、大中衔接类内容为主，旨在为那些在文学及相关领域有特长且有深入学习要求的学生提供专业研究和指导。

拓展类、提升类层级的大部分课程都属于校本课程，是对基础类课程的横向拓展或纵向进阶。在内容维度上，这些课程主要涵盖文学、文化和应用；在实施方式维度上又可分为研读类、概论类和实践类。内容与实施方式两两匹配，组合出丰富多彩的语文校本课程样态，在为学生提供充分的选择空间的前提下，保障每一位学生语文核心素养的形成与提升。

事实上，"基础—拓展—提升"的三级课程结构是当前很多学校在课程建设中不约而同的选择，只是每个层级的具体命名有所不同。结构决定功能，在此，我们就以"三级课程如何助力学生提升写作能力"为例，展开具体阐述。

基础类课程：基于统编教材优化整合写作指导专题

阅读是语言输入，写作是语言输出。如何处理"输入"与"输出"的关系，一直是语文教育领域的重要课题。语文新课标将"表达与交流""阅读与鉴赏""梳理与探究"并列为重要的语文学习活动。高中生的写作实践是"表达与交流"的重要体现，高中阶段也的确是提升学生书面表达能力的重要时期。

将课程内容转化为教材内容，统编教材沿用了以阅读为主线编排单元的"文选型"编写体例。在教材的每一个单元中，单元主题与课文特点直接规约写作任务，且写作任务往往被安排在单元的最后部分。依据语文新课标理念，在将教材内容进一步转化为教学内容的过程中，人大附中语文教研组充分考虑学生的现有写作水平和真实需求。各年级备课组尝试以不同的方式优化、整合统编教材的单元写作任务，以保障"写作"与"阅读"并驾齐驱。

1. 专题指导：必要节点的恰当整合

2023年9月，高二年级全体语文教师认真研读统编教材，梳理了必修上册、下册和选择性必修上册、中册、下册的所有单元主题、单元写作任务及写作指导要点。梳理发现，统编教材的单元主题集中、明确，基本涵括了中学生写作的思想主题；教材各单元的写作任务及写作指导紧扣单元主题和选文特点来设置，充分体现了以阅读为主线编排的特色；从写作能力发展规律的角度来看，教材各单元间写作任务的内在逻辑性和序列性不强。以议论文为例，五册教材一共安排了八次与议论文写作相关的指导，分布比较分散，不利于学生系统地掌握如何写好一篇议论文。有鉴于此，高二年级语文备课组调整了教材关于议论文八次指导的先后顺序，在高二上学期统筹规划了"议论文写作指导专题"，以每月大作文、每周微写作穿插推进（见图2），系统落实教材相关指导要点。

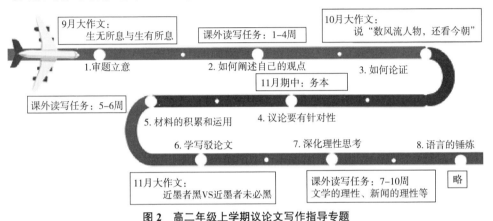

图2 高二年级上学期议论文写作指导专题

2.过程指导：基于写作前中后的持续关注

在对教材单元写作任务进行统筹整合的同时，备课组也特别重视对学生写作过程进行完整且全方位的指导。写作任务的达成不是一蹴而就、一跃十步的，只有把写作的过程充分打开，学生的优势和困难才能充分暴露出来，教师才能更加有的放矢地指导。必修上册第三单元要求学生写文学短评，教材编写者以短文《学写文学短评》就文学短评的定义、价值、写作要点等进行了指导。但是，学生不可能依靠高一的一次写作实践就能掌握文学短评的写作诀窍。因此，后续学习中适时地复习、巩固尤为重要。

例如，在高二上学期，学习选择性必修上册第三单元"多样文化"时，恰逢2023年诺贝尔文学奖揭晓，教师以此为契机，带领学生再次撰写文学短评。在具体教学过程中，教师结合学生习作范例，把教材提供的程序性知识转化为策略性知识，和学生一起总结了撰写文学短评的五大步骤：阅读文本，找到"感点"→提炼观点，梳理角度→精选诗句，以议定例→安排结构，点面结合→叙议结合，以议为主。有范例、有支架，学生的写作过程顺畅了许多。

不过，教师的指导并没有因为每位学生提交了自主创作的文学短评而结束，而是继续组织学生展开习作阅读分析、相互交流修改和定稿分享等活动。回顾整个过程，学生经历了"群文阅读→写作指导→自主创作→习作阅读→交流修改→定稿分享"完整环节，教师的指导渗透在每一个环节，学生完成写作任务之后的习作阅读、修改、分享已经成为教学常态。

在"双新"建设中，用好统编语文教材，在基础类课程的实施中扎实地培养并提升学生的语文学科核心素养，已成为人大附中语文教研组全体教师的共同追求。

拓展类课程：因应真实学情，多角度开拓写作空间

仅仅依靠基础类课程、必修课程有限的课堂教学时间并不能帮助每一位学生彻底解决写作中遇到的困难或问题。为此，语文教研组的老师们根据学生不同的兴趣爱好等真实学情，陆续开设了"新闻采访与非虚构写作入门""主题故事写作""如何写作议论文""中国儒学简史与议论文写作""演讲与辩论"等拓展类课程，力求从不同角度开拓学生的写作空间。其中，"主题故事写作"正是徐翔宇老师在"双新"实施过程中新开发的一门选修课。

1. 主题设计：满足学生，回应教材，观照生命

从"主题"入手，源自教师对高中学生写作痛点的辨识。这个痛点，不是学生的阅读积累不足，也不是学生掌握的写作方法、技巧不够，而是学生缺乏对生活的感受和认识，欠缺思想认识、思想见地。紧张的生活节奏、狭窄的生活空间阻碍了学生从丰富多彩的现实世界中获取新鲜信息，也使学生缺少了从容观察与感受生活的机会，丧失了以自由之心去扩展生活外延、品味生活内涵的能力。然而，如果不能让学生睁开眼睛，打开心灵，去感悟周遭的人、事、物和整个世界，就没有完成核心素养的要求，真正体现语文学科的价值。

高中生在课内、课外已经阅读了不少经典，但是他们不能顺畅地将"阅读的经验"转化为"写作的经验"。不可否认，经典文本对于写作有无与伦比的借鉴魅力，但对于高中生而言，以现有的写作经验跨越到经典作品所要求的写作经验上，是有相当难度的。对学生而言，阅读和写作对象越新鲜，感受越丰富，认识愈深刻，写作的需求与动机也必然愈加强烈。

以"主题"为切入点，以身边人真实而鲜活的故事为载体，可以激活学生对主题多角度、有深度的内涵开掘，进而帮助学生涵养并丰富思想认识，丰盈写作的源头活水。

主题的甄选与设计既要以学生的兴趣需求为中心又不失教师的主导，要源于教材但不囿于教材。

首先，要满足学生的真实需求，否则很难激发他们的兴趣、调动他们写作的热情。面对新时代的学生，教师需要重视从日常与学生的聊天谈心、从浏览学生微信朋友圈发布的信息等途径，捕捉学生的兴趣点，发现学生的需求点。当选课

的学生发生变化时，"主题"也会随之有一定的变化。同时，青春期的学生生活经验有限，未必有足够的辨识力，需要老师在抓住学生关注点的同时，能对学生的关切做出适切的回应与引导。

其次，回应教材的单元主题。主题的甄选与设计，并非全部另起炉灶，很多主题本身就是对教材单元人文主题的积极回应或延伸拓展。比如，高一语文必修上册第四单元的主题为"家乡文化生活"，第五单元整本书阅读中将《乡土中国》作为必读书目。由此，主题故事写作课延展出了"乡愁""北京"等主题。学生在围绕主题展开的个性化写作中，拓展了对教材主题更多角度的认识，也延续了对主题的深度思考。

再次，坚定观照生命的立场。主题的甄选与设计，折射出的也是教师的语文学科素养。文学即人学，其变化具有一定的不确定性，但同时也有其确定性。当我们从人与自我、人与他人、人与自然三大维度去审视和划分当下生活的各个面向时，能够清晰地提炼出一些主题。比如，"田园"这一主题，既回应了教材中很多古典诗歌的指向，又照应着生活在钢筋混凝土世界中的现代人的生命诉求。

综合以上三个角度的考虑，课程设置了"田园""乡愁""动物""疾病"等多个主题。

2. 故事先行：在讲述与分享中激活经验

确定了主题，如何让学生联系自己的生活体验进行有思想深度的真诚表达？教师选择了以"身边人现场分享故事"的形式，唤醒并激活学生对主题的思考。

每一个主题，教师都会邀请2～3位讲述人围绕主题分享自己的故事。这些讲述人有校内多学科背景的在职教师，有退休老教师，有走出校门的学长……不同的年龄圈层、专业背景，不同的人生体验、生命阅历，为学生带来了生动而鲜活的多彩故事和思想火花，激活学生的生命体验、点燃学生的表达热情。

例如，某次课以"我与北京：一个人和一座城"为主题，邀请了三位不同类型的"北京人"：土生土长的"老北京"；留学后又回到北京的"海归"；在北京长大、回原籍高考、又考回北京某高校的新北京人。三人分别讲述自己与北京的情感历程，开启了学生对于"城与人"的思考。此时的思考不再是学生囿于个人"两点一线"生活的枯燥输出，而是被身边人"经验"唤醒的鲜活"体验"。

3. 思想开掘：个性化的故事写作与分享

为了便于开展讨论，这门课选择了一间有圆桌的会议室作为教室。学生们围坐在圆桌旁，聆听、回应、交流、碰撞……教师既是观察者，也是参与者，更是引导者。触动学生的是"故事"，而教师要点燃的是学生的感受、情感、思想。教师始终是学生思维的启发者和引导者，带领学生经历丰沛的感性体验，逐渐走向藏匿于人与事背后的理性思考。热烈而深刻的讨论之后，学生将开始个性化创作。下一次课，将由学生讲述、分享属于自己的故事，聚焦主题的思考开掘仍然在延续。

一学期，十四个主题，每一次课都依托主题素材的提供与开掘、主题问题的思考与交流、主题故事的写作与分享三项主要学习任务，让真实的阅读与写作在素材开掘、问题解决、任务驱动、成果展示的过程中交织缠绕、互促共生。正是在这样的循环往复中，教师与学生共同创造着"主题故事写作课"的精彩！学生逐渐开阔视野、打开心灵，完成了对相关主题更深层的阅读、更广阔的迁移与更现实的探究，真正盘活了属于自己的写作源泉！学生写作的"围城"就是这样持续地被打破。

提升类课程：有挑战的创作满足个性化需求

如果说，在基础类课程与拓展类课程层面，无论是对必修教材写作内容的优化整合，还是基于教材不同向度的写作选修课程开发，或多或少都更加集中地指向备战高考的议论文、记叙文写作能力提升，那么，提升类课程层面的写作选修课可谓是别有洞天，打破学生写作"围城"的力度明显增强。

"选修课是什么？选修课不是让学生在这里强化、巩固今天八节课的知识点，不是让学生再刷一套题，而是为学生打开另一扇窗，让学生喘口气，然后看到一个新的世界，找到另一种学习、生活的方式。选修课应该成为学生的'精神园地'。"一位青年教师的话道出了人大附中语文教研组很多教师的心声。因为有着这样的期待与追求，所以，在人大附中高中语文课程群结构图中，我们看到了与写作相关的另类选修课——"中国古典诗词写作""科幻小说创意写作""现代诗歌创作"等。

以往的古典诗词课程或重在鉴赏、研读，或偏向诗歌通史，但是，定位为提升类课程层级的"中国古典诗词写作"除去难度上的明显提升，更注重凸显应用与实践。借助任课教师自身的专业功底与文学修养，这门课程带领有兴趣、有需求的学生大胆挑战古典诗歌创作这一传统语文教学的难点，让学生通过自己的创作来进一步学习、亲近、体验、认同中国古典诗歌。从最初的尝试、探索到如今成熟、固定下来，王强老师和昌盛老师一直参与其中，分别负责古风和词的教授与创作指导。

1. 习习古风，歌我心志

在指导学生古风创作的过程中，王强老师尽力突破积习。首先，要带着学生跳出文学鉴赏的视角，转而从创作的视角来重新审视诗。如果还是教学生去品杜甫的忧国忧民、李白的豪放俊逸，去研究这一句好在哪，有什么表达效果，什么艺术色彩，那就和常规语文课没有区别。在讲授这门课程时，教师要把视角切换到创作的角度上来。比如王勃的"阁中帝子今何在？槛外长江空自流"，这句诗为什么令人心生感慨？它在倒数第二句提出了一个问题，最后一句没有回答，却写了一个景。其实很多诗歌都是这种模式，其自然就会产生令人感慨动情的效果，这种手法被称为"以景结情"。但是我们不是要去鉴赏手法，而是要去运用。

其次，对古典诗歌的解读必须深入到技术层面，不能讳言技术。比如虚词的运用法、叠词的运用法、句子的节奏变化、长短句的配合法甚至是平仄韵脚与抒情脉络之间的关系，都应该带着学生一起去研究总结。哪些词语应该是古风的？哪些句式应该是古风的？又有哪些主题是古风的？怎样写才更像古风？这都是课堂上一直在研究的问题。比如有一位同学写了诗句"草枯木叶危，鸟啼燕南飞"，同学们表示不像古风。经过讨论，改作"木叶何危危，劳劳燕南飞"，就有些古风气象了。为什么？因为古风中很少有堆叠意象的句子。草和木叶、鸟和燕，两组意象分别在一句中堆叠，就会显得精巧有余、质朴不足。改后则显得骨气硬朗。另外，"危危""劳劳"这一类叠词的使用，也会增加质朴的气质。比如《诗经》中"伐木丁丁，鸟鸣嘤嘤""鹑之奔奔，鹊之彊彊"等句子，都提示我们古风的"骨感"与其意象的稀疏和叠词的运用有很大的关系。

古风写作的小技巧比比皆是，不仅没有一部现成的教材做对此进行归纳，似乎比较有系统的讲解也难以寻觅。课堂上，教师带着学生近取诸身，远取诸古人。师生一起讨论古代的经典作品，讨论同学以及老师的作品，研究字法、句法、章法。如此一来，古风写作课就成了师生共同参与的讨论课。

此外，古风创作还需要重视模仿。写诗如练字，临"帖"百遍诗自高。

有的学生写了这样一句诗"遥望远方人寰处，不见帝都见晨雾"，题目是《咏雾霾》。王老师称赞其"有古风气象"，但学生却不好意思地说这是仿写的《长恨歌》里的句子。古人尚且讲究"用古人语""无一字无来处"，学生化用《长恨歌》，又写出新意，为什么不行呢？这个模仿不仅不是问题，恰恰是全篇最精巧的地方。为此，王老师专门跟学生们讲模仿的意义，讲黄庭坚的"夺胎换骨"，既鼓励学

① 部分内容曾先后发表于《中国教师》2017年第8期（文章题目《习习古风，歌我心志》，作者王强）、微信公众号"章黄国学"2017年2月23日（文章题目《习习古风，歌我心志：在人大附中学写古风诗是种怎样的体验》，作者王强）。

生大胆地去模仿，也教学生如何去翻新。

律诗如君子，文质彬彬；小词如佳人，温婉秀美；古风如壮士，慷慨不羁。古风，是古体诗词中的游侠，不拘一格，潇洒自如。它最古老，然而却最能表达诗人心中那些天马行空的思考。思考是诗的灵魂，更是古风的灵魂。基于这样的主张，教师反复向学生强调古风创作不避其粗、不避其俗、不避其特，唯在一"真"字。他非常赞赏学生写《咏期中考试》《夜证哥德巴赫猜想》这样的作品。钟情古风、带领学生创作古风的王强老师一直希望通过这样一门课，不仅能够让学生写出像样的诗词来，更能够为他们提供一个抒情达意的载体，培养健康爽朗的性情。

2. 句分长短，别样风流 [①]

昌盛老师将自己负责的课程内容命名为"词作赏填"。"赏"什么？他将隋唐至近代的传世名篇做成读本发给学生，再把学生的"赏"细分为三步：一为通览，把握词作的整体艺术风貌；二为精研，阅读自己最钟爱的词人的整本词集，以快速形成填词的语感与风格；三为泛读，跳出偏好，欣赏不同题材、体裁和风格的词作，开阔眼界，丰富技法，最终沉淀为自己的写作特色。当然，"赏"还包括对同伴习作的研讨。昌老师常挑出较为典型的学生作品，作为正面或反面教材，在课上与学生共同分析。

填词其实很适合记录中学生那些平凡而细微的生命感受。比起作诗，填词更像是一门鼓励多角度去描写生活细节、关注"微思考""小情绪"的艺术。作诗没有"大志向"则缺少风骨，但填词往往要尊重人的"小情绪"，判断词作品质的可以是情感的境界大小，还可以是真挚动人的程度，所以一首词只要不是无病呻吟，而是言之有物，那么哪怕它是写生活的细节，也能打动人心，成为好词。在这样的引导与鼓励下，学生们真切地体验着"胸有成意—后有成句—继而成阕—最后成篇"的创作路径。填词不易，修改词作更难，也更提升功力。在教学实践中，昌老师带领学生总结了处理词作的三种方法：热处理（趁热打铁，解决格律、情理、逻辑上的不谐之处）、温处理（继而与人分享，获得客观反馈）、冷处理（暂且搁置那些自己无能为力的瑕疵，待阅读量和创作经验增加后再作反观，以开茅塞）。

词是乐曲的歌词，这是中学师生皆知的常识，可如果学生只会填词却不会唱，那么词在声韵、句式上的魅力就都被架空了。因此，昌盛老师特别重视音乐的回

---

① 部分内容曾先后发表于《中国教师》2017 年第 8 期（文章题目《句分长短，别样风流》，作者昌盛）、微信公众号"章黄国学"2017 年 3 月 16 日（文章题目《句分长短，别样风流：在人大附中讲填词》，作者昌盛）。

归。在课堂上，他常常用筝来弹唱宋词，也会为词作重新度曲，带学生体验词乐相融的美感，同时也把倚声填词和唱词的基本规则教给学生。于是，这门课的作业，不仅有狭义上的词作，还有学生自己创作及演唱的词乐，甚至为流行乐曲重新填写的歌词。音乐的加入，不是创新，而是正道的回归，它会丰富词作的美感，带给学生更深刻的创作体验。

一代有一代之文学，一代有一代之使命，学生若能成为古典底蕴、世界眼光、现代精神共同熔铸的诗人、词人，便成为古典诗词之道的肉身。今人以写诗填词来陶冶性灵的过程，其实也是中国古典诗词自身演进的过程。以古韵咏今声，中国古典诗词在我们的选修课堂上得到了传承和演进，成为永不老去的文学生命。

基础类课程扎扎实实落实统编教材中的单元写作任务，重视全体学生基础能力的培养与提升；拓展类课程兼顾学生兴趣、需求及教师特长，从虚构与非虚构写作两个角度开设多种文体样式的写作辅导课程，使"新课标"所倡导的"用自己喜欢的文体样式和表达方式写作"真正落地；提升类课程，敢于触及古典诗词创作、科幻小说创意写作等有挑战的写作实践，鼓励并切实帮助有基础、有需求的学生大胆尝试，体验专业写作的魅力。如此横向关联、纵向进阶的写作课程体系，一方面以其丰富、多样的课程内容有效帮助学生打破写作的"围城"，从而更有信心、更有质量、更加开阔地写作；另一方面，进阶有序又允许自由选择的课程设置，既能保证始终照顾全体学生的需求与兴趣，又能引导"有差异的学生实现有差异的发展"。

新听说评价体系下英语听说
核心素养培养的探索与实践

课标 · 聚焦

《普通高中英语课程标准（2017 年版 2020 年修订）》（以下简称"英语新课标"）指出：听、说、读、看、写等语言技能的培养是持续和渐进的过程。学生只有在具体学习活动中不断实践，才能达到最终目标。教师要根据学生的实际情况，设计由浅入深、由易到难的各种语言实践活动。英语新课标还提倡教师要积极关注现代信息技术在英语教学应用领域中的发展和进步，努力营造信息化教学环境，学习和利用网络提供的实时、个性化的学习资源，为学生搭建自主学习平台，帮助学生拓宽学习渠道，提高英语学习效率。

英语新课标对发展学生英语学科核心素养提出了新的要求。在这样的背景之下，北京市自 2021 年起，在高考英语中增加了口语考试。面对这一变化，人大附中英语教研组系统构建了指向英语听说核心素养的高中英语听说课程。实践证明，该听说课程授课效果良好，学生参与的积极性高，在学生原有的基础上，英语的听说能力、语言运用能力和思维品质得到了很好的提升。

那么，在新听说评价体系下，人大附中英语教研组是如何以课程建设促进学生英语听说核心素养的提升的呢？

打造体系化的课程支撑

英语新课标提出，英语学科核心素养包括语言能力、文化意识、思维品质和学习能力，并将学生的语言能力定义为：在社会情境中，以听、说、读、看、写等方式理解和表达意义的能力，涉及语言知识、语言意识和语感、语言技能、交际策略等。

听、说、读、看、写，是英语教学的五大维度。高考英语听说考试主要考查学生的听、说、看三项能力。听、看是理解性技能，是输入；说是表达性技能，是输出。英语听说考试特别是机考口语的形式，打破了以往"重读写、轻听说"

的高中英语学习模式，对学生的英语综合应用能力以及学校的日常教学与听说训练等提出了新的要求。

面对新变化和新挑战，人大附中英语教研组展开了多轮次组内研讨，统一思想，明确工作思路。

一是要透过现象看本质。英语听说考试的背后直指英语学科的改革，不应为了备考而备考，更重要的是提升学生的英语学科素养，那么提升考试分数也是自然而然的事了。

二是要遵循语言学习的特点和规律。语言能力的提高不能一蹴而就，是一个循序渐进、长期积累的过程。英语听力和口语能力的提高，不可能通过短时间集训就能达到质的飞跃，指望在短时间内整体提升学生的听说能力几乎是一项不可能完成的任务。如果到高三年级才开始重点提高听力和口语能力，完成教学计划的时间紧迫，也不符合英语教与学的规律。

三是打造体系化的课程支撑是关键。学生语言能力的提升不能搞"突击战"，更不能搞"游击战"，关键还是依赖于课程的支撑。因此，要建立起一套覆盖从高一到高三、体系化、层次化的听说课程体系。同时，充分利用信息化的手段和工具，为学生提供随时可获取的学习资源，并及时了解学生的学习情况。

基于以上共识，英语教研组着手建设指向提升英语听说核心素养的高中英语听说课程。在设计课程时，教研组主要考虑了以下因素。

一是高考听说试题的题型、特点与难度；二是高一、高二、高三不同阶段学生听说能力与高考听说要求之间的差距；三是高一、高二、高三学生在不同的学习时间段里，对于听说的认知和态度变化；四是在高一、高二、高三不同的时间段里，对学生的听说能力培养的侧重点的不同。

高考听说试题的题型与中考相似。进入高中以前，学生刚刚经历了中考的听说训练及考试，对听说的基本题型、基本技巧有一定的掌握。听说考试引入高考已经三年，从这三年的听说试题反馈来看，学生普遍认为试题难度中等偏易。"听力"部分较为简单，"表格填空加转述"部分难度相对最大，"朗读并回答问题"部分难度介于二者之间。在对学情进行深入了解的基础上，教研组加大对课程的研究和开发力度，明确了高一至高三英语听说课程建设思路与目标（见图1）。

高一年级，通过形式多样的听力和口语活动，练好听力和口语基本功。重点关注语音语调的练习，侧重连读、重读、弱读、重音、爆破、听辨、速记、理解等听力技能的训练。

高二年级，加强段落化和篇章化练习。侧重整段信息的记录和整合训练，关注学生有意义的表达，提高听记和表达能力。

高三年级，开设听说专题课程，进行较密集的系统练习及模拟训练，帮助学生准确发现自己的薄弱点，进行重点突破。同时，结合高一至高三不同阶段英语听说课程内容，充分借助信息化辅助工具，助力个性化教学。

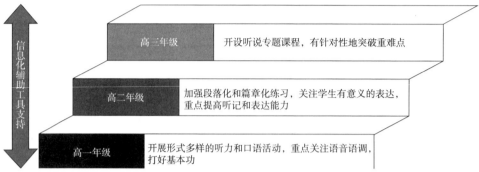

图 1　高一至高三英语听说课程建设思路与目标

高一：重点关注语音语调，练好基本功

高一英语听说课程并没有仅仅围绕高考题型来设计，而是通过朗读、阅读、演讲、配音展演、戏剧展演、任务打卡等形式多样的课堂及课下教学活动（见表 1），开展"听"与"说"趣味活动，为学生提供更多口语表达的机会，激发学生语言学习兴趣，培养学生语言应用能力。同时，关注学生的语音、语调的纠正和听力微技能的训练，开设语音专题，循序渐进地训练并提升学生的听力和口语表达的基本功。

表 1　高一年级英语听说课程框架

序号	类型	主要内容
1	课堂教学	（1）英语课前五分钟开展口语汇报活动。 （2）对单元教学中听说课进行改编，加强听说的专项训练。 （3）开辟语音教学的专题，在教学任务的设计中，融入口语训练的元素，强调音准，帮助学生掌握具体音素的正确发音方式。
2	语音专题	融入口语表达的元素，主要强调音准，帮助学生掌握具体音素的正确发音方式，纠正学生的发音问题，针对各班个别发音有问题的学生进行个性化的指导。
3	朗读	每周安排专门的时间要求学生坚持文本的大声朗读，朗读内容包括著名演说、美文等经典篇章。

续表

序号	类型	主要内容
4	听力技能训练	注重培养学生在连读、重读、弱读、重音、爆破、听辨、速记、理解等听力技能上的训练，帮助学生为提高英语听力水平打下坚实的基础。
5	巧用原著阅读	高一上学期，全年级共读英文原著小说，并设计利用口语表达的各种读后活动。
6	年级展演	高一下学期举行班级、年级配音展演，学生全员参与，人人有角色，用配音的方式持续进行口语基本功练习。
7	课后打卡练习	借助信息化工具，布置听说学习任务，学生打卡，教师一对一点评、纠音。
8	专项训练	每周进行一次听力专项练习。

1. 开展形式多样的听力和口语活动

为了让学生有更多开口说英语的机会，英语教研组积极开发英语"听""说"趣味课程与活动。

以英语常规课程为例，教研组将英语课堂作为听口训练的主阵地，每节英语课前五分钟开展口语汇报活动，包括 TED 片段模拟演讲和自选话题演讲等。此外，结合学情将单元教学中听说课 Lesson 2 进行改编，转换成具备高考题型特色的听说任务训练，尤其是增加转述类题型，有针对性地进行高考听说考试板块的专项训练。

以阅读为例，高一上学期全年级开展整本书阅读活动——共读英文原著。在书目的选择上，既充分考虑高一学生的年龄和身心特点，又兼顾语言学习需求。经过老师精心挑选，学生们对所选读物都表现出浓厚的兴趣，并在阅读后开展形式多样的活动。例如，通过部分篇章现场戏剧展演、小说推荐类视频的演出及制作、小说读后讨论及读书汇报会等丰富多样的活动形式，引导学生在充分理解阅读内容的基础上进行口语表达的训练。

配音展演活动是高一年级的特色活动。高一下学期，学生以班级为单位举行配音展演活动，由学生自选影视片段，分角色配音。学生们先是在班内分小组展演，优秀代表被推选出来参加年级展演。从最开始的全员参与、提升口语能力，到班级内部展演、选出优秀代表，再到组成各班代表队参加年级展演，同学们在整个活动过程中互相配合，共同努力，在英语听说学习的路上互相配合、共同努力，不仅英语口语能力得到提升，还增强了团队协作配合意识。可以说，配音展演活动为学生提供了一个展示自己的舞台，让学生体验到英语语言的魅力，自然而然地进一步激发了学生对英语学习的兴趣和参与热情。

2. 重点关注语音、语调

英语是一门语言学科，语音、语调是基本功。优美、自然的语音、语调至关重要，它们不仅是学生提升英语水准的基础，也和单词的拼写、词义的理解、思想的表达以及语法都有紧密的关系。

如果一个学生没有重大的发音问题，那么通过高三较为密集的听说训练，学生能力提升幅度还是相当可观的。发音存在较明显问题的学生需要从高一开始，及时解决问题。如果等到高三再纠正发音，在有限的时间里，就收效甚微了。

因此，高一英语听说课程将语音、语调作为重点，开辟语音专题。在教学任务的设计中，融入口语训练元素，重点强化发音的规范、语音语调的自然流畅、意群的合理停顿，帮助学生掌握具体音素的正确发音方式，纠正学生的发音问题，为听力辨音和口语表达打好语音基础。

在语音专题教学过程中，教师们也发现了一些问题，比如，虽然经过一个阶段的系统化训练，但是个别学生的发音仍然存在比较明显的问题。受限于大班教学、课时不足，难以每周开展有反馈的听口专项练习，教师无法对学生进行一对一的个性化指导，因此就出现了个别基础较弱的学生在某个单词上反复出错的现象。

针对这一问题，教师们通过观察发现，学生之间的示范纠正比教师一对一辅导的效率更高。因此，英语教研组的教师们采用了调动更多学生参与纠音的指导方式：一是在课堂中增加学生单独朗读的机会，其他同学给予及时反馈；二是安排朗读课，将班内学生每4人分成一个小组，组长负责示范、纠正。这样的小组学习方式，让学生在朗诵过程中将注意力更多集中在发音的准确性上，从而不断促进同学们改进发音，有意识地提升自己的口语水平。

此外，在英语听力技能的训练中，英语教研组充分意识到并重视连读、重读、弱读、重音、爆破、听辨、速记、理解等技能在培养学生听说素养中的作用。通过训练连读、重读、爆破等技能，学生能更准确地理解英语语音的特点，提升听力理解力。重音和弱读的训练，有助于学生正确把握句子的重点和语气，增强表达的效果和感染力。听辨和速记的能力则可以帮助学生更快地理解和掌握听到的信息，提高学习效率。理解能力是学生能够深入理解语言信息、提高综合语言运用能力的关键。通过这些听力技能的训练，学生的英语听说素养得到进一步提升，为未来的语言应用能力打下了坚实的基础。

高二：加强段落化、篇章化练习，提高综合能力

经过高一一学年系统的训练，多数学生的语音基础得到巩固，为进一步提升能力做好了必要的准备，所以高二年级的英语听口课程（见表2）在内容设计和侧重点方面也有所调整，英语教研组为高二学生创造更多的英语语境，通过展示性的朗读、演讲、戏剧展演等方法，进一步提高学生听、记、说的综合能力。

在听力方面，高一时注重对听力材料中相关信息的捕捉，在高二时则更加注重对整段信息的记录和整合，这需要学生边听边处理信息，选择记录最佳信息，进行适当总结和归纳，将听力材料的主要内容以有逻辑的形式呈现在草稿纸上。

在口语方面，在高一时，大部分学生已经完成了纠音，进入高二后，更侧重"有意义的表达"。比如，转述练习中，高一时注重对句子层面的信息输入和处理，做到连词成句，高二则注重段落化和篇章化。

表2　高二年级英语听说课程框架

序号	类型	主要内容
1	课堂教学	（1）延续高一年级的课前五分钟演讲。 （2）转述练习：将教材练习及语料进行大胆改编，增加转述训练的针对性。
2	朗读	朗读教材和课外补充内容等。
3	年级展演	英文戏剧展演：莎士比亚经典戏剧节选或完整展演，课本剧、校园剧、现代剧等形式的戏剧展演，学生人人参与，持续通过戏剧表演方式培养学生英语口语基本功和运用能力。
4	专项训练	利用信息化平台，开展课文朗读、专项练习、套题训练、周末集中练习。通过练习对比，查找学生的薄弱点，及时改进教学方案。

转述练习是高二听口练习的重中之重。教师在英语常规课教学中，增加转述专项练习，重点检测学生记笔记的速度和准确性，以及能否使用语法正确的句子、以逻辑正确的方式把信息复述出来。老师对教材中的练习进行大胆改编，把每一课的听力材料改编成转述表格，将 Reading Club 文章改编成朗读并回答问题的形式，增加训练的针对性。教师通过板书示范完整的笔记记录过程，给学生讲解笔记记录的逻辑和常见符号，将学生在课堂中的笔记实时展示，增加复述的课堂练习机会，增加学生之间的互评，通过这样的多个环节和多种方式，引导和帮助学生发现问题，明确改进方向，促进学生听后转述能力的提升。

朗读在高二英语听说练习中占据重要地位。帮助发音较弱的同学有意识地提升朗读水平，进一步夯实"说"的基础，仍是高二听口练习的一个重要环节。在高二学年，学生朗读的量和时长均有所增加，教师鼓励学生进行教材内容以及课外补充内容的朗读练习。教材部分，以跟着音频朗读课文和单词表为主；教师也不断丰富教材之外的阅读内容，重点补充两类材料，一是 BBC Learning English Minimal Pairs，二是国家地理类题材的跟读练习。这样的朗读练习让学生在规范朗读的过程中形成准确的语流和语速，不断加强语感。

此外，高二年级还设计了年级展演活动，学生通过参加莎士比亚英文原版话剧经典剧目的展演活动，不断提升听说能力。学生需要先完成剧本学习，再在班级内分成小组，以幕为单位进行班内展演，然后经过班级推荐，从整个年级遴选导演和演员，精心排练剧目，进行年级展演。

从高一年级的配音展演过渡到戏剧展演，表演难度有了提升，对语言的表达要求也更高。这样富有趣味的活动，能够为更多学生提供表达的机会与平台，进一步激发学生对英语表达的兴趣，缓解学生临场表达的紧张和焦虑，有效提高学生英语综合能力。

高三：开设听说专题课，突破重点难点

高三是高考前最后的冲刺阶段，需要对高中所学知识进行系统梳理，查漏补缺，优化知识结构，提升综合能力。步入高三，英语听说课程的重心也逐步转向有针对性的学习训练活动。教师重点帮助学生解决薄弱环节，加强总结和反思，提高复习课效率。

专题课具有重点突出、针对性强、有较大的灵活性、效率高等特点，可以面向全体或一部分学生群体，以讲解、讨论等形式，调动学生参与的积极性，引导学生集中精力解决关键问题。

基于学生已有的知识储备，以及在当前阶段听说考试中暴露出的问题，英语教研组的教师系统设计了听说专题课（专题课大纲见表3）：包含13个主题，囊括记单词、听、读、转述、回答问题等。教师带领学生进行专项突破，每节课侧重解决1至2个核心问题，以高频、精炼的形式提高课程的针对性和有效性。

表3　听说专题课大纲

序号	主题
1	3 000 词听写
2	易错词朗读

续表

序号	主题
3	听记易考易错词
4	听力辨音易错词
5	转述框架训练
6	同音、近音词训练
7	场景词汇训练
8	朗读回答问题句型训练
9	听后转述技巧训练
10	朗读节奏训练
11	数字类听说训练
12	基于大数据的易错题训练
13	听力选择题专项训练

在听说专题课的基础上，各班还会根据本班学生的学习情况，进行听说分类技巧微讲座，每个微主题时长 10～40 分钟。在进行教学设计时，高三英语教研组充分考虑各个班学情的差异，为每个班开设的讲座主题各不相同，既具有较强的针对性，又充分体现了因材施教。这些微主题包括：朗读的流畅度，数字类读法，易读错元音、辅音练习，朗读时心态管理，听力前四道题专练，朗读并回答问题的题型分析及应对方法，优秀生听说经验分享、交流……。这种以班为单位的微主题活动，不仅充分调动了学生参与的积极性，也成为听说专题课程不断生发的试验田。

口语是高考英语听说考试的难点。英语教研组在听说专题课的基础上，系统制定了高三整个学年的口语教学工作蓝图（见图 2），从听后转述、朗读、回答问题、填词四个方面开展专项训练，引导学生掌握抓取文本信息的方法，加强回答的规范性、朗读的流畅度与节奏感、发音的准确度、意群的合理性、转述的人称转换和信息筛选、记录重点信息的速度等方面，系统提高学生的口语能力。

同时，高三英语教研组还精选时文阅读，设计专门的听说学案，进一步扩大学生的阅读量，并利用影子跟读训练法，强化学生的语音、语调和语流，帮助学生逐步提升听说能力。

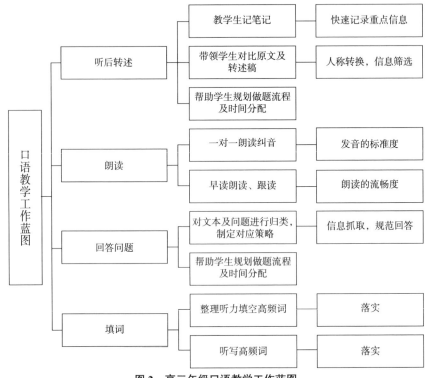

图 2　高三年级口语教学工作蓝图

研发线上练习资源，用好信息化辅助工具

在信息技术快速发展的时代，将现代信息技术应用到教学中以提高教学效率，已成为许多学校的共同选择。北京市高考英语听说考试采用计算机考试模式，一年两考。为了让学生提前适应机考模式，英语教研组在英语听说课程设计中充分考虑信息化要素，用好信息化辅助工具，同时帮助学生更便捷地获取学习资源。

英语听说考试是新生事物，教研组在日常教学中面临着缺资源、缺标准、缺测试平台三大困难。为此，教研组积极利用网络资源，把优质学习 APP 作为信息化辅助工具。

在深入研究考试评分标准的基础上，教研组的教师与 APP 研发团队进行了深入交流，从高一至高三三年英语听说课程体系的实际教学需要出发，最终确定 PC 端专项训练题、PC 端套题、模拟训练三大应用形式（见图 3），并结合人大附中多年来积累的练习资源，进行反复修改和完善，让线上练习资源更加符合人大附中学生的学习需求。

图 3 信息化工具三大应用形式

PC 端专项训练题主要考查的是学生听后记录并转述、朗读短文并回答问题的能力，也就是将完整的听说考试套题中"说"的部分（两个题型）拆分出来进行专项训练。

PC 端套题主要起到熟悉题型、总结技巧、自我评价的辅助作用。英语教研组利用 APP 平台可多终端训练的功能，将听说训练 60 套题全部推送给学生。学生在第一次和第二次听说考试前，在高三英语组全体教师的规划下，分别完成一定量的练习，为听说考试的到来做好准备。

模拟训练接近高考实战，能够帮助学生熟悉考试环境、考试题型、考试流程，有助于提高学生的适应性和自信心。

模拟训练的组织工作并不是简单的事，需要学校各部门的通力协作。摆在英语教研组面前最重要的问题，就是上机题目的准备，这项工作需要教研组细致把关。教研组请平台方在上机题目第一次上机前将试题发过来审核，主要审核题目是否符合北京市命题趋势，纠正其中存在的问题。在一些问题上，平台方的修改并不能达到教研组的要求，于是教研组的教师便自主研发练习资源，通过一轮又一轮的精心打磨，使试题符合北京市高考听说试题的要求，以保证题目质量达到人大附中高三学生使用的标准。

每次上机模拟考试，英语教研组的所有教师都会到机房监考，教学管理中心教师、网络中心教师及相关支持人员全部到现场支持。整个模拟考试流程从学生的记录用笔、草稿纸到行进路线，都力求与高考安排一致。

英语教研组采用机器加人工的方式评分，之后利用平台数据和课堂练习数据，整理易读错单词表，让学生反复跟读、纠音，并通过课上讲评、分析试题环节，帮助学生找到差距，制定提升策略。

为了加强听口训练效果，英语教研组还增加了高三模拟训练的频次，每周组织一至两次，这客观上起到了督促学生的作用，学生不仅更加积极地参与课上的听说练习，在课下也能更好地完成练习。

在"全场景＋大数据"信息化工具的支持下，课前、课堂、机房与课后不同场景的数据被综合利用，英语听说课程实施也更加顺畅高效，并为个性化学习提供了专业支撑。学生们可以随时随地获取学习资源，教师们也能通过学生练习、系统评分、数据反馈，及时了解学生的学习进度和复习情况。

英语听说课程的建设，对于提升学生的英语听说核心素养具有重要意义。通过英语教研组的系统开发和不断探索，人大附中高中英语听说课程不断优化。分学年有侧重地开展听力与口语的学习和训练，确保了学生能够在不同阶段获得相应能力的提升。同时，信息化辅助工具和自主研发的英语听说学习资源，则充分助力了学生个性化学习。经过高中三年英语听说课程的系统学习，学生的英语听说核心素养得到了显著提升。他们不仅提高了英语听说能力，更在语言运用能力和思维品质上得到了全面发展。

人工智能课程开发的"道""法""术""器"

课标·聚焦

《普通高中信息技术课程标准（2017年版2020年修订）》（以下简称"信息技术新课标"）中设置了人工智能模块，要求在引导学生发现问题、尝试用人工智能方法解决问题过程中，让学生初步了解和体验人工智能的特点，感受智能技术给生活和学习带来的影响，进一步激发学生学习和探究新技术、新知识的积极性，提高他们的创新精神和实践能力。

人大附中在人工智能教育方面已经进行了多年的探索和实践，具有深厚的基础。学校构建了纵向分层次、横向跨学科的人工智能课程体系，为学生在未来人工智能时代的发展提供了个性化的培养路径。跨学科背景的教师团队在课程改革与创新实践中也逐步提炼形成了人工智能课程开发的"道""法""术""器"，为中小学人工智能课程建设提供了一个可借鉴、可复制的新范式。

构建纵向分层次、横向跨学科的人工智能课程体系

人大附中的人工智能课程既聚焦育人目标，又呼应学生的发展需求，实现双轮驱动。在课程体系的构建上，既关注人工智能最前沿的发展，又立足学生知识与技能的实际，形成了纵向分层次、横向跨学科的人工智能课程体系。

1. 横向跨学科，挖掘不同学科的交叉创新点

在课程体系构建中，学校从人工智能学科基础和应用两方面，挖掘与其他学科的交叉创新点，一方面聚焦学科整合大框架下的"人工智能+X学科"，即通过人工智能与学科的结合，打牢人工智能的跨学科基础；另一方面聚焦"学科+人工智能"，即主动探索人工智能在各学科领域前沿发展中的应用。

2. 纵向分层次，打造面向全体、群体、个体的阶梯课程

中小学人工智能教育的三个层次（普及教育、实践应用、深入研究）和人工智能本身的三个层次（感知、认知、创新）相对应。人工智能课程体系依据中小学人工智能教育的三个层次以及人工智能本身的三个层次，从纵向上分为基础、拓展、提升三大层次。三大层次从面向全体的普及教育，到部分选修的跨学科实

践应用，再到面向少数学生的深入动手做研究，能够很好地融入学校已有的课程体系，起到打破学科界限、链接多维思维、激发学生创新的作用，为培养学生面向未来的高阶能力和智能素养提供有力的抓手。

层次一：基础课程，面向全体的 AI+X 常规课

人工智能课程体系的第一层是基础课程，它对应人工智能三个层次中的第一层感知层，也对应着中小学人工智能教育三个层次中的第一层普及教育。面向群体的中小学普及教育，重在培养基本的"人工智能+"思维和兴趣。这一层次具体落地于信息技术新课标下各学科的必修课，以信息科技（技术）课为主，同时对其他学科也都有跨学科主题学习。

人工智能有三个支柱——大数据、计算能力和建模算法。中小学阶段最能够落地培养的就是建模和算法，这也是数学学科和信息学科新课标的直接体现。比如，数学学科的必修内容"数学建模"可以面向诸多真实问题，结合人工智能技术进行解决；信息技术必修模块"数据与计算""信息系统与信息社会"则可以作为开展跨学科单元主题教学的载体。

同时，在这一层次，老师们还尝试将高质量科普资源融入日常必修课堂中，比如将人工智能内容渗透到常规课堂的引入环节，介绍人工智能推动各学科领域发展的前沿成果，培养学生的交叉学科创新思维。

层次二：拓展课程，面向群体的 AI+PBL 选修课

人工智能课程体系的第二层是拓展课程，它对应人工智能三个层次中的第二层认知层，也对应着中小学人工智能教育三个层次中的第二层实践应用。拓展课程面向全体学生，教师在教学上具有较大的自由度。选课的学生通常对某领域有浓厚兴趣，但没有人工智能相关的技术基础。这部分学生希望学习人工智能基础知识，并能够运用所学解释、理解其他学科的问题，甚至解决学习或生活中的一些简单问题。这类课程以项目式学习的形式开展，学习过程中可以解决一个或者多个问题，这些问题可以是教师给定的，也可以由学生自己提出。

层次三：提升课程，面向个体的 AI++ 研究课

人工智能课程体系的第三层是提升课程，它对应人工智能三个层次中的第三层创新层，也对应着中小学人工智能教育中的前沿原创探究。面向个体的研究课程通常以学校课程体系中的"高端"课程或挑战较大的提升类课程为载体，这些课程对学生的年级或者知识储备有一定的要求。参与这些课程的学生通常对人工智能领域有很强的钻研精神，希望能够学到更多专业知识、开展个人感兴趣的课题研究。这样的课程对师资有较高的要求，需要教师有一定的人工智能专业知识，对领域前沿有了解。

面向个体的 AI++ 研究课，其中一个"+"代表链接学术界，借助高校、科研院所等资源，开展人工智能"大课堂"，帮助学生对接合适的、个性化的教育资源，为学生的研究学习搭建平台；另一个"+"代表链接产业界，学校推荐学生到人工智能公司进行实习，激情、自学能力和团队沟通能力是实习过程与课堂学习最不同的地方，在实习中学生可以获得不一样的成长。

在实践中，纵向分层次、横向跨学科的人工智能课程体系在激发学生兴趣、培养创新思维、提高实践能力等方面取得了显著效果，但仍有很大的发展空间。通过不断探索和实践，人大附中人工智能课程体系也将不断优化和完善，从而为学生的成长提供有力支持。

在实践中提炼人工智能课程开发的"道""法""术""器"

人工智能课程鲜有现成的教材，课程建设更多依赖于教师的自主开发。在多年的实践中，人大附中提炼、形成了人工智能跨学科课程开发的"道""法""术""器"，进一步明确了人工智能课程建设的方向，提炼了人工智能课程开发的方法，形成了人工智能课堂教学的策略，构建了多元人工智能教学资源库，有效推动了学校人工智能课程建设的深入开展。

1. 人工智能课程开发的"道"——明确课程开发的方向

"道"以明向，"道"是方向，更是价值倡导。人工智能课程开发的首要任务是达成理念共识。鉴于没有现成的适合中学教学的教材，学校人工智能课程的教学内容全部由教师自主开发完成。在这个过程中，各学科教师积极参与、深度合作，共同探讨人工智能在各个学科中的实践和应用。

在实践中，信息技术教研组发现跨学科课程的开发更加需要面向真实世界的真实问题，而真实问题的解决通常需要不止一个学科或者领域的知识和能力。因此，课程的顶层设计需要更广的视角和更高的站位，要在高阶能力培养及跨学科的视域下建设课程，通过课程培养学生的探究能力、思考能力、交流能力、勇于面对挑战的能力，让学生了解人工智能的底层逻辑和实践应用，辩证思考技术的发展，并激发学生积极主动运用智能技术，成为终身学习者。这样的理念共识也铺设出一条清晰的人工智能课程开发的道路，指明了人工智能跨学科课程开发的方向。

2. 人工智能课程开发的"法"——提炼课程开发的方法

"法"以立本，"法"是课程建设的路径和方法。在人工智能课程的理念和课程框架之下，老师们以"课"为核心，共同提炼课程开发的方法。

（1）建立跨学科教研共同体。

人工智能课程的开发，首先要建立一支跨学科教师队伍。信息技术教研组有15位专职信息技术教师，其中7位拥有博士学位，这为人工智能课程师资队伍建设打下了坚实基础。信息技术教研组超越学科界限，跨学科合作，面向真实问题，与来自生物、物理、化学、地理、文学、数学、经济、商学等不同领域的教师因为人工智能课程的开发与建设走到一起，形成了一个博采众长的研究共同体。团队中不同学科背景的教师相互借鉴与学习彼此的教研模式与课程设计、开发的经验。通过人工智能课程的建设，学校涌现了一大批教学业务精湛、教学热情高涨、对新技术感知敏锐的教师，他们共同推动跨学科人工智能教育的实践创新。

（2）形成人工智能教学课例开发的流程与路径。

围绕"如何上好一节人工智能跨学科课"这个基本问题，跨学科背景的教师以问题为导向，以目标为牵引，将核心问题分解为以下六个子问题，共同探究人工智能课程的设计路径。

一是教师如何学习相关知识，为跨学科课程做好准备？

二是不同学科教师之间如何开展跨学科交流和研讨？

三是不同学科教师如何有效合作开发教学案例？

四是教师如何实施教学设计，若多位教师联合授课，该如何一起上课？

五是上完课后如何反思，如何将反思结果用于改进教学？

六是如何进行多轮迭代优化的教学改进，如何有效梳理、总结和分享教学经验？

基于六个子问题，老师们共同提炼形成了人工智能课程开发的六大流程："教师学习—跨学科交流、研讨—合作开发教学案例—上课—反思改进—梳理、总结、分享"。

同时，在人工智能跨学科课程的教学主题设计方面，教师们也摸索出一些可推广、可复制的方法。一方面，人工智能跨学科教学的主题选取需要与时俱进，结合前沿热点，激发学生学习热情。教师在平时生活中多关注与AI相关的新闻报道、热点事件，尤其是前沿的科技突破，以这些"新"事物为突破口，学生的学习就具有了鲜活的背景和强烈的共情。教学主题可以是引导学生揭秘背后的科技原理，可以是引领学生探究科技发展的趋势和规律，还可以是启发学生思考科技与人类、社会之间的联系等。热点事件是引子，找到其中跨学科的创新点才是关键。另一方面，教师可以尝试联手其他学科教师共同备课、授课，在教学研讨中积极寻找合适的跨学科学习主题，再运用计算思维作为教学设计的抓手，以深度学习的框架作为理论基础，打造出自己的人工智能跨学科创新课程。

3. 人工智能课程开发的"术"——形成课堂教学的策略

"术"以立策,"术"是课堂教学的策略。经过多年探索,信息技术教研组清晰地认识到中学人工智能跨学科教学设计和实施有两个重要支柱:一是深度学习教学实践模型;二是计算思维问题解决的教学方法与内容。

(1)构建新课标理念+"深度学习"教学实践模型。

在新课标背景下,人工智能跨学科课程教学设计以培养全面发展的人为核心,注重素养导向,强化课程的综合性和实践性,通过"深度学习"教学实践模型的融入,实现人工智能技术与各学科的深度融合,从而创新教学模式,提高课堂实效。人工智能跨学科课程教学设计框架见图1。

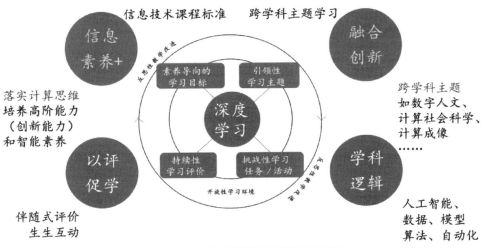

图1 人工智能跨学科课程教学设计框架

在素养导向的学习目标方面,信息技术学科核心素养主要聚焦学生的计算思维培养;跨学科设计则聚焦学生的融合与迁移应用能力,着重培养学生的创新能力等高级能力和智能素养。

在引领性的学习主题方面,主要进行两大方向的探索:一是"人工智能+X学科",即充分利用人工智能的跨学科基础;二是"学科+人工智能",即主动探索人工智能在各学科领域前沿发展中的应用。比如,在"文学作品中的人物影响力计算"课程中,学生了解了数字人文这个交叉创新的领域,体验了人工智能为人文学科领域研究所提供的新方法和新视角。再比如,在"社会隔离问题的计算模拟"课程中,学生着重了解了计算社会科学这个交叉创新的领域。

在挑战性的学习任务方面,学生在教师的引导下亲历运用计算方法探究、研究的全过程。分析问题阶段,学习如何抽象得到形式化表达,如何建模实现求解目标模型化；求解问题阶段，学习如何设计并表示算法，如何自动化计算；总结迁移阶段，学习如何系统总结方法并将其用于其他问题的解决。

在持续性的学习评价方面，教师设计学生课后自评表，引导学生进行自我评估。通过构建学生间的学习共同体，促进相互评价。同时，教师实施多样化的过程性评价与及时反馈的终结性评价，助力学生深入了解自身学习状况，在不断反馈中调整学习状态，优化学习方法。

（2）将解决计算思维问题作为跨学科教学设计和实施的路径。

计算思维的问题解决分为界定问题、分析问题、求解问题、迁移应用四个阶段，这与解决真实问题的路径是一致的。在人工智能跨学科课程教学设计中，面向不同学科领域，将具体的跨学科问题嵌入计算思维本身的框架中，引导学生解决真实问题，促进学生高阶能力和智能素养的发展。

计算思维的主要环节包括分析问题、求解问题、总结迁移（见图2）。在分析问题环节，主要关注抽象与建模；在求解问题环节，主要关注算法与自动化；在总结迁移环节，主要关注系统总结与拓展迁移。

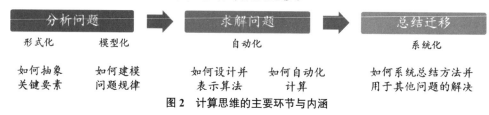

图2　计算思维的主要环节与内涵

计算思维既是教学内容，也是一种教学方法。跨学科课可以将计算思维作为教学方法，教学过程和方法中的计算思维主要包括以下四个方面。

一是问题分解：体现为教学流程中的分解，将大问题分解为小问题。

二是抽象：抓住问题的核心，排除不必要的细节。

三是算法：甄别并描述规律，分步骤教学。

四是建立关联：对于同样的问题用相同的解决方法。

将"深度学习"教学实践模型与计算思维问题解决共同作为跨学科教学设计和实施的路径，形成了人工智能课堂教学的有效策略。这也为广大教师在教学设计中提供了有效的路径和抓手。

4.人工智能课程开发的"器"——构建多元教学资源库

"器"以成事，"器"是人工智能课程开发的重要工具，是支撑课堂教学的基石。为了更好地实施中学人工智能跨学科教学，教师构建了丰富的教学资源库。

（1）形成一批跨学科优秀课例（见表1）。

从人工智能课程体系出发，教师坚持终身学习、交叉创新的教育理念，同心协力，开源共创，勇于突破，从 0 到 1，从课例开发开始，积少成多，逐步完成课程的建设。目前，已经形成了一批人工智能跨学科优秀课例。这些课例分布于横向跨学科、纵向分层次的课程体系中，每个课例都有其侧重的跨学科领域。"AI+ 各学科"的跨学科教学实践，为一线教师开展教学提供了有效的参考。

表 1　人工智能课程优秀课例列表

序号	课例名称	跨学科领域	层级
1	眼见是否为实？脑科学视觉机理初探	脑科学	基础
2	神奇的音乐科技	音乐	
3	人工智能 + 化学：AI 保障未来汽车中气体环境安全	化学	
4	基于在线 AI 大脑的创意项目	STEAM	
5	文学作品中的人物影响力计算	文学、数学	
6	揭秘数字音乐	物理、音乐	
7	人工智能 + 物理：基于机器学习的物理实验数据分析	物理	
8	机器视觉的大脑	脑科学	拓展
9	递归—跨学科视角	STEAM	
10	社会模拟——基于智能体代理人的模型	社会学	
11	计算思维与社会科学：揭秘六度分隔理论，建立小世界模型	社会学	
12	情感分析应用	语言学	
13	新视野：新科技产品方案的规划与制定	科技伦理、商业	
14	艺术品推荐系统商业策划——信息茧房产生与影响的探究	商业、艺术	
15	微信智能聊天机器人	语言学	
16	计算 + 金融：量化交易初探	金融	
17	数据"指纹"识真假——探究数字摘要的特性	网络安全	
18	计算思维与自然科学：揭秘黑洞成像	天文	提升
19	人工智能 + 数学：网页智能排名算法	数学	
20	从进化论到遗传算法	生物	
21	STEAM+AI：从智能去雾看原始创新	物理学等	
22	生成对抗网络——左右互搏术	语言学	

在教师们的不懈努力下，人工智能跨学科课程列表（见表2）也在不断丰富，基于常规课、校选课、研究性学习、研修课等多种课型，教师们主动承担课程开发任务，积极推动多领域人工智能跨学科建设，不断丰富着课程资源。

表2　人工智能跨学科课程列表

序号	课程名称	跨学科领域
1	自然语言处理	语言与人文
2	计算社会科学	社会学
3	自动驾驶	物理、数学、工程实践
4	自然语言理解与社会人文计算	语言与人文
5	建模与仿真	数学、物理等
6	科幻文学创作——科幻小说创意写作	人文、艺术
7	人工智能中的数学建模	科学、数学
8	计算思维游戏	科学、数学、人文、艺术
9	全球视野下的新冠病毒感染与群体免疫——模型、算法与生物学前沿	数学、生物、信息
10	改变世界的算法	科学、数学、社会、人文
11	自然语言处理的基本原理与技术：心理咨询分类	语言学、心理学、社会学
12	计算成像与未来媒体	物理、人文、艺术
13	高阶跨学科思维认识论	科学、数学、社会、人文、艺术
14	人工智能与关于心智的生物学	生物学、认知神经科学、心理学等
15	人工智能"看"世界——计算机视觉	数学、物理、音乐、艺术、文学
16	计算+X：计算思维与学科交叉创新	数学、物理、化学、生物、艺术、
17	人工智能——深度学习基础与跨学科实践	科学、数学、社会、人文、艺术
18	机器学习与前沿交叉——人工智能的内涵与外延	数学、科学
19	问题式学习：人工智能中的数学	数学
20	和人工智能一起玩赛车	自然科学、工程技术
21	人工智能算法：受大自然启发的算法	自然科学、工程技术
22	人工智能创新探索与实践	科学、数学、社会、人文、艺术

（2）打造人工智能教育生态圈。

为开阔学生视野、让学生了解人工智能技术发展前沿，信息技术教研组充分整合周边的科研院所、大学、高新技术企业等优质社会资源，努力创建中小学人工智能教育生态圈，为学生提供交流学习、夏令营活动等机会，让学生通过实地考察来接触和了解学科发展前沿。通过人工智能教育生态圈的构建，让师生共同参与课程建设，中学、大学、科研院所和企业共同参与，实现线上线下齐头并进。比如，"人工智能前沿应用与研究"课程实施过程中，教师带领学生走出校园，与顶级人工智能专家面对面进行交流学习。

为了开展人工智能科普活动，营造积极的人工智能学习氛围，人大附中还联合澳门培正中学、清华大学人工智能学院开展了人工智能周活动。活动内容包括专家讲座、人工智能与传统文化工作坊、人工智能教学研讨会、学生作品交流展示互动、高科技公司人工智能产品展示体验等。人大附中是"翱翔计划"的培养基地之一，学生走进高校的实验室，开展研究性学习。学校每年还会推荐学生到清华大学车辆与运载学院的本科生一起参加科技夏令营，参与大学里的"无人驾驶小车"等项目。此外，学校充分开发、利用网络资源，为学生人工智能学习搭建线上资源平台，让学生能够方便、快捷地获取相关知识。

横向跨学科、纵向分层次的人工智能课程体系，给各类学生提供了较多的选择，充分满足了不同学生的多元学习需求。在谈及人工智能课程对自己的影响时，不少学生坦言："人工智能课程的开设对于大学专业的选择，还有未来的方向的决定，都具有不可替代的重要意义。"还有的学生由衷地说道："人工智能课程培养了我的学习能力，'人工智能思维'激发了我对机器学习和计算机科学的兴趣，为我之后的学习打下了基础。"

人工智能课程开发的"道""法""术""器"，为中小学推进人工智能课程建设，提升人工智能教育质量提供了重要参考。多年的持续研究与探索，也让人大附中的人工智能教育取得了瞩目的成绩。多位学生在国内外大赛中取得优异成绩，如科创项目"基于GPT-2模型的可控主题押韵歌词生成系统开发与研究"荣获第二届国际青少年人工智能交流展示会（IAIF）特等奖。"基于笔交互行为分析的衰老相关脑小血管病监测方法研究"荣获2020年丘成桐中学生科学奖——计算机金奖。我校两名同学作为中国队代表，在2024年荣获首届国际人工智能奥林匹克竞赛（IOAI）银牌。

未来，人大附中将持续建设、升级人工智能课程群，坚定地行走在多学科联合推进课程建设的道路上，一如既往地关注学生基本信息素养的培养，关注学生人工智能素养、创新素养的提升，为培养新一代人工智能人才贡献力量。

技术课程：师生共同解决真实问题的"试验场"

课标·聚焦

信息技术新课标中强调：高中通用技术是一门"以提高学生的技术核心素养为主旨，以设计学习、操作学习为主要特征"的课程。新时代教育背景下的普通高中通用技术课程更需要关注学生的实际需求及解决真实问题的能力。

人大附中的通用技术课程在建设与发展初期，形成了"以发明创造为主，以金工、木工、电子技术为基础，面向全体学生，学有所长"的鲜明特色。经过20余年的不断探索与创新，构建了"课内与课外相结合的立体学习空间"。"双新"背景下，通用技术教研组加强技术课程体系构建，面向真实世界创立符合学习进阶的技术课程体系，逐渐形成了"课内打基础，课外出成果，以核心素养为导向，落实新课标，突出学校特色"的通用技术课程体系，并指向真实问题解决，积极开展项目式教学，真正将技术课程建成师生共同解决真实问题的"试验场"。

面向真实世界，创立符合学习进阶的技术课程体系

通用技术课程具有综合性、实践性、创新性等鲜明的学科特征，具有其他学科不可替代的育人功能。根据新课标要求，通用技术学科以"技术意识、工程思维、创新设计、图样表达和物化能力"作为自身的核心素养。真正落实通用技术学科的核心素养，亟须学校在课程建设的层面进行整体设计与实施，保证课程建设方向的科学性、先进性。

1. 建立技术课程价值理论体系

通用技术课程正式进入高中课程体系，体现了现代社会对学校教育发展的要求以及对现代人素质发展的需要。在构建技术课程体制之初，通用技术教研组加强研究与学习，主动建立技术课程价值理论体系，从技术哲学的视角出发，审视当前通用技术教育发展的困境与机遇，重点探索技术知识的生成及知识类型，根据技术哲学家卡尔·米切姆（Carl Mitcham）对四种技术形态的划分，进一步厘清技术知识的本质特征，在课程实施过程中突出了技术的创造性，更加明确了"作为过程的技术""作为知识的技术""作为物品的技术""作为意志的技术""作

为创造的技术"相统一的技术观，创造性地建构了面向真实世界，聚焦核心素养的基础知识、基本技能、基本思想、基本经验、基础人格"五基一体"课程培养体系（见图1），丰富和发展了通用技术的教学理论，也有效地指导了技术课程的建设和发展。

立德树人				
图样表达	工程思维	物化能力	创新意识	技术意识
作为知识的技术 基础知识	作为过程的技术 基本经验	作为物品的技术 基本技能	作为创造的技术 基本思想	作为意志的技术 基础人格
面向真实世界				

图1 "五基一体"的课程培养体系

2.技术课程建设的理念与目标设计

课程目标是课程设计的起点和归宿，明确课程目标对课程建设意义重大。技术课程目标的设定既要站在学科的角度，也要融入学校的整体育人目标，在课程建设中落实学校的办学思想。

学校的课程建设注重"聚焦育人目标＋学生发展需求"双轮驱动。在这样的理念指引下，人大附中的通用技术课程建设始终坚持学校的办学思想和目标，坚持用创新教育理念引领通用技术课程建设，坚持课内与课外相结合的立体学习空间，以学生的学习兴趣和需求为导向。

经过教研组的多轮研讨，最终将技术课程建设的总目标定为：学生在课程学习中，通过基于真实问题解决的技术基础知识、基本技能、基本思想、基本态度的学习和经验积累，能够形成对技术的亲近感、敏感性、理性精神、责任意识，以及对技术的文化感悟；经历真实项目的全过程，能够形成一定的方案构思、图样表达、工艺选择及物化能力；能够领悟通用技术课程中蕴含的基本技术思想，能够初步形成系统与工程思维，养成解决实际问题的良好习惯；体验系列技术问题解决过程的艰巨性和复杂性，养成实事求是、严谨细致、精益求精、追求卓越的工作态度。

3.创立符合学习进阶的技术课程体系

课程是学生学习的资源和载体。在探索通用技术学科的核心素养问题上，通过不断实践与迭代创新，已有19门通用技术必修课程、103门选修课程，其中高中阶段有 10 门通用技术必修课程、28 门选修课程；同时形成了多个具有递进性、关联性的特色通用技术课程群，包括智能机器人课程群、人工智能课程群、数字化设计与制造课程群等，构建了面向真实世界、符合学习进阶的技术课程体系（见图 2）。

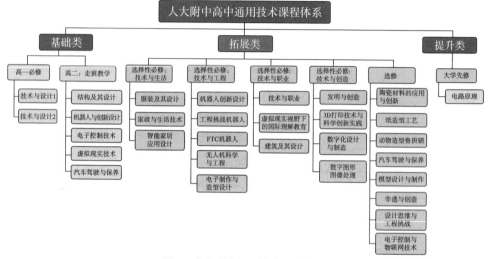

图 2　人大附中通用技术课程体系

通用技术课程建立在学生的兴趣与需求的基础上，以学生的技术学科核心素养为纲，打造课内课外相结合的立体学习空间，构建面向真实世界的丰富的技术学习资源。整个通用技术课程体系呈现以下特点。

一是课程具有多元性和选择性。多元性是指教师在达成课标的基础上，根据学生的学习需求，适时开发丰富多元的特色校本课程；选择性是指尊重学生的兴趣选择，在高二年级实行走班模块教学，学生可以从结构设计与 3D 打印、建筑及其设计、服装及其设计、人工智能与机器人、电子控制技术、虚拟现实技术、智能感知技术、无人机科学与工程等多个课程模块中进行自主选择。

二是课程设置有广度、有深度、有温度。广度是指面向全体学生；深度是指某些课程可以根据学生的学习需求向深处延伸；温度是指技术课程不是冷冰冰的技能训练，而是和生活实际结合起来，构建丰富感性与深刻理性相融合的技术世界。

三是课程建设注重知识的逻辑性、整体性，注重初高中衔接、大中衔接，比如高中的机器人、电子控制技术等课程，很多学生在初中时就打下了一定的基础，而部分课程模块也主动对接大学的专业知识体系，有的甚至达到了大学三、四年级的水平。

指向真实问题解决，开展项目式教学

核心素养的确定为通用技术教学指明了方向。如何在通用技术教学中贯彻新课标的理念，落实技术学科核心素养，是摆在广大技术教师面前的时代课题。为了解决这一问题，人大附中从2016年开始，以"更高水平人才培养体系"的视角梳理、总结经验，结合学校整体课程建设，探索新时代普通高中通用技术课程发展的新模式、新思路；聚焦深度学习理论，以项目教学形式，开展"真实问题解决：指向核心素养提升的通用技术课程"建设思路及教学设计策略研究。

1. 创立"大项目""大概念""大综合"等多元组织范式

人大附中的通用技术课程主要在高一、高二年级开设，其中必修课程高一年级两学期均每周安排1课时，高二年级主要在第一学期开设，每周1课时；选修类课程分为国家选修类和校本拓展、研修、研学类，每周2课时，学生根据兴趣选择、学习。根据学生的不同年龄及发展需求，通用技术教研组依据新课标，以面向真实世界培养学生技术素养为主旨，依据不同阶段的特点以及对应教材内容的差异，制定了《人大附中通用技术课程实施方案》（见表1），创立了"大项目""大概念""大综合"等"多路径"组织范式，促进了学生学习方式的变革。

表1 人大附中通用技术课程实施方案

年级	核心策略	项目设计	对应教材内容		学分
高一（上）	大项目	明确问题	第一、二章	技术与设计1	1学分
		三视图原理及画法	第三章		
		方案验证——利用瓦楞纸制作简易模型	第五章		
		时光雕刻机之创意相册设计 中医科技创新——按摩机构创新设计	第三至七章		
高一（下）	大概念	建筑结构设计	第一章"结构"	技术与设计2	1学分
		空间站姿态控制与地面仿真实验	第二章"流程"		
		空间站热控系统设计	第三章"系统"		

续表

年级	核心策略	项目设计	对应教材内容		学分
高一（下）	大概念	控制系统的基本组成与工作过程教学设计 简易温度感知装置的设计与制作	第四章"控制"	技术与设计2	1学分
高二（上）	大综合	校园汉堡机——酱料添加装置的探究（测试与评价） 仿生机械鱼——姿态平衡探究	电子控制技术	国家必修走班选课	1学分
		增强现实系统的控制方式 AR版校园导览图方案设计 智能温室的设计与搭建	虚拟现实技术		
		多足仿生机器人创意设计 以机械臂方式捕获失效卫星的方案设计	机器人与人工智能		
		篮球场顶棚的设计与制作	结构及其设计		

通用技术必修课程教学实施过程中，"技术与设计1"是学生学习的基础，需要了解与经历设计的一般过程，提升技术意识，培养工程思维，学会创新设计，掌握图样表达的方法，提高物化能力。因此，在高一上学期，课程主要以"大项目"的形式开展，通过"大项目"的设计让学生在真实情境中体验项目的全过程，并在这个过程中将"技术与设计1"的内容融入其中。例如，中医药科技创新实践项目，通过大情境的设计，让学生结合自己的真实生活，自主选择课题，确定研究方向和设计重点，开展真研究，让学生在真实问题解决的过程中，经历设计与制作的一般过程，提升技术核心素养。

"技术与设计2"涉及四个单元：结构、流程、系统、控制。这四个单元的技术实践任务既相互独立，又衔接紧密，比较适合用"大概念"的范式来组织教学活动。因此，在高一下学期，课程主要以"大概念"的形式开展，通过"大概念"的设计将"技术与设计2"的内容融入其中。该阶段主要引导学生在真实开放的技术情境中，深入体会技术设计的一般过程，形成解决方案；感悟和运用四个单元蕴含的技术思想和方法，构建完整的知识与实践体系，不断提升技术学科的核心素养。

选择性必修或者选修模块属于国家课程，各个学校根据条件自行选择开设。

这些课程涉及技术与生活、技术与工程、技术与职业、技术与创造等不同的方向，内容大多比较综合，适合用"大综合"的思路组织教学活动。因此，高二上学期主要以"大综合"的形式开展。"机器人与人工智能""电子控制技术""虚拟现实技术""结构及其设计"等课程模块，均是运用"大综合"思路开展教学活动，并形成了典型教学案例。

2.构建项目式教学策略，改变学生学习方式

基于核心素养及真实问题解决的项目式教学将学科知识点融入真实项目中，在教学目标上由学科知识向学科素养转变、教学内容由单一性项目向专题性项目转变、教学方式由特定方式向多样化转变、学习结果由问题解决向内涵理解转变、教学评价从过程评价向动态评价转变。项目式教学策略的具体开展逻辑如图3所示。

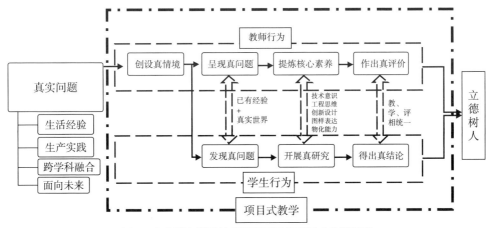

图3 人大附中通用技术课程开展的项目式教学策略

基于真实问题解决的项目式教学在指向生活中真实问题解决的项目学习中，为学生创设真情境，引导学生发现真问题，开展真研究，得出真结论，在任务的完成过程中逐步落实学科核心素养。下面以"中医科技创新实践""汉堡机酱料添加装置的探究"为例，对项目实施目标及内容的适切性进行更为详细的说明（见表2）。

表2 典型项目实施目标及内容设计

项目名称	课程目标	课程内容
中医科技创新实践	技术意识	调研用户需求，发现实际问题，提出设计课题，探究可能的解决方案。
	工程思维 批判思维	制订项目研究的计划，并按照计划分步实施。

续表

项目名称	课程目标	课程内容
中医科技创新实践	创新设计图样表达物化能力	综合运用跨学科知识，从多个方案中选择最优方案，设计制作模型或原型。积极参与项目研究，团队分工明确，有效沟通，高效合作。
	合作交流	展示作品，综合分析设计的产品满足用户需求的情况，以及其经济效益和潜在的风险，意识到技术产品对社会、环境可能带来的问题，形成正确的价值取向。
汉堡机酱料添加装置的探究	技术意识	（1）观察社团同学研发的"校园汉堡机"的工作过程，寻找汉堡机酱料添加装置的问题，联想生活中类似汉堡酱的物质及其存取方式。 （2）体验以手动和自动方式从各种容器中取出汉堡酱类似物，感受和思考将手动模式改为自动模式需要增加的环节。
	工程思维	找到每种装置的工作原理，抓住本质，结合需求，思考和讨论哪些地方需要变动，才能将原理进行重新应用，形成自己的初步方案。
	创新设计图样表达	迁移、应用酱料类似物存取装置的核心工作机制，制作可行的酱料自动添加装置创新方案。
	物化能力	组装汉堡机酱料添加装置结构，制作控制系统，成功进行联合调试；知道电子控制系统的执行部件的作用和类型，理解继电器的工作原理。
	工程思维	通过实际测试汉堡机酱料添加装置的性能，理解多指标评价法，能应用多指标评价法对作品进行评价。

指向核心素养提升的通用技术课程也促进了学生学习方式的变革。课程实施倡导以学生为中心、以实践为核心的多样化学习方式。根据学生的身心发展规律和技术学习特点，立足学生的直接经验和亲身参与，充分利用现代信息技术，精心设计和组织学生的学习活动；注重创设和学生已有经验有联系的多样化学习情境，采取自主、合作、探究等学习方式，进行技术体验、技术设计、技术制作、技术试验等技术实践活动，促进学生技术核心素养的形成与发展，在教师引导下学生主动学习、深度学习，成为学习过程的参与者、合作者、探究者、实践者、创新者（见图 4）。

指向真实问题的项目学习经历和素养导向的多样化学习方式，引导着学生学以致用，将所学知识用于解决实际问题，在这样的模式带动下，一大批小小科学家、小小发明家脱颖而出，他们在国际国内劳动技能及科技竞赛舞台上摘金夺银（见表 3）。许多学生对新时代人工智能背景下的多方协同的劳动内容产生了浓厚的兴趣，并立志未来要成长为国家需要的复合型创新型人才。

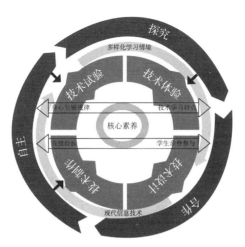

图4 素养导向的多样化学习方式

表3 近十年人大附中通用技术学科学生获奖情况

赛事类别	获奖次数
国际获奖（英特尔国际科学与工程大奖赛、日内瓦国际发明展、机器人竞赛、DI 等）	36 项
全国获奖（全国青少年科技创新大赛、明天小小科学家奖励活动、机器人竞赛、模型竞赛、DI 等）	200 余项
北京市青少年科技创新市长奖	13 位
市级竞赛获奖	1 000 余人次

软件硬件两手抓，为技术课程实施提供立体保障

技术课程的实施离不开学校的大力支持与保障，学校从软件、硬件两方面入手，从实验室建设、课程资源整合、教师专业发展等多个维度为课程实施提供全方位立体保障。

1. 加强实验室建设，拓宽学生的学习空间

学校为通用技术课程提供了充足的教学实践活动场地（见图 5），15 个专业教室和实践场地能够为学生进行各类课程教学和实践研究提供场所和设备。其中有 3D 打印教室、电子与信息工程实验室、机械与电气工程实验室、数字加工创新实验室、无人机实验室、虚拟现实实验室、汽车驾驶实验室等新型实验室，同

时配有金工、木工、电子、陶艺和工艺等传统实验室。

实验室配有电脑、建模软件、编程软件、数控钻铣床、台钻、3D打印机、激光切割机、雕刻机、操作台、常用工具等，充分满足学生不同的项目学习需求。

图5　人大附中部分通用技术教室

2.加强课程资源整合，为学生提供专业引领

人大附中地处中关村核心地带，与清华大学、北京大学及中科院下属多个研究所毗邻，具有得天独厚的学习实践资源。学校主动整合课程资源，带领学生走进国家重点实验室，邀请院士、科学家走进校园，促进创新人才的成长。学校还常年定期聘请校外科技专家团，为学生的科技活动把关。

3.加强教师队伍建设，促进教师专业建设

除了实验室的建设，学校还非常重视教师的专业发展。为了促进教师的专业发展，学校制定了教师专业发展的策略。通过专家引领、同伴互助、自我反思等，拓宽通用技术教师教育教学理论视野，提高基本教学技能和教育教学水平，促进教师专业发展，提升教师学术能力及职业幸福感，最终高效达成教学目标。

教师专业发展模型（见图6）从课程设计内涵、教师专业发展内涵、教师专业发展方式三个维度，概括了教师在课程建设过程中提升专业素养的途径和方法。通过教学设计、教学实施和教学评价三个环节不断挖掘课堂教学内涵，课程主题在往年的基础上不断迭代，逐年创新，在丰富课程教学内涵的同时，为教师专业知识、专业能力的提升打下坚实的基础，促进了教师的专业理念和师风师德建设，实现教师专业发展内涵建设。

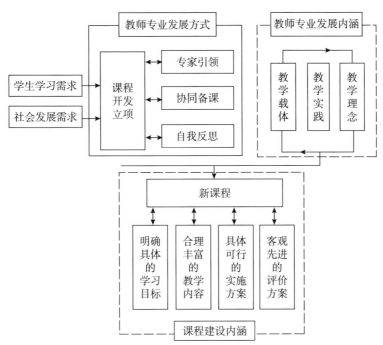

图 6　教师专业发展模型

　　课程在教学实践中不断迭代，推动了通用技术学科的发展，优化了技术教师队伍，促进了教师专业发展。截至 2024 年年底，全校共有专职通用技术教师 14 人［研究生 9 人（含博士研究生 4 人）］，其中正高级教师 1 人，高级教师 5 人。教师分别来自机械与电气、自动化、机器人、工业设计、教育技术、数学、美术、艺术设计、图像识别、飞行器设计等相关专业，专业构成与年龄结构都非常合理，具有很强的执行力与创新能力。任课教师在教学实践过程中，申请并完成 8 项国家级、市区级教育教学课题研究，编写、出版 20 余本国家及地方技术教材、读本供全国中小学师生参考使用，课程研究案例还被引入国际 STEM 教育报告丛书"Standards for Technical and Engineering Literacy"，并获得全球优秀项目奖。

　　同时，技术教研组教师团队还针对课标新增加的教学内容及国家提出的五育并举要求，结合教学实践、学生调研等研发了若干教学项目及案例，为全国、市、区通用技术学科教师开展了多次专项培训活动，多次开展国家级、市区级公开课并录制多节国家级、市区级空中课堂，积极发挥对外辐射和引领作用。

　　高中通用技术课程能够帮助学生了解技术的价值、特征及应用，强化对社会技术文化的理解，进而提高学生发现问题、分析问题、解决问题的综合能力。人大附中在探索通用技术学科的核心素养问题上，通过不断实践与迭代创新，取得了丰硕的成果，丰富了技术课程的价值理论体系，优化了技术课程体系，促进了教师专业发展，加速了创新人才培养，为教育提质赋能，效果明显。未来，在课程建设中，通用技术教研组还将进一步加强对学生创造性潜质的激发，积极探寻创造性人才成长的规律，帮助学生强化技术意识、掌握技术设计的思想和方法，并在这一过程中发现、培养更多的创造性人才，为国家重大战略发展贡献力量。

以系统思维建设高中劳动课程体系

政策·聚焦

习近平总书记在全国教育工作大会上多次强调学生培养中"劳动教育"的重要性。2020 年 3 月，中共中央、国务院印发《关于全面加强新时代大中小学劳动教育的意见》，要求根据各学段特点，在大中小学设立劳动教育必修课程，中小学劳动教育课每周不少于 1 课时。系统加强劳动教育，形成具有综合性、实践性、开放性、针对性的劳动教育课程体系。同年 7 月，教育部印发《大中小学劳动教育指导纲要（试行）》，面向全社会全面部署劳动教育工作。

人大附中坚守"五育并举、立德树人"的教育理念，自 20 世纪 90 年代起，便开始对劳动教育进行深入探索。2020 年，学校正式成立了劳动教研组，同年 9 月开始在高一年级开设劳动必修课。学校在实践中不断优化劳动课程建设，探索新时代劳动教育新思路，建立起一套活动与课程相融合、技术与劳动素养并行发展的劳动教育体系，注重培养学生的劳动观念、劳动能力、劳动习惯与品质以及劳动精神，为学生未来的职业发展和社会责任打下坚实的基础。

基于劳动素养，构建"一核心、四模块"的劳动教育课程架构

为了明确当前学生的劳动素养现状，科学设计课程，教研组从劳动素养内涵的 4 个方面（能力、态度、观念、习惯）、11 个指标出发，通过随机分层抽样的方法，对人大附中各年级学生劳动素养进行问卷调查，共回收问卷 1 979 份（其中有效问卷 1 390 份）。调查结果显示：学生的劳动观念处于较高水平，而劳动能力却有待提升，还存在劳动观念与劳动态度、劳动习惯不匹配等问题，且不同年级、不同性别之间，劳动素养的表现也不同。

基于调研，学校明确了劳动教育的方向，最初在课程设置方面，一方面重点开设与掌握劳动能力相关的课程，关注学生劳动知识与技能提升，加强学生的实践能力；另一方面，重点开设劳动习惯养成以及劳动态度提升相关的课程。以劳动素养提升为核心，构建了"一核心，四模块"的劳动课程架构，将课程分为"日常生活劳动""生产劳动""服务性劳动""职业体验"四大模块，每个模块设置

9～12个学习主题，共40余个主题和实践项目。经过不断发展完善，形成了如图1所示的课程架构。

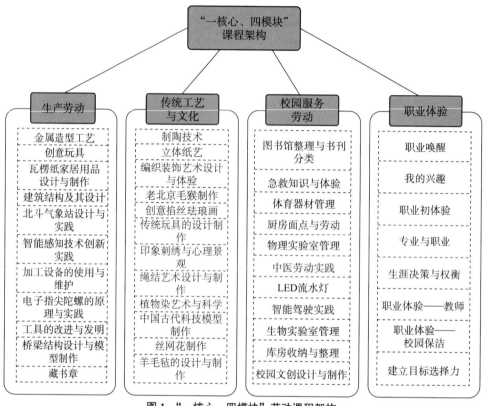

图1　"一核心、四模块"劳动课程架构

其中，生产劳动模块结合与人们密切相关的生活环境、学习环境及生态环境，引导学生深入生产劳动现场，认识生产劳动对于创造生活、提升生活品质的重要价值和作用。例如，引导学生基于生活环境改造，开展"工具的改进与发明""桥梁结构科技与工程""建筑结构设计与制作"课程等。

校园服务劳动模块将校园各种劳动场景开发成学生力所能及的服务性劳动课程。例如，带领学生到图书馆了解检索方法，整理书刊并归档；到实验室和体育场馆整理、归置仪器及器材；到食堂后厨学习面点制作；到食堂残食台进行卫生服务劳动；参与校园垃圾分类；在校医帮助下练习急救技能；体验以中草药种植为主题开展的百草园种植活动及中草药应用研究等。通过校园各个场景的劳动体验，帮助学生认识到正是身边平凡的点滴劳动，保证了校园有序运转；让学生养成自觉劳动的优良习惯，树立劳动服务意识，认同劳动创造美好生活的价值理念。

传统工艺与文化模块主要引导学生在学习、体验传统工艺技能基础上，能够从跨学科学习视角，感悟博大精深的中华优秀传统文化，形成严谨细致、精益求精、追求卓越等工匠精神、劳模精神。例如，与心理、历史、科学等跨学科融合开设了"印象刺绣与心理景观""植物染艺术与科学""中国古代科技模型制作"等课程。

生涯体验模块从短期、中期、长期三个阶段引导学生认识自我、选择专业、理解职业，从而树立正确的价值观，实现人生选择。

四大模块的劳动课程设计，不仅让学生经历生产劳动、日常生活劳动、社会公益劳动，从生产、生活、个人、社会等不同的角度加强学生对劳动的认知，更通过劳动教育，提升学生对于职业价值的理解，加强他们对人生坐标和人生意义的思考，在劳动中汲取精神养分，主动成长为心怀"国之大者"、能担大任的新时代创新型劳动者。

迭代升级，构建多素养螺旋上升的劳动课程体系

在"双新"示范校的建设过程中，学校进一步优化劳动课程体系，以"素养为本，五育融合"为基本教育策略，建立起一套活动与课程相融合、技术与劳动素养并行发展的劳动课程体系（见图 2），以实现更高的劳动育人目标。

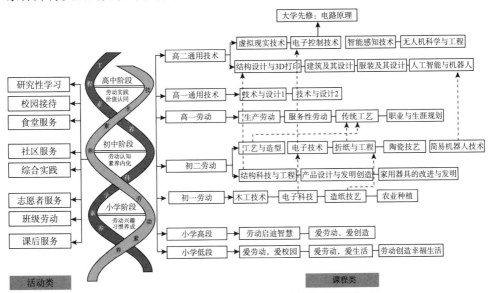

图 2 人大附中"多素养"螺旋上升的劳动课程体系

迭代更新后的劳动课程体系聚焦培养学生全面发展的人格特征，融思想品德、多元智能、创新实践、审美、造美等能力于一体，在小学、中学及大学之间，循序渐进、螺旋上升、纵向衔接。在课程设计过程中，汇聚家庭、学校、社会等多方合力，实现全员育人；依据学生年龄特征及发展需求阶段衔接推进，实现全程育人；与德智体美相结合，实现全方位育人。

课程主要包括高一和高二必修课、高二研究性学习、高中选修课、大学先修课等（见表 1）。在高一年级采取"一核心、四模块"的必修选课方式及通用技术必修形式实施，每周 2 课时，整年开设，共计 4 学分。课程分为生产劳动、校园服务劳动、传统工艺、职业与生涯职业规划 4 个模块，每个模块开设多门课程。学生可以根据自己的兴趣，分别从 4 个模块中按照 4 轮不同时间安排，依次选择 4 门课程学习。学生完成整个学期 4 个模块的劳动课程学习，合格后即可获得 2 个学分。

高二年级采取选择性必修的形式在通用技术课程中开展、半年开设，共计 1 学分。同时，根据学生个性化深度学习发展需求，面向高二年级部分学生采取选择性必修的形式在研究性学习领域中开展、每周 2 课时、整年开设，共计 4 学分；大学先修及国家选修等课程，根据学生兴趣需求、国家发展需求及教师专业特点，开展特色化教学、一学期 28 学时，共计 2 学分。

表 1　人大附中高中劳动课程安排

课程类型	年级	学时	学分	开设时间	学生对象
必修	高一劳动	36	2	上学期	全体学生
	高一通用技术	36	2	下学期	全体学生
	高二通用技术	18	1	上学期	全体学生
	高二研究性学习	72	4	整学年	部分学生
校本选修	高一、高二	56	4	上、下学期开设	部分学生
大学先修	高一、高二	56	4	上、下学期开设	部分学生

在课程实施过程中，采用大项目、大单元的教学思路和方法，将劳动知识及能力等融入教与学的各项活动，在任务完成过程中逐步落实核心素养。目前学校高中阶段已经开设了劳动必修类及选修类特色课程 60 余门，每年约有 2 800 名学生参与高中劳动必修课程学习、约 500 名学生参与选修课程学习。

"多素养"螺旋上升的劳动课程体系的设计充分考虑了人大附中学生的特点和真实的需求。爱思考、爱探究是人大附中学生的一大鲜明特色。学生在劳动学习的过程中，往往并不满足于浅尝辄止，喜欢刨根问底。比如，在劳动必修课上，老师带领学生一起学习"中医与保健"的相关内容，学习按摩器械等相关保健产品的设计，了解其机械结构与原理。通过课程的学习，一些同学对中医相关的科技产生了浓厚的兴趣，在此基础上他们又参加了相关社团和选修课程的学习，尝试着以小组为单位设计一个新的中医科技相关的产品，用创新思维指导动手劳动。有这样一组高一的同学，他们将传统中医经络理论与现代科技相结合，研究开发的产品能够对经络与人体电压信号进行测量，并实时把信号传到手机上，一旦人体有地方发生病变，设备就会提醒人们注意。该项目的设计获得了日内瓦国际发明展的银奖。

劳动教育是连接学生与真实世界的一个通道。劳动教育将校园生活与日常生活、社会生活打通，让学生在"发现问题—研究问题—解决问题"的过程中，自然而然地进行劳动实践，做到学以致用。这种活动与课程相融合的劳动课程体系，不仅激发了学生的兴趣，也给学生提供了一个不断探索真实世界的空间与平台，学生在劳动必修课上发现问题，找到了兴趣点以后，充分利用学校课程、学生社团、学生项目等进行持续探索，乐此不疲地进行相关研究，并尝试着解决问题，从而真正实现"知行合一"。在研究、动手的过程中，学生在无形中养成了精益求精的习惯与品质，综合素养也得到全面提升。这样的设计也打开了劳动课程的育人空间，拓展了劳动教育的深度，真正发挥了劳动育人的价值。

培育"双师型"教师队伍，为劳动课程实施提供有力保障

为了让劳动课程体系更好地落地，学校提供了充足的教学实践活动场地，15个劳动专业教室和1块劳动种植实践场地能够为学生进行各类劳动课程学习及实践提供场所和设备。其中有"百草园"种植基地、中医教室、传统工艺实验室及智能感知实验室、虚拟现实实验室、机械与电气工程实验室、数字加工创新实验室、无人机实验室、电子与信息实验室等新型实验室，同时配有金工、木工、电子和陶艺等传统实验室。实验室配有传统的劳动工具、现代电脑、建模软件、编程软件、数控钻铣床、台钻、3D打印机、激光切割机、雕刻机、操作台，以及面向未来的智能教学设备等。

学校也非常重视劳动技术教育"双师型"教师队伍的建设，并规划了相应的教师专业发展模型。学校会招纳和培养专兼职"双师型"教师：招纳高校、非遗

研究机构、科研院所、企业中的专业人员进入教师团队从事专职教学，这些专业人员是单位/企业的能工巧匠、非遗传承人或工程技术教育专业人才等；学校还会与上述单位/企业开展合作，培养兼职教师队伍、开展学校"双师型"教师的培训工作。同时，学校的劳动教育课程教师也会注重提高自身的教学能力；在提升理论素养的同时，教师会积极进行自我反思。通过与自身专业相关的校企建立联系与合作、外请专家指导、联合区域教师协同备课等方式，练就自身精湛的职业技能。

学校除了要求教师胜任常规教学，还会鼓励教师研究国家政策、劳动教育教学文献及相关资料，提升自身的育人理念，努力将自己打造成一名优秀的课程组织者、管理者和领导者。同时学校要求教师在实施教学过程中，要了解学生的思维特点、观察学生的学习习惯和成长规律、研究学生的个性特点，努力成为一名合格的课程设计者、实施者及革新者，最后在教学与研究的整个过程中，努力发展成为一名引领型的专家教师。

目前人大附中高中劳动教育课程有专职教师14人、兼职教师20人，分别来自心理、美术、生物、物理、体育等其他学科领域。

近几年，劳动课程教师的业务能力在实践中得到了很好的提升，其中1人被评为北京市特级教师，2人被评为市级骨干教师，5人被评为海淀区学科带头人。同时，1人成为海淀区第六届名师工作站导师及组长，4人成为海淀区第六届名师工作站学员。整个团队在劳动教育领域起到了模范带头作用。

学校的高中劳动教育课程建设注重学生全面而又有个性的发展，以生产劳动、传统工艺与文化、校园服务劳动、职业体验等为依托，坚持必修选修相结合、课内课外相结合、校内校外相结合。课程自开设、优化、整合实施以来，受到了广大师生的欢迎，相比传统的通用技术、劳动技术课程，课程更加关注学生的个性化需求。通过丰富的劳动课程内容学习与实践，学生在劳动观念、劳动能力、劳动习惯和品质、劳动精神等方面得到了很大提升。

近4年来，学校在每年的5月份左右举办校园劳动文化节活动，以进一步延伸、拓展课程的影响范围和作用。例如，邀请知名大国工匠、全国劳动模范、两院院士等给学生做劳动教育、科学教育等相关报告，举办结构设计大赛、非遗进校园、发明与创造成果展、科普项目展、优秀小劳模评选等活动，点燃学生的劳动激情和创造热情。在促进学生全面发展的过程中，不断丰富、发展劳动教育的多元课程体系，培养德智体美劳全面发展的社会主义建设者和接班人。

研究性学习课程：在真研究中收获真成长

政策·聚焦

研究性学习是《全日制普通高中课程计划（试验修订稿）》（2000 年）以及《普通高中课程实验方案》（2003 年）中的一门独立的课程，要求以学生的自主探索学习为基础，从学生生活和社会生活中选择和确定研究专题。课程主要以个人或小组合作的方式进行，学生通过亲身实践获取直接经验，养成科学精神和科学态度，掌握基本的科学方法，提高综合运用所学知识解决实际问题的能力。

每年 5 月，人大附中的中心花园都会出现这样一道亮丽的风景：近百幅彩色喷绘的展板摆满环形步道两侧，上面是一项项课题研究成果，主题从"人大附中冬青卫矛炭疽病与疮痂病原菌分离与鉴定"到"浅析中国古代战争观对部分当代战争分析的指导价值"，从"基于进化算法的类德州扑克游戏 AI 设计"到"北京地面公交接驳功能的评价及优化研究"……。主题涉及自然科学、工程技术、社会人文、体育艺术等各个领域，内容包罗万象，令人目不暇接。这是高二学生一年的研究性学习课程成果为期一周的汇报展出，在展示交流日，课题组的同学们还会在自己的展板前为前来参观的师生讲解并答疑，气氛十分热烈。

人大附中的研究性学习起步于 20 世纪 80 年代，目前已经形成比较成熟、完善的课程机制，真正实现了让一个年级近千名学生在几十个领域自由选择，开展学术研究。仅 2023—2024 一个学年，就有 50 个领域的研究性学习课题完成结题，学生撰写出研究论文 361 篇。

分专业领域组织实施，保证课程的可选择性

研究性学习要求以学生自主探究为基础，这就决定了课程不能整齐划一，要尊重学生兴趣，还要涉及足够多的领域，给学生充分的选择性。

分专业领域组织实施研究性学习课程是一项大胆的尝试，人大附中高中一个年级有千名左右学生，要在十几个专业几十个领域学习和开展自主研究，对师资、实验室、学生管理等都是挑战。

应对这一挑战，关键在于解决以下问题：一是给予学生充分的自主选择权；二是调动教师课程建设的积极性。此外，在课程管理方面要能够充分满足课程整

体设计和实施的需求。

　　基于这样的目标，学校设立了研究性学习教研组，采取"跑班"授课制，统一集中在高二年级开展研究性学习课程。学生在高一职业与生涯规划课程中形成了对于社会和职业的基础认识；在高二学年，他们通过研究性学习课程，根据自己的学习、研究兴趣，在学校提供的几十个研究领域进行自主选择，并在校内外教师的指导下进行研究，最终形成一份研究报告，体验完整的科学研究过程。

　　为了让这样的课程机制能够顺利启动，学校从师资配备、课时保障、教学场域、课程资源等多个方面做好做足保障工作。

　　在师资配备方面，根据学生的研究兴趣及需求，结合校内指导教师的特点，按照研究性学习的六大领域（自然科学、人文社会、工程技术、艺术生活、身心健康、交叉创新）精心为研究性学习课程配备高学历的学术型指导教师。

　　在课时保障方面，统一将高二年级某个下午第7、8节课排为研究性学习课，一方面保障全年级学生的跨领域选课，另一方面可以和第9、10节的校本选修课结合起来，以满足一些实验类研究课对时间持续性的要求。

　　在教学场域方面，为了加强对研究性学习课的专业性指导，学校通过整合较为成熟的研究性选修课资源，建设一批重点研究方向的专业实验室，加强学科实验室和科学实验室的建设。

　　在课程资源方面，学校根据不同研究领域的实际特点，落实教学或实验场所，在研究性学习课时间，各学科的实验室和阅览室都尽量排出空档时间，最大限度地为学生提供便利。学校利用学校图书阅览室资源和中国人民大学的图书馆数据库等资源，为学生查阅科学文献提供保障。同时，根据各研究领域的需求，学校还积极联系校外科研机构，为学生的课题研究提供更加专业的指导和研究保障，为学生创造更有利的学习氛围。

　　研究性学习课程改革的方案，得到了学校领导和教师的大力支持，究其原因，只有一条：为了学生真成长、真获得。在这样的课程机制之下，共同的研究兴趣成为研究性学习能够真正"研"起来的支点，学生们形成了一个个学习研究的共同体，在教师的引导下体验研究的全过程。研究性学习不再整齐划一、浅尝辄止，而是真正做真、做深。师生在课题研究中共同研究、互相激发、共同成长，这也让研究性学习成为师生间的一场"双向奔赴"。

手把手带领学生真研究，完善流程并培养科学精神

　　研究性学习课程的开设，不仅是为了让学生在自己感兴趣的领域进行学习和探究，更重要的是培养学生的科学精神、创新意识和实践能力。这就需要学生用

规范的科研方法和严谨的科学态度来体验完整的研究过程。

为了带领学生开展真研究，研究性学习教研组将课程设置为三大阶段：前期储备和选题论证阶段、研究实施阶段、项目结题和成果展示阶段（具体见图1）。三大阶段贯穿一个学年。

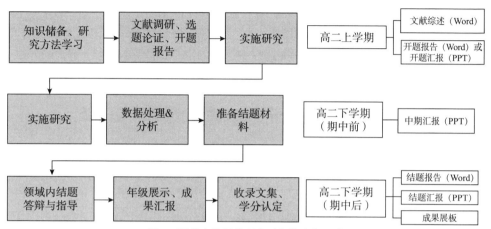

图1 覆盖完整科学研究过程的流程设计

前期储备和选题论证阶段，教师首先介绍特定领域基本知识和研究方法，带领学生把在社会、自然或者自己生活中发现的问题转化为有研究价值且能够研究的课题。学生形成一定的知识铺垫，激活原有的知识储备，激发出探究问题的动机，利用文献研究、调查研究、实验研究等方法对自己关注的问题进行细化，对自己的选题进行论证，并在指导教师的帮助下，进一步完善研究思路，形成研究方案，撰写开题报告。

研究实施阶段，教师指导学生根据研究思路，具体开展研究工作。学生搜集、整理与分析数据，有意识地对过程性资料进行留存，按照要求做好过程性记录，及时记录研究过程中遇到的问题、讨论的过程、教师指导意见及解决方案等关键信息。

项目结题和成果展示阶段，学生需要对自己的研究结果进行归纳整理、总结提炼，将研究性学习中取得的收获以调查报告、实验报告、产品报告等书面报告形式呈现出来，并展示、分享。学校组织专家进行专业的结题答辩与指导，对学生的研究性学习成果进行评价。在这一阶段，学生既要学会如何做研究，也要学会如何梳理成果，经历不同形式的成果表达训练，切实提升科学交流和表达能力。

设计完整的科学研究流程，目的在于遵从基本科研过程，让学生在深度参与研究性学习中，体验真实的科学研究。

为了充分保证效果，在适切的时候为学生搭建研究的"脚手架"，教师们还设计了多样化的工具。学校自编的《研究性学习过程记录手册》学生人手一册；学生可以此为指南，自主学习课题研究的基本步骤。过程记录手册中包含了课程目标介绍、学习记录要求等信息，学生要在手册上填写专业领域背景知识笔记、本领域的研究综述、研究方案设计、研究过程记录、研究过程自我评价等内容。学生的开题报告、中期报告、结题报告及教师的评价也均记录在手册中。

过程记录手册通过任务单的形式，引导学生做好过程记录，记录下课题研究活动过程的点滴；同时，学生在研究过程中遇到的困难、思考的过程、解决的方案、课题的调整、收获等也会体现在其中，教师能借助手册了解学生研究的真实过程。

深化育人价值，在研究中培养学生的社会责任感与担当

研究性学习课程承载着重要的育人价值。研究性学习鼓励学生走向真实社会与生活，结合社会热点问题设定研究课题，引导学生在实践中综合运用知识，利用所学服务社会，进行创新研究与实践。真实研究不仅激发了学生学习的动机和志向，也培养了学生的社会责任感与担当。

在"虚拟现实技术"这门课程中，教师引导学生通过课题研究，将虚拟现实技术与现实生活中的各种社会热点问题结合起来，用技术改变生活，创造美好未来。针对"北京四合院保护不理想，公众缺乏对四合院的认知和保护意识"这一问题，学生们在教师的带领下，开启了"片瓦——使用虚拟现实技术实现北京四合院保护"这样有特殊意义的研究课题，希望能够借助技术的力量，保护、宣传四合院文化；希望在保护传统文化的同时，积极顺应时代的发展，运用虚拟现实技术和新媒体技术，提升四合院保护工作的互动性和趣味性，完善数字化传播媒介与机制。

此外，针对社会急救及特殊人群，创造有温度的技术，学生们提出了"使用虚拟现实技术对心肺复苏知识进行普及与推广""基于 VR 技术的汽车事故逃生模拟"等具有社会价值的研究课题，并获得了较好的社会效益。

再以"智慧城市"课程为例，学生在教师的带领下，与专业设计师一起，共同参与海淀南路旁一个 400 平方米的街边广场的设计改造（见图 2）。教师带领学生进行实地考察，反复讨论磨合，形成各组的设计方案。学期末，学生根据自己的观察和体验，结合人工智能技术，从各个角度提交了亲子交互运动设施、智能绿化带、智能社区文化宣传等多元化的设计创意。

在研究过程中，很多学生还提出了地理、生物等方面的城市规划专业问题，这些跨学科问题的提出是非预设的。为了进一步支持同学们的研究课题，课程组

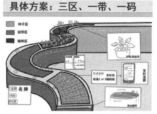
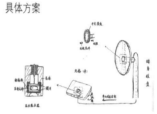

图2　学生参与设计城市一角：海淀街道共享小客厅项目

的教师还特别邀请了生物组、地理组的几位教师共同进行跨学科教学。跨学科教师团队的支持，让同学们对研究性学习更加有底气，对学生自主研究学习起到了积极的促进作用。

在跨学科教师团队的支持下，学生们的研究成果受到了大学教授以及海淀区相关街道领导的广泛好评，他们赞扬学生们的课题"有广度，有深度"。同学们的奇思妙想拓宽了设计师的设计思路。他们的设计方案也得到了该项目设计师团队的认可，并在北京市发改委的公众号中，对学生参与城市更新改造设计进行了宣传。

经过多年实践，人大附中研究性学习课程六大综合领域已经积累了近百门研究性学习课程，延伸出数千个学生研究课题，这些不同领域的研究性学习课程和课题的呈现，正是源于广大教师对研究性学习课程建设的不断钻研、探索与创新。在这个过程中，教师和学生成为课程的共创者，并在课程实施的过程中，不断碰撞出新的火花，不断生成新的课题和课程。研究性学习课程带给学生的是真实的研究经验，学生在研究性学习中看见生活、看见社会、看见自己、看见未来，不仅增强了对社会热点和前沿技术的了解，也在对真实问题的研究中收获了服务意识、增强了社会责任感，也从中激发了自己的志向。可以说，研究性学习的经历，带给学生的不仅是一次追求真理、寻求突破的研究过程，更是一次挑战自我、超越自我的难忘回忆；学生在研究中成长、在担当中历练，以科学的态度对待科学，以真理的精神追求真理。

把化学课程建在生活"大主题"上

课标·聚焦

《普通高中化学课程标准（2017 年版 2020 年修订）》（以下简称"化学新课标"）指出："教师在组织教学内容时应高度重视化学知识的结构化设计""创设真实且富有价值的问题情境，促进学生化学学科核心素养的形成和发展"。化学新课标倡导以大概念、大主题、大任务等为抓手，构建主题化、结构化的学科内容知识，推进学科内部的大单元教学。

化学与学生的日常生活联系紧密，这为化学学科的"大主题"设计带来了天然优势。早在 2012 年，人大附中化学教研组就开始了主题化课程的探索与实践，从"身边的化学"做起，完成了一系列基于真实情境的深度课堂教学实践与研究。

在全面实施新课程新教材的大背景下，化学教研组在原有的课程建设基础上，又进行了进一步探索，打磨典型课例，深化以"大主题"为抓手的课程整体设计（见图 1）。化学教研组总结提炼多年实践经验，基于课程标准，从化学学科的本质出发，通过贴近生活、符合学习者的生活经验的"大主题"设计，重构课程内容，优化呈现方式，推动课程内容的结构化改革，形成了"手机中的化学""汽车中的化学""厨房中的化学"等多门经典课程。

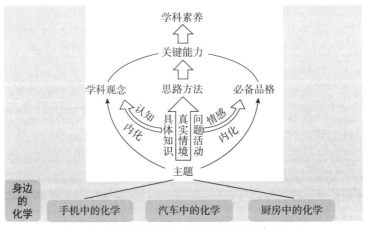

图 1　以"大主题"为抓手的课程设计理念和思路

"汽车中的化学"：四轮建设形成三大板块课程

化学在汽车行业的应用非常广泛，从汽车的研发、制造到行驶等各环节都离不开化学。人大附中化学教研组基于对学科本质的理解以及对教学经验的持续总结，从学生的兴趣出发，在教研组长贺新老师的带领下，以"汽车"为大主题，经过多年的持续探索，设计、开发了"汽车中的化学"课程。课程从日常生活中学生最熟悉的汽车入手，立足于化学知识在汽车中的应用，着眼于汽车未来发展的趋势，借助科技发展的最新成果——人工智能，帮助学生在真实情境下深入地理解、应用化学的原理，在更广阔的空间里感悟化学和科技的价值。

课程的开发建设需要经历一个过程，其中最不可或缺的就是调动教师们的参与热情。化学教研组不仅充分调动全体化学教师参与其中，还打破学科边界，围绕汽车这一主题，主动结合物理、信息等进行跨学科整合设计。

课程建设经历了"板块搭建—任务认领—持续开发—系统优化"的过程。在课程建设的初期，化学教研组围绕"汽车中的化学"这个大主题，设计了包含汽车的材料、汽车的动力系统、汽车的发展与环境保护三大课程板块，其中涵盖了轮胎、尾气处理、安全气囊、发动机、玻璃、保险杠、车体等素材（见图2）。

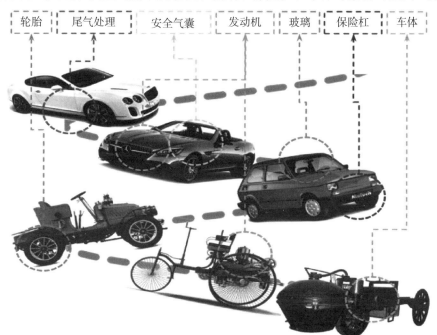

图 2 "汽车中的化学"素材

　　教师可以从三大板块（见表1）中认领自己感兴趣的主题，发挥专业特长，结合教材中的知识点进行课程内容的开发与整合设计。两年多的时间里，教师围绕汽车这一主题，持续地研究、实践、反思、改进，合作完成了近三十节课程内容的设计，并开展了相应的教学实践，形成了鲜活生动的教学案例。

　　在第一轮课程建设探索中，化学教研组从学生能够直观感受到的"汽车中的材料""汽车的发展与环境保护"等相关板块入手，从国家课程中挖掘可以进行整合的点；在"汽车中的材料"这一板块中，开发了"金属材料探秘""金属材料的回收利用"等相关内容，关注金属材料在车体中的应用与回收；探索了"你的车窗"相关内容，带领学生了解车窗玻璃的奥秘。在"汽车的发展与环境保护"这一板块中，开发了"尾气污染与控制""氮的转化"等相关内容，关注尾气污染的危害和防治措施。

　　在第二轮课程建设探索中，化学教研组结合学生对汽车中的材料非常感兴趣这一情况，加强了相关内容的设计，在"汽车中的材料"板块，增加了"汽车中的材料和变化""汽车中的氧化还原反应"等相关内容的整合设计。同时，还设计了"探秘保险杠"等相关内容，让学生体会保险杠存在的必要性和材料的选择；设计了"橡胶在汽车中的应用"等相关内容，带领学生走进高分子材料世界。在"汽车的发展和环境保护"板块，深入探索"尾气净化技术"相关内容，并以"汽车尾气净化""汽车尾气报告单"等形式阐述研究成果。

　　在第三轮课程建设探索中，化学教研组聚焦汽车的心脏——"汽车的动力系统"——这一板块，基于传统燃油车和新能源汽车的不同，系统设计了"发动机内的燃烧""发动机材料的选择""汽车中的动力电池""原电池在汽车中的应用""电动车的动力电池""废旧铅蓄电池回收""车载电池回收优化"等相关内容，带领学生认识与发动机相关的主要原理和技术革新。

　　在第四轮课程建设探索中，化学教研组基于前三轮的实践，对各板块的内容进行了再开发。在"汽车中的材料"这一板块，开发了"汽车骨架材料""灯罩材料的选择""金属及非金属材料""汽车中的橡胶"等相关内容；在"汽车的发展与环境保护"这一板块，开发了"汽车的故事""汽车安全体系""汽车中气体环境安全"等相关内容。这样的课程设计让学生对化学在汽车中的应用有了更加全面的认识。

　　通过四个轮次的课程开发与探索，最终形成了三大课程板块的具体内容设计（见表1）。目前，课程仍在持续开发建设中，化学教研组的教师定期根据教学实践的效果和学生的反馈，对课程进行持续更新和系统优化。

表 1 "汽车中的化学"三大板块设计

序号	课程板块	课程内容
1	汽车中的材料	汽车中的材料和变化 汽车的氧化还原反应 汽车骨架材料 灯罩材料的选择 金属及非金属材料 金属材料探秘 金属材料的回收利用 橡胶在汽车中的应用 汽车中的橡胶 探秘保险杠 你的车窗
2	汽车的动力系统	发动机材料的选择 发动机内的燃烧 汽车中的动力电池 原电池在汽车中的应用 电动车的动力电池 废旧铅蓄电池回收 车载电池回收优化
3	汽车的发展与环境保护	汽车的故事 汽车安全体系 汽车中气体环境安全 尾气污染与控制 氮的转化 尾气净化技术 汽车尾气报告单

　　"汽车中的化学"以清晰的教学目标为指引，创设真实情境，设计系列任务，带领学生在"汽车"这个贴近生活的大主题中展开系统学习，让学生在真实的问题情境和实际应用中认识到化学是材料科学、环境科学和能源科学等现代科学的重要基础，是推动人类社会可持续发展的重要力量；引领学生走进科学殿堂，真正体会化学的社会价值，增强学好化学造福人类的信念。真实、丰富、具体的问题情境也成为学生化学学科核心素养形成和发展的重要载体。

　　在课程开发与实施过程中，化学教研组教师的课程领导力及专业化水平均得到了提升和发展。通过参与课程的开发，教师体验到主题式教学的魅力，同时学习了以大主题为抓手的课程设计方法。将化学知识与生活实际结合，不仅能激发学生的兴趣，也能使他们深入理解和运用化学原理。

同时，化学教研组借助课程建设的契机，也积极承担多个区级、市级课题，课题研究的深入推进又反促着课程建设，助力团队教师的专业成长，多位教师在《高中数理化》等杂志上发表相关学术论文。同时，专著科普版《汽车中的化学》和教学版《汽车中的化学——指向核心素养的深度教学实践》已分别于2021年6月、9月正式出版。

科普版《汽车中的化学》从化学的视角介绍了汽车的材料、动力系统、发展与环境保护等内容。教学版《汽车中的化学——指向核心素养的深度教学实践》则呈现了29节教学案例，向读者详细介绍教师如何通过"汽车"这个大主题设计、开发课程，以及在主题的引领下，教师是如何教，学生又是如何学的。专著的出版，为"双新"背景下的化学课程改革创新提供了可借鉴、可复制的思路。

"厨房中的化学"：形成主题内容整合设计的三大路径

在日常生活中，厨房就是一个充满各种化学试剂的"实验室"，蒸、煮、炒等制作美食的过程，蕴藏着丰富的化学知识。为什么生肉没有熟肉闻起来香？为什么蔬菜快炒比慢炒的颜色更绿？鱼为什么有腥味？生活中常见的素材和现象就是化学学科真实、鲜活的问题情境，能够有效调动学生的好奇心，引发学生对化学现象和本质的思考，促使学生产生更强的解决问题的动力。

人大附中化学教研组从2020年起，围绕"厨房"这一生活中的大主题，结合各年级化学学科教学内容和学生的认知水平，从"厨具灶具""消毒清洁""食材""能源""厨余垃圾"五大课程板块入手，设计、开发了"厨房中的化学"课程。经过两年多的持续开发，共形成了二十多节主题研究课（见表2）。

表2　"厨房中的化学"主题研究课（部分）

板块	内容	教师
厨具灶具	厨房中的化学（一）：厨房中的铁锅	王天吉
	厨房中的化学（二）：锅具那些事儿	孔瑛
消毒清洁	厨房中的化学（二）：洗涤剂中的"奥秘"	王珊珊
	厨房中的化学（二）：水垢的产生和除去	蒋岚、丁晓新

续表

板块	内容	教师
食材	厨房中的化学（一）：从补铁说起	过新炎
	厨房中的化学（一）：如何科学补铁	冯姝
	厨房中的化学（一）：炸出好吃的油条	王珊珊
	厨房中的化学（一）：骨头汤能补钙吗	蔡元博
	厨房中的化学（一）：巧用厨房中的盐	晁小雨
	厨房中的化学（二）：谈谈味精	蔡元博
	厨房中的化学（二）：蒸出美味的鸡蛋羹	兰海霞
	厨房中的化学（三）：探秘膨松剂	刘丹
	厨房中的化学（三）：饮食与牙齿	过新炎
能源	厨房中的化学（二）：厨房中的燃料	过新炎
	厨房中的化学（三）：自热食品如何"自热"	吴建军
厨余垃圾	厨房中的化学（三）：厨房里的虾蟹壳	曹葵
	厨房中的化学（三）：塑料的使用与回收	贺新、臧春梅

化学教研组从五大课程板块自身的定位、特点出发，在立足国家课程的基础上，经过探索与实践，形成了整合设计主题内容的三大路径。

一是从常见的误区出发进行整合设计。在与厨房相关的生活实践中有很多常见的误区，这些误区往往更能激发学生的学习兴趣，比如在"食材"板块，教师针对生活中常见的补钙、补铁的误区，设计了"骨头汤能补钙吗""使用铁锅能补铁吗"等相关内容，从化学的角度出发，带领学生进行研究与分析，用化学知识辟谣，破除生活中的"伪科学"，让学生在真实的情境中感受到化学就在我们的日常生活中，引导学生树立正确的科学观念。

二是从学生关心的问题出发进行整合设计。食材与学生的生活息息相关，涉及一日三餐，在这一板块教师设计了"蛋白质"的相关内容，从蛋白质与健身塑形、减肥的关系等学生感兴趣的角度，讲解蛋白质的组成、结构、性质等相关内容，以及如何获取优质蛋白质。课程在传授给学生知识的同时，也能对学生的生活进行指导，帮助学生养成健康的饮食习惯，形成健康的生活方式。

三是从厨具的更迭与未来发展出发进行整合设计。例如"厨具灶具"板块，在"锅具那些事儿"一课中，教师带领学生学习了锅的材质由石到瓦、陶、铁、铜等演变的历史，再到导热、保温、不粘等功能的演变过程，分析各种锅具材质的特点、对人体健康的影响，探秘"锅具＋化学"给厨房带来的新变化，让学生感受化学对现代生活的重要影响。

"厨房中的化学"这门课程自开设起就深受学生和家长的欢迎。有的学生说："第一眼看到这门课程的名字时，我就特别感兴趣，特别想知道厨房中到底有哪些化学知识。这门课程让我看到化学是那么有趣！那么有用！"还有学生家长说："自从孩子学了这门课，就经常在厨房里用各种材料做小'实验'。有一次我遇到了食物保鲜方面的问题，孩子还对我进行了专业指导，俨然一个化学小专家，这门课真是太实用了！"

"厨房中的化学"以生活中最常见的厨房为情境，突出化学学科的实验属性和应用价值。课程一头连接着国家课程，一头连接着师生的共同兴趣。以大主题为抓手的课程建设也让教师不断成长，带给他们更大的施展才华的舞台。教师不断探索、研究新领域的知识，在与组内、组外其他教师的思维碰撞中，共同为学生呈现出更加精彩的化学课程。

以大主题为抓手的课程创新与新课标的核心精神高度契合，以化学学科核心概念、思想、学科价值和社会价值为引领，以素养发展为导向，以情境的结构化为线索整体设计学习内容，把化学课程扎扎实实地建在了生活大主题上，形成了一条可借鉴、可推广的课程结构化改革创新之路。这样的新课程，有效促进了学生对知识的迁移应用，助力学生化学学习，从而促进学生化学学科核心素养的形成与发展。

跨学科主题学习：跨越学科边界，聚力综合育人

课标·聚焦

《普通高中课程方案（2017 年版 2020 年修订）》指出，要"关注学科间的联系与整合""引导教学更加关注育人目的，更加注重培养学生核心素养，更加强调提高学生综合运用知识解决实际问题的能力"。《义务教育课程方案（2022 年版）》指出，各学科要"开展跨学科主题教学，强化课程协同育人功能"，并明确要求"各门课程用不少于 10% 的课时设计跨学科主题学习"。开展跨学科主题学习，是新时代培育学生核心素养、培养创新人才的必然要求。

跨学科学习，既要基于学科，又要主动跨界，强调的是知识的综合运用。将不同学科有机融合，形成育人合力，找准有关联的主题至关重要。跨学科主题学习的内容，应该是真实的、来自生活情境的、有现实意义的、复杂开放的、能够用多种方式探究的问题。跨学科主题学习的实施是一个创新的过程，应该以问题解决为导向，打通课内课外，将学习的过程变成学生的一种探索、创造的过程。

在"双新"实施中，我校教师自发组建微团队，多学科联动，进行跨学科教学，开发跨学科课程，涌现出一批优秀的跨学科精品课例、课程、课程群。

语文＋物理："人之上升 格物致知"

加强科学学科和语文学科的融合，促进中学生科学素养与人文素养协调发展，是落实"在教育'双减'中做好科学教育加法"的路径之一，也是深度实施"双新"、落实语文新课标的需要。

《普通高中语文课程标准（2017 年版 2020 年修订）》中"学习任务群 12 科学与文化论著研习"规定，"研习自然科学和社会科学论文、著作，旨在引导学生体会和把握科学与文化论著表达的特点，提高阅读、理解科学与文化论著的能力，开阔视野，培养求真求实的科学态度和勇于探索创新的精神"。

基于此，从 2019 年起，我校语文教师与物理教师合作开设选修课"人之上升　格物致知"。这门课以学科协同视域下的读写课程重构为抓手，以"非文学性读写"为突破口，让学生在"格物致知"中强化物理思维能力、活化以母语为

本的学习方法，从语文、历史、科学、哲学等层面综合实现"人之上升"。

对于开发、承担这门课的每一名教师而言，打破学科壁垒，改变教学方式，建构教学程序，也是教学业务的必然"上升"。

"这门课是语文课还是物理课？教师在课堂上如何组织？读写整合如何实现？"带着这样的困惑，课程研发团队进行了热烈讨论，并与专家反复研讨。最后，确定将学术语境下的阅读作为课程基础，探讨以概念为本的理解性阅读，关注其中的关键术语，关注文章中的逻辑思路，关注科学家的学者风范，从中见物理知识，见文章结构，见人的精神。

在课程资源的开发上，选取语文课本中科学类文章、物理课本中"科学漫步"部分等课内文本，以及严肃科学史、科普读物、科学家传记、科学剧本《哥本哈根》等作为阅读材料，形成教学方案（见表1）。

表1 "人之上升 格物致知"选修课2022—2023学年度第一学期教学计划

课程名称	人之上升 格物致知 读写合一		
课程领域	科学与人文	学分设置	2学分
教学目标	（1）通过阅读经典的科普作品，激发、强化学生对相关学科知识的理解，培养科学思维和探究精神； （2）通过合作式项目探究，深化从"理论知识"到"科学家"，再到"哲学思考"的学习建构能力； （3）通过写作促进并固化思考，促成中学生科学素养与人文素养的协调发展，获得言语与精神的共同成长。		
教学时间	周四 16：30—17：50		
课次	教学内容		授课教师
第1次课	教材、背景、课程要求介绍 "电磁两百年"		林声远 全体授课教师到位
第2次课	不朽的科学之光——"库仑定律"的发现		林声远
第3次课	认识一位科学家：爱因斯坦 《我的世界观》（爱因斯坦） 《人之上升》（勃朗诺斯基）		陈莲春
第4次课	认识一位科学家：玻尔 《人类知识的统一性》（玻尔）		屈真
第5次课	认识一位科学家：李政道 《中国古代的天文》（李政道） 《当代科学大问题》（李政道）		高建华

续表

课次	教学内容	授课教师
第6次课	认识一位科学家：霍金 《公众的科学观》（霍金） 《邂逅霍金》（葛剑雄）	高建华
第7次课	剧本《哥本哈根》阅读＋讨论：科学—伦理	陈莲春
第8次课	物理教师结合《哥本哈根》剧本讲解相关物理知识 布置作业（第二次世界大战中的科学与伦理之争）	屈真
第9次课	结合尼尔斯·玻尔和沃纳·海森堡的人物传记，深入理解科学与伦理的关系，了解科学家背后的故事，交流并修改上次课的作业	屈真 陈莲春
第10次课	认识一位建筑学家：梁思成 《一门复杂的科学——艺术》（梁思成）	高建华
第11次课	物理的语言与文学的语言	屈真
第12次课	早期人类认识宇宙的历史对我们的启示	屈真
第13次课	教师指导学生选题、写作，小组讨论完成写作纲要 在教师指导下进行文章修改、润色	高建华 陈莲春
第14次课	最终成果展示与评价	全体授课教师

在课程实施中，教师尝试建构了"基于读写整合的情境任务驱动"课堂模式。以探讨剧本《哥本哈根》为例，教师先给学生梳理物理知识，再带着学生探求历史上的科学之谜——玻尔和海森堡的神秘会面，然后引导学生思辨科学与伦理的复杂关系。课上，以"科技是否应该有伦理界限"为辩题，举办小型辩论会，学生们分别作为正方、反方展开激烈讨论。在这个过程中，学生形成自己的、最基本的观点表达。这也是这门课要求达成的第一个层级的任务。

第二个层级的任务是撰写科学家小传。教师带着学生阅读《人之上升》及不同类型的人物传记，教给学生写科学家小传的方法，并鼓励学生进行写作实践。通过回顾科学家的生平与研究经历，解读科学发现的意义，凸显科学家的学术贡献和伟大精神，使读者能够更好地理解科学家何以成为历史星空中闪耀的明星。

第三个层级的任务是撰写科普小文，要求学生们将学会的科学原理、科学知识，组织成"真"且"活"的文字，使用简洁的思想和简单的表达，传递给小学生。

以下是高一 18 班陈同学撰写的一篇科普小文《以卵击卵——惯性的作用》。

同学们，你们知道"以卵击石"这个成语吗？聪明的你一定知道，以卵击石的意思是用鸡蛋去敲石头，比喻不自量力。但你们有没有想过另外一个问题：如果用鸡蛋敲鸡蛋，会发生什么呢？

让我们来做这样一个实验：桌子上有两个一模一样的生鸡蛋，现在将其中一个用左手固定在桌上不动，用右手拿起另一个鸡蛋去敲它，是运动的鸡蛋容易碎，还是不动的那个容易碎呢？

答案是——固定不动的那个！想必有些同学一定会有疑惑了，两个都是生鸡蛋，怎么就它碎了呢？先别急，让我们来仔细分析一下这两个鸡蛋所受到的力。当右手中的鸡蛋去撞左手的鸡蛋时，两个鸡蛋的壳分别受到彼此施加给对方的力。哎等等，不是用一个鸡蛋去撞另一个吗？为什么两个都受到力了啊？插个题外话，这其实很简单，因为力的作用是相互的。这话听着玄，但我举个例子你就明白了。打篮球的时候，你使劲儿一拍球，球飞出去了，你的手也感到疼，这就是因为你施加给球一个力时，球也会产生一个力与之对抗，施加在你的手上，所以感到疼。同学们懂了吗？

好了，我们言归正传。话说这两个鸡蛋对撞，谁也不让谁，都用一样的力气狠狠推了对方一把。左手中的鸡蛋的壳感到迎面而来一股劲儿，不堪重负，碎了；而右手中的鸡蛋更幸运，不同于前面那个倒霉鬼，撞击之前它处于运动的状态，尽管被撞之后被迫停下，但里面的鸡蛋液还在向前跑，跑着跑着发现，哎，你这壳咋不动了？收不住脚"啪"地一下撞了上去，这下可好，这壳，外面一个鸡蛋给它的力，里面鸡蛋液给它的力，按理说更应该粉身碎骨啊，怎么什么事儿没有呢？那是因为这两个力的方向是相反的，一个从外面指向壳，一个由里面指向壳，所以可以相互抵消一部分，相当于加一个数再减一个数，最后得出的结果自然比原来要小。于是乎，这个幸运鸡蛋的壳不用承受那么大的力了，碎的可能性也就大大减小了。

开设 4 个多学年以来，我校共有 8 位语文教师、4 位物理教师、1 位政治教师先后承担了这门选修课的授课工作，有近百名学生完成学习。基于该课程的实践，语文教研组陈莲春老师还参与了全国教育科学规划教育部重点课题"促进中学生科学素养与人文素养协调发展的读写课程开发与实施"，课题成果获 2022 年基础教育国家级教学成果一等奖。

生物 + 劳动 + 通用技术："百草园智慧管理系统的设计与实践"

跨学科主题学习的主题从哪里来？一方面，可以从教材、课标中去寻找；另一方面，也可以取材于现实生活。我校的跨学科课程"百草园智慧管理系统的设计与实践"就是取材于校园生活、基于学校劳动的真实需求开发的。

人大附中积极响应国家、北京市中医药文化进校园的号召，从 2016 年开始开设中医文化课程。为了让学生更好地观百草、识百草甚至尝百草，我校在实验楼前面规划出两块地作为"百草园"种植地，种植连翘、紫菀、艾草、泽兰、知母、香薷等约 30 种中草药，学生们成了"百草园"的主人。在劳动的过程中，他们提出了一个问题："如果不能适时去现场观察，能否远程了解这些植物的生长状况，是否需要浇水？是否需要施肥？"他们还根据药用植物生长所需要的条件，为"百草园"设计了一个基于物联网的智慧管理系统。

基于这样的问题和创意，生物、劳动、通用技术学科的教师刘文凤、刘长焕、纪朝宪组织高一学生开展跨学科项目式学习，以设计和实践百草园智慧管理系统的真实情境为载体，将生物、劳动、科技、工程教育进行融合，结合前沿科技内容，形成开放式的创新实践项目。

三位教师精心设计了课程内容，系统梳理学生要从中完成的任务挑战及知识建构，并规划出 5 次大课，共 10 个课时（见图 1、图 2）。

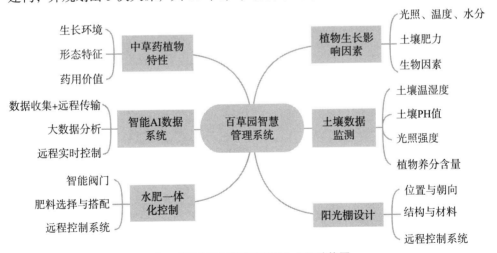

图 1　"百草园智慧管理系统"知识建构图

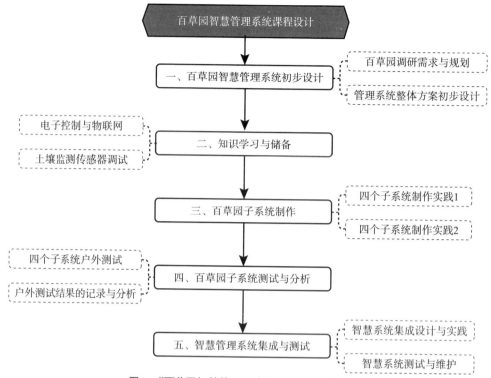

图2 "百草园智慧管理系统"单元整体教学思路

课上，学生们自由分为三个小组，即土壤监测智能管理小组、水肥一体化小组、遮阳棚小组。在教师指导下，他们展开丰富的想象，综合运用多学科知识及自身经验来解决实际问题；他们亲手设计、制作产品，进行创造性劳动，体验最新的科技应用。

2024年5月29日，在以"劳动·科技·工程"为主题的人大附中第四届校园劳动文化节上，"百草园智慧管理系统的设计与实践"被作为示范课进行了展示。这节课讲的是该项目的第四次课——百草园子系统测试与分析。在前期设计的基础上，三个小组的学生分别展示了他们的作品。

植物的生长离不开水和无机盐，实时了解土壤的水肥情况，有利于更好地对"百草园"的中草药进行养护。土壤监测智能管理小组向大家展示和分享了他们设计的土壤数据监测智能AI数据系统（设计作品见图3）。该系统基于Zigbee技术方案进行土壤环境的数据监测与汇总，并通过物联网模块与腾讯云进行远程数据传输及控制。

图 3　土壤监测智能管理小组的设计作品

根据土壤数据监测系统反馈的数据，可以及时作出调整，使百草园的环境得到改善。水肥一体化小组分享了他们的设计方案和实物作品（见图 4）。

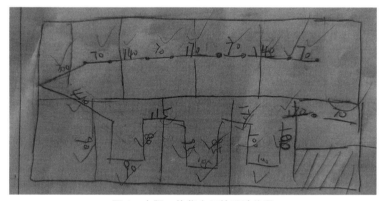

图 4　水肥一体化小组的设计作品

当环境温度过高时，植物可能会因为高温而枯萎死亡。为了防止植物受到高温伤害，遮阳棚小组设计了一个远程控制的遮阳棚模型（见图 5）。课上，他们分享了设计思路，介绍了作品特点、功能等，并现场展示了远程控制方案。

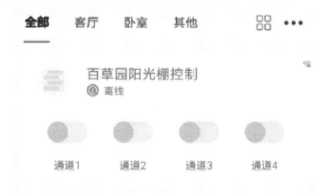

图 5　遮阳棚小组的设计作品

在实验室里做出的成果，和真实的工程应用难免会存在一定的差距。这节课还设置了户外测试与分析环节。课程进行到后面，教师引导学生到"百草园"中进行土壤参数监测、云端远程控制测试与分析，同时进行现场水肥管路的布置、出水速度调试。学生们热情高涨，顶着夏日的烈阳在园子里反复调试，由衷地感慨："太有意思了！技术太神奇了！"

这个环节结束后，教师又引导学生谈谈他们在实际测试过程中发现的一些问题，以及下一步的改进方案等。在接下来的教学中，教师引导学生课后查阅资料并思考，从功能和技术角度出发，对现有作品进行整合和扩展，丰富和增强百草园智慧管理系统内容，包括土壤墒情监测、智能虫情监测、智能孢子监测、灾情苗情监测、气象监测、智慧可视化指挥中心等，通过数据沉淀和大数据分析，实现远程实时监测和控制。

百草园智慧管理系统的设计与实践实现了劳动、科技、工程的融合，将人工智能以及物联网等现代科技与学生的学习环境有机结合起来。教师团队基于真实问题解决以及"做中学、学中做"的理念设计课程，使学生在亲身参与、动手创造中锤炼跨学科思维和解决问题的能力，有效促进了学生在劳动中全面发展。北京市教育科学研究院基教研中心孟献军主任评价说，"这是一节在真实情境中发生的、体现现代化技术加持、具有北京首都特色的劳动课。"

数学＋生物＋信息技术＋通用技术：卓越工程师课程群

除了开发、实施跨学科课程，我校教师还积极探索不同样态、各有特色的跨学科课程群。学校构建了"一核·两翼·三层级"课程体系，其中的"两翼"，即学科课程群和跨学科课程群。在做强、做优学科课程群的同时，着眼课程育人的综合性和实践性，以跨学科主题为线索，以学生特定的素养结构为目标，对性质相近或者关联的课程进行整合、优化、重组，形成结构清晰、内在一致、彼此衔接的课程群。

2023年5月，《教育部等十八部门关于加强新时代中小学科学教育工作的意见》发布，明确指出"统筹规划科学教育与工程教育，体现实践性、综合性"，从跨学科教育的视角拓展了科学教育的内容和学习方式。人大附中以"为每个学生创造发展工程素养的机会、提供未来成为卓越工程师的可能"为愿景，以纵横贯通联动培养为理念，在中学大胆尝试、积极探索工程教育。

在近10年的探索中，我校数学、信息技术、通用技术、生物学科的李潇、佟松龄、施一宁、和渊等老师合作研究，创新性地挖掘出对发展工程素养起支撑作用并适合中学生发展的五大思维——模型思维、数据思维、计算思维、工程思维、设计思维，以此作为学科素养和工程素养间的自然衔接。在此基础上，对落实中学生工程素养进行系统设计，逐步构建出普及工程教育、培养未来卓越工程师的中学工程素养课程群，其中包含数学建模、信息技术、信息与通信、航天科技、虚拟现实五个系列，累计开出近 40 门课程（见图 6）。

图 6 "未来卓越工程师"中学生工程素养课程群

依托学校"一核·两翼·三层级"课程体系，该课程群搭建了"基础—进阶—综合"三级课程结构。其中，基础层依托学校的高中必修课程和大学先修课程平台，以单学科教授的形式为全体学生提供知识性和工具性的理论基础。进阶层为理论与工程实践之间的过渡，依托学校的选修类课程平台，面向对工程领域感兴趣的学生群体开展多学科／跨学科教学，目的是使学生具备初步的工程概念和实践能力。综合层则是面向在工程相关学科有突出特长、有意愿攻读工程专业或从事工程师职业的少数学生，依托学校研究性学习平台开展超学科工程项目学习。该层级的课程大多瞄准国家重大战略需求，进行产学研一体化设计。教师带着学生进行前沿真实的工程项目实践，在做中学，在学中做，为后续成长为国家卓越工程师做好前期蓄能。

在课程群实施过程中，以工程素养引领课程目标；以教赛协同激发学生的工程兴趣，教研协同提高工程教育质量；以产教融合、科教融合联动多方资源，将来自企业界、学术界和工业界的真实问题引入教学内容。

以数学建模系列课程为例。数学建模系列课程由几门各有侧重、有所交叉、螺旋上升、与时俱进的课程组成，分别是：初阶"数学建模：思维与方法"；中阶"建模与仿真"；高阶"数学建模：算法与实现"、"面向真实世界的数学建模与数据可视化"，以及大数据时代下的"数据科学"、人口老龄化社会背景下的"未来三十年人口发展：建模与预测"和竞赛类课程"国际数学建模竞赛"。这些课程将全球关注问题、社会发展问题、生产生活问题纳入学生视野，并深度融合算法设计与编程实践能力，在培养学生模型思维、计算思维的同时，发挥科学教育的社会属性，培养学生的公民意识和社会责任感。同时，在课程的开发、实施过程中，逐渐形成了"学科内—跨学科—跨校示范—校企协同—国际文化交流"教研共同体（见图7）。

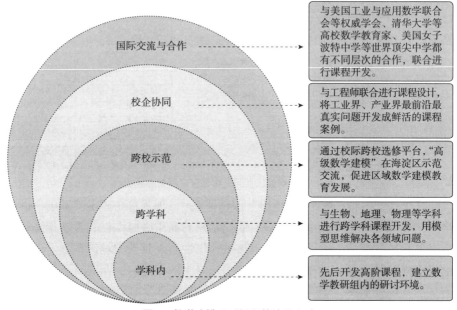

国际交流与合作 ····→ 与美国工业与应用数学联合会等权威学会、清华大学等高校数学教育家、美国女子波特中学等世界顶尖中学都有不同层次的合作，联合进行课程开发。

校企协同 ····→ 与工程师联合进行课程设计，将工业界、产业界最前沿最真实问题开发成鲜活的课程案例。

跨校示范 ····→ 通过校际跨校选修平台，"高级数学建模"在海淀区示范交流，促进区域数学建模教育发展。

跨学科 ····→ 与生物、地理、物理等学科进行跨学科课程开发，用模型思维解决各领域问题。

学科内 ····→ 先后开发高阶课程，建立数学教研组内的研讨环境。

图7　数学建模系列课程的演进之路

再以"数据科学"这门课为例。数据科学天然具有统计、信息、计算的交叉属性，因而成为"数据驱动的超学科共同体"，由此产生了"数据＋社会科学""数学＋流行病学""数据＋社交网络""数据＋电子病历"等超学科丰富场景。在这门课上，学生们做了很多不同领域的课题（见表2），试着用全新的"数据"视角，探索真实世界是如何运作的。同时，教师也鼓励学生用数据思维，为社会公众需求、产业创新需求、全球关注领域提供解决方案。

表2 "数据科学"课程中的课题研究（部分）

序号	领域	研究课题	计算
1	社会	基于共享单车时空大数据的城市数据挖掘	LSTMs（一种神经网络）
2	社会	基于数据的中国未来三十年人口发展预测与生育政策研究	高斯－泊松－莱斯利人口模型
3	医疗	全球视野下的群体免疫——数据建模、算法与生物学前沿	微分方程组的数值计算方法
4	环境	全球变暖趋势下温室气体数据可视化及其对地貌影响的分析	数据分析、可视化
5	交通	根据过去每周燃气价格，优化决策司机当周购买燃气量	数据处理、多元回归分析、时间序列分析
6	生态	根据近十年美国麋鹿在出生、死亡、生病、被捕食等方面的数量变化，预测美国麋鹿未来种群发展趋势及可持续发展计划设计	统计及回归、微分方程建模、动力系统、预测及决策
7	社会	根据近两周城市犯罪记录，对城市安全等级进行评价	支持向量分类机、综合评价与决策、聚类分析、模糊数学
8	网络	建立信息的互联网传播模型，评估和预测信息的关注度	运筹学、网络科学、大数据分析与建模、数据挖掘
9	医疗	基于海量电子病历数据挖掘的精准医疗	医疗大数据挖掘
10	金融	基于金融大数据的上市公司图谱研究	知识图谱
11	网络	基于知识图谱的社交网络数据挖掘	知识图谱
12	金融	通过数据挖掘预测股市走向的研究和应用	数据挖掘

目前，该项目已完成2 000余课时的教学，3 000余名学生参与。在各类高水平竞赛中获奖200余人次，如美国高中生数学建模竞赛特等奖、国际中学生数学建模挑战赛特等奖、全国青少年信息学奥林匹克竞赛金牌等。2023年11月，有3名学生应邀在第六届世界顶尖科学家论坛科学T大会上展示了他们的科技作品。其中，谢昕然同学设计出了早期诊断青光眼的APP，准确度可达93%，为医疗欠发达地区的病人提供了可行的早期诊断机会。刘天馨同学设计出了帮助视障学生学习的盲文智能训练器，庞泽堃同学研究出了一种解决重金属铬污水处理问题的绿色方法。

　　2024年2月24日，人大附中举办第24届教科研年会，以"融合·创新·赋能 推进高质量教育"为主题，特意设计了"融·创课例"展示分享板块，集中展示了多个优秀案例，鼓励、引导更多教师开展跨学科主题教学探索。越来越多的教师广开思路，主动进行跨学科、跨学段的交流合作，积极推进教学方式变革，为学校发展注入生机和活力。

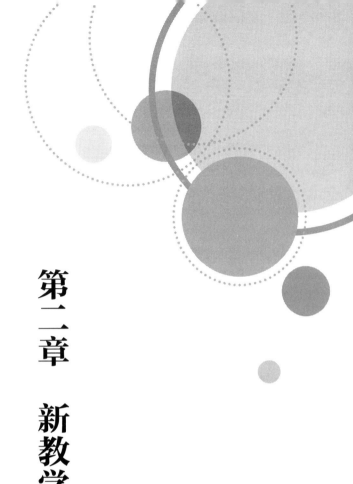

第二章 新教学·新评价

课堂内外皆精彩，百花齐放有气象

课标·聚焦

《普通高中语文课程标准》（2017 年版 2020 年修订，本文中简称"语文新课标"）指出，语文教师应充分发挥自身的潜力，参与必修课程和选修课程的建设，积极利用与开发各种课程资源，创造性地开展各类活动，提升自身的教学水平；应引导学生从现实生活中发现问题，提出活动主题，增强在各种场合学语文、用语文的意识，多方面地提高学生的语文素养；应聚焦课程目标，明确问题，整理、优化课程资源库，通过必要的精简、调整、补充，加强语文学习活动中内容和目标的整合，形成与教材相呼应的开放的教学格局，拓展学生的视野，促进学科核心素养的建构和发展。

语文学科的价值，不仅在于知识、技能的传授，更在于德性、胸怀的涵养。好的语文课，应该以道为本，由术而道，道术兼备。[①]基于这样的共识，人大附中语文教研组的教师们凭借自己的专业特长，以各自独特的风格带领学生驰骋于语文课堂，共同绘就了一道"百花齐放"的亮丽风景。

与此同时，"培养具有人文底蕴、现代精神、世界眼光的中华学子"，仅仅依靠有限的课堂学习是无法实现的，毕竟"语文学习的外延与生活相等"。在人大附中，课堂之外的语文学习别有洞天。

如此，课内课外相融、互相成就，共同为人大附中学子们提升语文素养培植了沃土。

课堂有境界：百花齐放，九九归一

为了呈现人大附中生动活泼的语文课堂，语文教研组陆续出版了"人大附中名师语文公开课""人大附中大语文"系列图书。人大附中语文课堂的模样，在这些图书中可窥见一斑。

1．"四文一体"构建语文课堂

言说人大附中的语文课堂景象，不能不先说有着"国文先生"雅号的佟世祥

---

① 崔秀霞．青春红楼：红楼梦整本书阅读．北京：中国人民大学出版社，"人大附中名师语文公开课"丛书总序．2020.

老师。佟老师讲读课文的时候特别重视"四文"——文字、文章、文学、文化的适时、适度、渐次推进。一篇文章，文字是载体，社会生活、思想感情是内涵，文学、文化是外延。将"四文"融会贯通，"四文一体"立体推进，语文的实用性、人文性得以并举，此是语文教学之要。佟老师坚信运用"四文一体"教学法能够提升学生的语文核心素养，是落实语文新课标理念的有效途径之一。体现"四文一体"的语文课堂景象是怎样的呢？在讲授《为了忘却的记念》（统编高中语文选择性必修中册第二单元）一文时，课堂实录①节选如下。

━━━━━━━━━━━━━━━　课堂实录　━━━━━━━━━━━━━━━

　　生（朗读）：天气愈冷了，我不知道柔石在那里有被褥不？我们是有的。洋铁碗可曾收到了没有？……但忽然得到一个可靠的消息，说柔石和其他二十三人，已于二月七日夜或八日晨，在龙华警备司令部被枪毙了，他的身上中了十弹。

　　原来如此！……

　　师（讲授）："原来如此！……"感叹号紧跟省略号。在这里，我们不只简单地说鲁迅的抒情有多么强烈、真挚，因为这是"鲁迅式"的抒情。"天气愈冷了，我不知道柔石在那里有被褥不？我们是有的。洋铁碗可曾收到了没有？"人生在世，衣食住行。鲁迅首先想到的是：第一，不知道柔石那里有被褥不？第二，洋铁碗可曾收到了没有？噩耗传来，而且是确实的，先生这样表达："原来如此！……"

　　师（提问）：感叹号表达了什么？省略号表达了哪些丰富的思想情感？

　　生（回答）：略。

　　师（讲授）：好！连引得真好！我们又想到了本文中的另一个内容："年青时读向子期《思旧赋》，很怪他为什么只有寥寥的几行，刚开头却又煞了尾。"此时，除了悲愤，还会有什么？我们先梳理一下文脉，"天气愈冷了，我不知柔石在那里有被褥不？"在鲁迅的心里，柔石还活着，而且认为他不会被杀害。可结果呢？得到的消息是他们被枪毙了。这就形成了巨大的反差，除了悲愤，还有震惊、绝望等，种种复杂的情感都融入这省略号中了。至情言语即无声，于无声处见至情，此时无声胜有声。我们再宕开一笔，看到省略号，我们不由得想起曹雪芹的小说《红楼梦》。林黛玉临死的时候，只说了一句话："宝玉，宝玉，你好！……"宝玉受骗，去和宝钗结婚了。这时，黛玉身边只有贴身的丫鬟紫鹃。窗外，月在天西，时过三更，竹梢风动，月影移墙，好不凄凉冷淡！黛玉焚稿，她焚烧的是自

━━━━━━━━━━━━━━━━━━━━━━━━━━━━━━━━

① 课堂实录引自《佟先生的语文课》（佟世祥著，中国人民大学出版社）。

己的爱情。最后，直直地喊了一句："宝玉，宝玉，你好！……"话未说完，香魂一缕随风散，愁绪三更入梦遥。文学大师的笔法何其相似！省略号，这是"鲁迅式"的留白。"留白"指书画艺术创作中为使整个作品画面、章法更为协调精美而有意留下相应的空白，留有想象的空间。

师（板书）：留白

窥斑知豹，见一识类。实施"四文一体"教学法，教学容量宏大，课堂气象博杂。这样授课，讲解充分透彻，充分展现语文学科的精彩、魅力；能够调动学生学习的积极性，进而帮助学生掌握知识、提高能力、提升品质，最终拥有语文情结，树立学科信仰。这样的语文课对教师自身要求非常高。在佟老师看来，语文教师的言行举止对学生有着深刻影响。因此，一向强调"语文学习要重视熏陶和积累"的他，数十年来一直坚持工工整整书写备课笔记、反反复复锤炼教学语言，时刻关注生活中丰富的语文学习资源，总是能在课堂上信手拈来、娓娓道来，让学生们真切地感受到语文学科的魅力。

"四文一体"的语文课堂安静却厚重、有力量。"讲课如作诗词，以境界为上"，他主张"一节好课的思想内容有品级，师生讲听问答有次序，活动张弛起伏有节奏，结构起承转合有章法，而'静'是课堂的最高境界。"①但是，身为语文教研组长，他并不以此要求人大附中所有语文教师的课堂都如此，而是积极传承并发扬人大附中语文课堂百花齐放的传统，鼓励青年教师发扬个性，勇于创新，将立德树人渗透在每一节语文课上。

2. 在语言实践活动中学语文

语文新课标反复强调语文学科核心素养是学生在积极的语言实践活动中积累与建构起来的。"双新"实施以来，语文教研组相继完成了诗歌单元、说明文单元、青春主题单元设计等"深度学习"典型教学案例。在这些探索中，一批青年教师迅速成长，课堂教学越来越成熟。例如，青年教师毛锦旖对如何设计挑战性任务、如何在课堂上推进语文实践活动颇有心得，曾在北京市中小学新任教师"启航杯"教学风采展示和"京教杯"说课比赛中连获一等奖。

不妨以毛老师指导学生学习《归园田居（其一）》（统编高中语文必修上册第三单元）为例，一起了解她如何引导学生在语言实践活动中学语文。完成预习学案后，不少学生认为陶渊明及其园田居生活是远离尘世、高雅脱俗的。他们对这首诗中所描绘的平淡画面多少有些失望，更不必说体会其中的平淡之美。于是，课堂上，在学生齐读全诗后，毛老师带着学生初探"归"因、细析"归"情，进而引导学生通过替换理想的"隐居意象"来体味不同的诗歌旨趣。

---

① 佟世祥.语文课堂需要"静".中学语文教学参考，2022（12）：46—47.

【课堂实录】①

师：懊悔不已的陶渊明终于回到了园田居。这里自然温馨，生机盎然。但也有不少同学觉得它有点太普通了，缺少隐士生活那种高雅脱俗的魅力。老师帮陶渊明进行了一些改写。请比较这两个版本，它们的趣味有什么区别？哪一种更好？

原诗文：方宅十余亩，草屋八九间。榆柳荫后檐，桃李罗堂前。暧暧远人村，依依墟里烟。狗吠深巷中，鸡鸣桑树颠。

改写版：方宅十三亩，高屋有九间。寒梅荫后檐，修竹罗堂前。皎皎近处村，不见墟里烟。犬卧深巷中，鸡栖桑树间。

（学生发言：略。）

师：园田居的生活实际上是一种简朴而不简陋、活泼而又有序、所有生命都自在和谐的状态。而园田居中的陶渊明，其实也正如其他生命一般，完全回归到自然天性，从真实普通的日常生活中感知到了诗的意趣。"一语天然万古新，豪华落尽见真淳"，这不仅是陶诗的语言风格，更是此时陶渊明的精神风致。

师生探究：

明明是自己的家宅，却用"十余亩""八九间"这样的约数词来表述，是因为陶渊明并不在意大小多少，因而不必计算得如此清楚。他在意的是房子能否让他安顿本心，房子里的生活是否自然自在。而决定这些的并非房子，而在于诗人自己，那么田地有多少、房子是不是茅草房、八间还是九间，又有什么重要的呢？

榆柳桃李太普通了，与王徽之的竹、周敦颐的莲、林逋的梅相比，似乎并不符合高逸隐士的身份。但这样的淳厚朴实正是陶渊明的风味所在，他不必着意标举自己的清高脱俗，因为他的归隐并非彻底摒弃俗世生活。他只是厌弃官场和俗世中那些尔虞我诈、苟合逢迎的机巧，恰恰是要回归到朴拙的真实生活本身。

因此，他才会在暮色时分，远望着村子里依依而上的炊烟，品味着劳作了一天的人们归家围坐，享受一天中最温馨惬意的晚饭时光的情味。他才会带着点儿欣赏地去关注和描述鸡飞狗叫的村巷日常，甚至没有用更加文雅的"犬"，而是直接用了"狗"这个口语俗字。这一喧闹杂乱、难登大雅之堂的场面似乎与诗意无关，却是一种自由自在地吠叫飞腾、生命本真的状态。万物各归其本性，看似无秩序的场景，却真正达到了生命的自然和谐。真正的宁静不是毫无声息，真正的自在也不是去满足某一种超逸脱俗的想象。诗人没有回避真实生活本身的普通和喧杂，而是欣赏每一个个体自然的天性状态，以真诚的态度悦纳它们，从而发

① 本实录曾发表于《七彩语文·高中新语文学习》（2020年10月，第2期，总第1050期），作者毛锦旖。

现农村生活喧杂表象下的大宁静，在朴实平淡的田园生活中品味出自然自在的诗意来。

教师精心设计的活动，促使学生更容易把握田园生活的真实之美，并由此更深切地理解陶渊明之"归"与"隐"的具体内涵。以挑战性任务或活动推进的语文课堂上，学生的听、说、读、写、思能够充分"可视化"，更有利于教师依据学生在活动中的真实表现予以反馈并指导。

一老一少呈现了不同的语文课堂景象，各有各的精彩。人大附中其他语文教师的课堂还有更多不一样的精彩。"百花齐放"着实是人大附中语文课堂景象的真实写照。只是，透过这些"不一样"，也能看到风格各异的语文教师们所秉持的若干共同的语文教育教学理念。比如，始终将激活并涵养学生的语文学习兴趣放在第一位，始终重视语文与生活的自然对接，始终坚持落实"工具性与人文性的统一"，处处凸显语文学习的综合性、实践性。

课外大舞台：戏剧展演，致敬经典

单纯依靠有限的语文课堂学习，肯定无法实现学生语文学科核心素养的提升。基于对"语文课程是一门学习祖国语言文字运用的综合性、实践性课程"这一课程性质的深刻把握，人大附中语文教研组一向重视语文学科实践活动的设计与实施。但是，因为学生不同，设计、组织活动的备课组不同，每一届、每个年级的语文学科实践活动并不是完全相同的。这些丰富多彩的语文学科实践活动让人大附中高中学子的语文生活更丰盈、更灵动，更加与众不同。

2024年5月中旬，人大附中高二年级开展了"致敬经典"大型语文学科综合展演活动。以统编语文教材篇目为底本，年级学生自由组合并自由选篇，演绎了《雷雨》《玩偶之家》等东西方传统话剧，创意改编《红楼戏梦》《宝玉挨打》《套中人》等剧作，朗诵《国殇》及原创音乐剧《呐喊》等一系列精彩作品。

1. 活动缘起：演绎不一样的"教材气象"

为什么要在高二下学期组织这么一场持续数日、声势浩大的戏剧展演？此次活动的核心设计者、组织者及指导教师昌盛是这样解释的：进入高二下学期，学生已经学完了语文必修课程的两本教材以及选择性必修课程的三本教材，刚好处在一个语文能力培养的重要节点上。学生的文本解读能力和表达表现能力都进入比较成熟的阶段。因此，作为教师，我们特别希望了解语文新教材在学生心中究竟留下了怎样的印记；学生在经历了对新教材的学习后，又会在舞台上呈现出怎样的教材气象。带着这样的思考和追问，高二语文组的教师们就共同策划了属于这一届学生的语文学科实践活动。

之所以将戏剧展演活动主题拟定为"致敬经典"，且规定学生只能从课本或者跟课文直接相关的一系列作品中选择，备课组显然是"有设计"的。过去一年半的时间，学生主要是在教师引领下完成以教材为载体的语文学习，这样的学习多是由教师主导的。那么，学生学完了之后在心中到底留下了什么烙印？哪些课文是刻骨铭心的？他们又会以怎样的理解、怎样的方式演绎这些课文呢？备课组的教师们急切地想看到新教材给学生们留下的人生印记。活动设计立意高远，自然能为学生提供一个充分地表现自我、释放自我、通力合作、精诚团结的平台与契机。

2. 活动规则：开放和自由相结合

这次展演活动最大的特点是规则的开放和自由。

在剧目的选择上，不指定篇目，不整齐划一，每个班的学生可在课文中自由选择剧本或者和与课文直接相关的作品进行勾连；在表演方式上，既可以选取其中一幕进行呈现，也可以自由编排组合甚至改编剧本；在表现形式上，可以是戏剧的形式，也可以融入朗诵、音乐、戏曲等元素；在组织方式上，既可以班级为单位进行演出，也可以跨越班级自由组合。总之，开放和自由是此次活动的关键，所谓"展演"，就是要让学生依托新教材自由发挥。

例如，这次活动中，有两个班都选择了《红楼梦》，但是采取的是完全不同的呈现方式。4班想表演精彩情节，于是集中于"宝玉挨打"这一经典情节进行呈现。从确定剧本，编写台词，再到确定演员，努力排练，同学们不断打磨，反复揣摩角色特点及人物心理，力图将纸上的人物立体地呈现出来。表演过程中同学们精益求精，探讨并惟妙惟肖地将人物的性格特点及复杂心理体现在角色的动作、表情上，将这段故事在舞台上生动演绎出来。而16班的《红楼戏梦》课本剧，则是以贾府由盛转衰的变迁为背景，以宝玉、黛玉、宝钗三人爱情婚姻悲剧为主线，精心选取了小说中最具代表性的情节和人物，按时间顺序编排成"前尘神话""元妃省亲""扑蝶葬花"等十二幕，并在十分钟内呈现出精彩紧致的效果。表演过程中，还融入了戏剧的表现手法，由同学们亲笔填词谱曲，将凄美动人的故事在婉转的唱词与曲段中展现得淋漓尽致。两个班殊途同归，学生们都是在用自己的声音，表达他们对世事人情的理解。

3班和15班的组合令人惊喜，他们表演的作品是《呐喊》，这是新教材指定的整本书阅读书目。学生们制作了一个音乐剧，每个作品都有专门的原创伴奏音乐和演唱。例如，为了表现阿Q带有戏谑和嘲讽的形象特点，他们用了说唱的形式来表达悲悯之情。台下的师生都被这些精彩的创意震撼，展演现场气氛一次又一次被推向高潮。

3. 活动实效：回归语文，超越教材，提升素养

更大的舞台带来的是更大的挑战。如果说语文课堂上更多的是聆听教师精彩的解读，在教师的指引下深入思考与探究，那么，走向舞台，就需要学生面对经典持续思考如何更准确、更有创意、更丰富地表达，对学生的要求更高。当然，学生受益也更大。

表演实际上是以学生对文本的理解为基础的。在人物塑造过程中，对人物语言、表情的揣摩，都是对主题的探究和对文本的理解。有些班级在展演过程中还进行再创作，比如22班同学对《楚辞》的呈现方式是先诵读，再演唱，最后将其改写为四言再进行演唱。学生研究、摘选和编写剧本的过程，实际是一种更加深入的语文实践。

整个展演活动，全体学生都在以不同的形式参与其中。有的同学在台前演出，有的编写剧本，有的设计海报，有的准备服装道具，有的编写串场主持词……。即便是作为观众的学生，在实践活动结束后，也要完成对展演的点评和鉴赏。

教师去哪里了呢？教师在台前幕后与学生互动：一方面，应学生的要求辅导他们再次深入理解文本；另一方面，不同专业背景的语文教师也各自发挥所长，对学生的改写、编写和表演进行打磨。实际上，这对教师也提出了更高的要求。面对学生五花八门的创意和想法，教师至少要能"接得住"。人大附中的语文教师有自信，也能包容，而且敢于接受挑战，能够做到现场指导。"教学相长"在这样的学科实践活动中再次得以深刻地实现：高素质的教师与高需求的学生互相激发、互相成就；高需求的学生之间互相启发、碰撞出智慧火花、共同成长。一个个鲜活生动的学习共同体就这样产生了。

将课本中的经典作品交给学生，搬上舞台，不仅是一次展演，还营造了班级共同成长的氛围，让同学们以不同的身份再次回味学习。通过学生的表演，教师也可以看到学生对课本的真实理解，及时悉心引导、查缺补漏，同时也可以借助学生的表现来反思教材的价值。

课内外融合：各有妙招，精彩纷呈

课内课外各有分工、各有侧重，十分有利于提升学生语文学习的品质。不过，在真实的语文学习情境中，课堂内外的融合、整合以及有意识的一体化设计，也是极其关键的。

1. 学思践悟：扎扎实实研读整本书

语文新课标以"学习任务群"重构了高中语文课程内容，"整本书阅读与研讨"位列十八个学习任务群之首，正式成为国家课程中明确规定的必修内容。随着身份标识的确定，整本书阅读成为语文教学实践的新热点。实际上，早在2010年前后，人大附中学生阅读整本书早已成为常态。

刘婧老师出版了《乡土烙印：〈乡土中国〉整本书阅读研习》，该书详细讲述了她如何在高中紧张的学习氛围中带领学生认认真真阅读学术论著。《乡土中国》是统编教材指定的整本书阅读书目之一。为什么偏偏选这么一本对高中生而言非常难"啃"的书来读？刘老师如是说：

对于当代中学生来说，《乡土中国》主要有四点阅读意义：一是可以沿着作者的思路，一窥中国的基层社会，全面、具体地了解中国乡村社会的面貌，深入地理解中国乡村文化的特性；二是可以透过文本，学习作者观察社会、透视社会的方法，提高我们的思维能力和文化素养；三是可以通过研读文本，学习作者缜密的思维、生动的表达、严密的论证，提升我们的语文素养；四是感受先辈的学术救国、学术报国之志，涵养我们这一代人的家国情怀。

《乡土中国》是薄薄的一小册，却能让读者从书中看到中国日新月异的发展背后，仍留存下来的那些不变的"根"。希望能有更多的人捧起这本书，看看半个多世纪前社会学先驱费孝通先生告诉你的"中国那些事儿"。[①]

阅读整本的书，自然不能全部占用语文课堂的时间，课堂之外学生的自读、通读是前提、是基础。但是，教师也确确实实是将《乡土中国》的阅读放在了语文课堂上，一般都安排在两节连堂的语文课上；课堂上的阅读指导有系统规划，课堂之外的研读践悟也是精心设计的。

阅读《乡土中国》，总的要求是读通、读懂，理解基本内容，并力求触类旁通，掌握学术著作的一般读法。学术著作大多追求的是在相关领域或者某一专题上的探索与创造，强调科学性、系统性和逻辑性，重在理论发现或解决实际问题。阅读这类著作，除了关注作者运用的材料、提出的概念，以及做出的理论阐释，还要看他在前人研究的基础上有什么创造，这种创造经历过怎样的探索，具有怎样的价值。

为此，教师摸索出了五个阅读秘笈：第一，要有阅读的"预期"；第二，先"粗"后"细"，逐步推进；第三，抓住核心概念，找出概念间的联系；第四，关注作者研究的思路；第五，反复阅读，积极思考。梳理出全书的六个结构板块、整理了各篇的核心概念之后，教师继续带领学生从核心概念的阐释入手，以各个

---

① 刘婧.乡土烙印：《乡土中国》整本书阅读研习.北京：中国人民大学出版社，2024.

板块的重点篇目为例解析原文，逐步展开"梳理探究""灵活应用""拓展阅读"三个环节，促进思维进阶，加深对该书的理解。在这个过程中，教师特别善于指导学生以思维导图梳理文脉，恰切地拓展相关阅读材料，还设计了很多灵活应用的阅读任务。例如：

随着互联网的快速发展，微信朋友圈成为网络空间中人际交往的主要平台。微信朋友圈算不算差序格局的一种表现？谈谈你的观点，并说明理由。

叶公语孔子曰："吾党有直躬者，其父攘羊，而子证之。"孔子曰："吾党之直者异于是。父为子隐，子为父隐，直在其中矣。"（《论语·子路》）偷盗明明犯法，孔子却认为父子之间应该隐瞒包庇这种行为，请参考《系维着私人的道德》一文，对此加以阐释。

这样的任务紧密联系学生的生活经验、阅读经验，有意思且有挑战性，非常能激发学生的探究热情。

走进《乡土中国》，读通读懂之后，教师又带着学生走出《乡土中国》，关联学生已经读过的整本书，进一步深入研读：溯源《论语》，探讨《论语》中的"礼"和《乡土中国》中的"礼"的关系与异同（比如渊源、含义、功用等方面）；踏上《红楼梦》之旅，以"从乡土社会视角看不一样的《红楼梦》"为题写一篇文章；一窥《平凡的世界》，结合《乡土中国》中《男女有别》一篇中提到的"浮士德式"和"阿波罗式"的两性观，谈谈你理想中的爱情观。

在广度、深度兼顾的互文阅读之后，教师继续引领学生践行"知行合一"的阅读，将触角伸向了广阔的生活天地。

请同学们利用课余或假期时间，通过采访、考察和查阅文献等方式，了解家乡的人和物，关注家乡的文化与风俗，深入认识家乡，并对丰富家乡文化生活提出合理建议。参照下面的提示，任选一项，就你感兴趣的方面进行深入调查。

（1）采访记录家乡的人。访谈技巧可参考王思斌的《访谈法》一文。

（2）家乡建筑或器物调查：就博物馆、图书馆、特色书店（如北京的万圣书园、南京的先锋书店等）、祠堂、庙宇、名人故居、特产、老物件等展开调查。

（3）家乡礼仪习俗调查：可以就婚丧嫁娶、祭祖仪式、传统节日（如端午节、春节）等展开调查。可参考钟敬文的《节日与文化》一文。

（4）民间技艺传承情况调查：可以就剪纸、泥人张、糖画、毛猴儿、雕漆、北京风筝、杨柳青年画等展开调查。

（5）家乡文化、艺术生活调查：可以就家乡流动图书室藏书与借阅情况、家乡群众性业余文化活动、家乡商业招牌体现的商业文化等展开调查。

学思践悟，这样的整本书阅读可谓一项浩大的工程，但是，教师带着学生一步一个脚印坚持下来，学生的收获也不再仅仅局限于读了一本学术专著。这本高一第一学期读完的书，直到高三，依然常常出现在学生的听说读写中，其中的工具价值、精神滋养皆不可估量。

2. 另辟蹊径：丰富多样的高三"活"法

被授予"人民教育家"国家荣誉称号的语文特级教师于漪在《请把"宽松"还给学生》一文中提及："读、写，都是复杂的心智活动，是开放型的，在宽松的气氛中进行，无功利色彩，学生就会兴味盎然，感知、想象、思维、记忆等获得锻炼，情感、意志等受到熏陶，各人获得的心灵养料多种多样，各有满足感、成就感。"

王喆老师特别认同这一观点，他在多年的高三语文教学实践中，一直尝试着打通课堂内外，以各种有创意的开放型语文活动，引导学生在轻松的氛围中学语文，带着学生体验"丰富多样的高三'活'法"。

特色活动一：去读吧，现在就开始读！

（1）找到一本陪伴你走过高三的人物传记

（2）试卷上的阅读材料像索引、像指路牌

从一篇到一本：鲍尔吉·原野、肖复兴

从一个人读到很多人读：黄晓丹《诗人十四个》

从多文本到散文：青年作家杜梨写北京的雨燕

从试卷到生活：杨素秋《世上为什么要有图书馆》

特色活动二：去写吧，有感而发就写！

中心花园的鸟儿总是起得比人早的。步履匆匆的学生们走过圆形花坛，两只雏喜鹊在草丛中跳跃着、嬉戏着，捕捉虫子和松树间洒下的晨光，并不懂7:20和7:25之间的区别。成年的喜鹊在树枝间踱来踱去，以夸张的大嗓门、起伏的语调开着每日必举行的晨间会议。很快，鸟语被拖拉式书包滚轮与柏油路面摩擦和滚动的声音掩盖，被花坛分开的两股人流在交界处汇合。高中楼大厅的落地大玻璃窗外是逐渐明亮起来的操场和天空。

（陈同学的微写作：《校园晨景》）

特色活动三：来讲吧，你想活出怎样的人生？

课堂活动——大家说"大家"讲坛

内容：简明的生平、生动的故事、精辟的语录、他人的评价等

思路：一个人、一个时代、一项事业——寻找做人做事的道理

小贴士：共享文档真的很好用！

引导学生"读"，教师抓住高三学生爱做题的心理，常常由试题拓展开来，突破文体局限，为学生补充相关的、更丰富的阅读材料，帮助学生形成更全面、更深刻的认识。比如，他会从试题中关于北京雨燕的科普文章出发，带着学生拓展阅读青年作家杜梨救助受伤雨燕的故事，让学生带着更丰富、更细腻的情感去阅读科普文章。基于这样打破文体界限的阅读，教师还会针对阅读材料设计相应的挑战性任务，将学生的阅读引向深处。如此坚持下来，高三备考就不再仅是做题，而是实现语文学科立德树人的方式和途径。

学生感言

我觉得我高三语文最大的收获不在于做出了哪道题，而是遇见了很多文章。我记得我在刚进入高三的时候做题确实很挣扎，从那时起在王老师的建议下我开始从落实好每一个文本下手，这样一直到五月份左右，我忽然明白了"和无数的作者对话"是什么含义。我曾和陶渊明一起经历返回工作的夜晚，曾在多景楼上和诗人一起对危难国事感叹；我曾体会过生离死别，体会到失意踌躇，体会过志得意满，体会过复杂悲喜；我也跟着作者去过黄姚，去过草原，听过帕瓦罗蒂，看过北京的大与深……。试卷上的文章给我提供了一个窗口，让我体会人类情感的共通，同作者一起，进行一次在当时背景下的情感流动，不光是做题的秘诀，更是让自己情感丰富、深刻理解文章、理解他人的途径。（卢同学）

阅读不局限于图书，还包括媒体文章，甚至是语文、英语卷子上的题目，以及每一次作文讲评之后的素材积累。高一之前的我，很少主动进行课外书的阅读，因为不知道"从哪本书开始"。很多人都不知道"从哪本书开始"，实际上，没有什么"好书"值得从它开始，一本书的阅读，往往会带动另外的书的阅读，形成正反馈。只要随手拿起一本自己有点好奇的书，它会勾引起更多好奇，而好奇又会引发阅读，永远都不会觉得不知道读哪本书。现在的我，阅读量仍然很少，但是我总会由于各种契机，愿意去读新的书。（陈同学）

此外，教师还经常在党报、党刊及习近平总书记的重要讲话中选择适宜的阅读材料，编制成恰切的任务，激发学生的学习兴趣、拓展学生的视野与格局。一段时间坚持下来，学生感觉到语文学习更鲜活了，议论文写作的素材更丰富了，自己的语言表达也更精准了。

在组织"大家说'大家'讲坛"活动时，教师借助"共享文档"帮助学生把"讲

坛"资料保存下来，同时又充分利用"共享文档"共享共建的功能，指导学生们持续补充、丰富素材。共享共建形成了一种互相比拼的众筹意识，激发起学生搜集素材的热情。氛围有了，学生乐此不疲地参与进来，教师便适时介入，指导学生从哪些渠道获取更可信、更有价值的素材，指导学生学会辨别、筛选、整理材料，指导学生更好地运用材料。

君子善假于物也，教师就是如此。他们不会排斥或禁止学生用小红书、纸条等 APP 搜集作文素材。毕竟生活在数字时代，学生从网络获取资料本属自然，更何况学生知道的数字手段、数字工具或许比教师要多。"堵"不如"疏"，教师应该重视的是如何更有效地引导学生辨别信息优劣、辨别是非善恶，如何更高质量地"假于物"。教师也尝试将 ChatGPT 生成的作文作为课堂教学的资源，引导学生赏析、修改，为我所用。

"问渠那得清如许，为有源头活水来。"人大附中之所以能够呈现出如此丰富多彩的语文课堂、如此个性化的语文学科实践活动，且又能实现课内课外相互通融，一方面，源于教师深厚的学养和对语文教育事业的热爱，另一方面，也得益于学校倡导创新、共荣的文化氛围。

面向未来，人大附中语文教研组将继续创造与语文新课标、统编教材相适应的"开放的教学格局"，为学生提供广阔的语文天地！

高中数学教学情境与问题设计的创新实践探索

课标·聚焦 ......

《普通高中数学课程标准（2017 年版 2020 年修订）》（本文中简称"数学新课标"）中指出，情境与问题是体现数学学科核心素养的四个方面之一，基于数学学科核心素养的教学活动应该把握数学的本质，创设合适的教学情境，提出合适的数学问题，引发学生思考与交流，形成和发展数学学科核心素养。

2021 年 9 月，人大附中数学教研组在新课程和新高考的背景下，针对知识的发生发展过程，由教研组长吴中才牵头成立了"基于核心素养的高中数学教学情境设计与研究"课题组，2021 年 12 月课题通过海淀区教育科学"十四五"规划重点课题的立项。数学组立足课堂教学，着眼情境问题，以课题研究带动"双新"教学改革，提升学生数学学科核心素养，推动教学发展。

数学新课标中提到，数学教学情境包括现实情境、数学情境、科学情境。在教学中，情境与问题有助于激发学生的学习兴趣，促进学生的深度学习，培养学生的数学能力，提升学生的学科核心素养。设计合适的教学情境、提出合理的数学问题是有挑战性的。教学情境和数学问题在教学中如何设置，成为教学实践的关键点。数学教研组充分利用教研组会和年级备课组会的时间交换观点，达成共识，并提炼出一些便于操作的具体措施。

从数学史中获取素材

数学知识都有其发展背景和过程，某些典型的故事、模型都可以作为知识的引入情境，知识发展过程中伴随的思考可以作为问题设计的来源。在创设数学情境时，教师通过深入挖掘数学知识的起源和发展过程，寻找数学概念之间的内在联系和逻辑关系。比如，在教授数学概念时，教师为学生介绍概念诞生的时代背景，通过数学家的故事来引入新的概念，展示数学概念的形成过程，让学生了解这些概念是如何被提出和定义的，帮助学生建立起对数学知识深层次的理解，有效激发学生的学习兴趣。

《九章算术》不仅是中国古代数学成就的集大成者，而且其内容和思想方法对现代数学教育有深远的影响。在人民教育出版社 B 版教材必修第一册第二章 2.1.2 节"一元二次方程的解集及其根与系数的关系"的教学过程中，就从《九章算术》中摘取了一则素材：

> 《九章算术》第九章"勾股"问题二十：今有邑方不知大小，各中开门。出北门二十步有木，出南门一十四步，折而西行一千七百七十五步见木。问邑方几何。

这样自带一定的文化色彩的实际问题可以归到现实情境之中。借用数学史或数学古书中的相关素材创设的教学情境，可以帮助学生了解中国古代数学的发展。同时，这也有助于让学生更全面地理解数学知识，更好地激发学生的学习兴趣，从而提升教学质量。

从游戏和魔术中寻找突破

数学游戏是数学知识和方法的一个重要应用，对游戏的破解也是促进数学知识和方法发展的重要因素。五子棋先后手的必胜策略、象棋残局的破解、帕斯卡分配赌资、2024 年春晚刘谦的魔术"守岁共此时"等诸多游戏和魔术都为数学教学提供了丰富的情境。例如，在"数列中的递推"的教学中，汉诺塔和九连环的游戏规则就能很好地引导学生思考步骤数之间的递推关系、理解递推关系在计算步骤数中的作用，并体会到学习这一知识的重要性和必要性。

人教社 B 版高中数学教材必修第一册第一章"集合与常用逻辑用语"的"本章导语"中给出了这样一个"魔术"：

这个魔术也被人们称为"心灵感应"游戏。如果将图 1 中 6 张扑克牌构成的集合记为 A，图 2 中 5 张扑克牌构成的集合记为 B，那么这个魔术的本质是集合 A 与 B 的交集为空集。因此，无论从图 1 中选出哪一张扑克牌，在图 2 中都是找不到的。

这是一个现实情境，与之相关的数学知识是集合的交集。魔术和游戏本身就是学生非常感兴趣的内容，叫魔术也好，叫心灵感应也罢，都只是给这一情境披上一层神秘的面纱。一旦学生明白了其中的道理，这层面纱就轻而易举地被揭开了。但在揭开之前，这一情境带给学生的是兴趣与乐趣，留给学生的是用集合的眼光看问题的方法和意识，体现"交集为空集"在实际生活中的巧妙应用。

你见过下面这个魔术吗？

先从图 1 中六张不同的扑克牌中选出一张，不要告诉任何人你选的是什么，自己记住即可．

图 1

闭上眼睛，用十秒左右的时间回忆刚才选中的那张牌的花色和点数．然后睁开眼睛，看！你所选择的那张牌在图 2 中已经消失了！怎么样？神奇吗？

图 2

想知道其中的"秘密"吗？学完集合的有关知识后，你就能清楚地看出其中的"门道"了！

在这个导语中，还有一句话"想知道其中的'秘密'吗？"，这是一个引导性问题。很多学生甚至想不到它与数学存在某种联系，但这个问题实际上是激发学生进一步思考的引导语。这一简单的情境陈述和问题导引，能很好地吸引学生去思考，激发学生对知识浓厚的求知欲。从另一方面看，这一情境还蕴含着引导学生思考的逻辑关系和数学方法。学生揭秘这一魔术的理性思考往往是从特殊到一般。比如学生开始在图 1 中选中的是黑桃 J，然后到图 2 中去找黑桃 J，实际上相当于一个存在性问题，也相当于判断元素与集合的关系。进一步，如果选中的是红桃 Q 呢？或者选中的是其他牌呢？如果将图 1 中的所有牌都选一遍，就会发现它们都不在图 2 中。经历对这些特殊情况的思考与分析，学生便可能得到一般的结论：集合 A 中的所有元素都不在集合 B 中。由此看到，数学教学情境应当努力给学生描绘一种蕴含数学知识与方法在内的情境。

从学科综合中挑选情境

物理和化学等学科中很多现象和结论为数学提供了直观情境和思考背景。例如，以"中国天眼"望远镜为背景，引出抛物线的光学性质，对其进行数学化表述，之后用解析几何的方法计算证明，最后推广到椭圆和双曲线的光学性质。

在人教社 B 版高中数学教材选择性必修第三册第六章"导数及其应用"中，数学组的老师们就设计了这样一个情境：

2022 年北京冬奥会的成功举办，一方面展示了我们国家对体育运动和奥运盛事的高度重视，另一方面也为广大冰雪爱好者提供了一次饕餮盛宴。奥运会期间的很多瞬间都让人记忆犹新，其中有一位年轻的运动员谷爱凌，她身兼多项，又大都拔得头筹。

谷爱凌的拿手项目自由式滑雪大跳台是北京冬奥会的新增项目，是在一个有一定仰角的跳台上，完成跳跃翻转、展现飞行美感的比赛。其比赛规则是：裁判员根据选手起跳高度与远度、空中动作技术的难度以及落地滑行的姿态来打分，并确定进入下一轮比赛者，最终通过决赛排出名次。对广大观众而言此项活动的刺激主要是"自由度"大，选手不可控的因素多，我们感兴趣的是"空中飞人"是如何调整飞行的轨迹，使自己平稳落地。

如下图，运动员在高速离开跳台的时刻，其运行方向是怎样的呢？在这个方向下，该怎样控制初始速度和空中动作才能保证顺利、高质量地完成比赛呢？

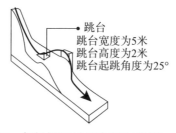

跳台
跳台宽度为5米
跳台高度为2米
跳台起跳角度为25°

图　自由式滑雪大跳台项目示意图

问题：

（1）你能指出运动员离开跳台瞬间的速度方向吗？

（2）既然跳台起跳角度是确定的，运动员之间的水平差异是如何体现的呢？

教师巧妙地设计了一个与冬奥会相关的教学情境，将数学的导数概念与物理中的物体运动相结合，为学生提供了一个生动、真实的学习情境。在这一情境中，教师引导学生思考运动员在高速离开跳台时的运行方向，以及如何控制初始速度和空中动作以保证平稳落地。这些问题不仅涉及物理学中的运动学知识，也将数学中切线的概念、以直代曲的实例等自然融入其中。这一情境的设计，切中学生的兴趣点，将数学与运动赛事结合在一起，有效激发了学生学习数学的兴趣。

从生活实际中提炼模型

数学与生活不是隔离的，许多生活经验或常识蕴含着深刻的数学原理。在情境创设中，教师可以将数学知识与生活中的实际问题相结合，以真实问题为驱动设计情境，有效激发学生的好奇心和探索欲，让学生在解决真实问题的过程中学习数学，帮助学生看到数学与现实世界的联系，从而加深学生对数学知识的理解，提高学生的主动学习能力和运用数学知识解决实际问题的能力。

在人教社 B 版高中数学教材选择性必修第三册第五章"数列"中，数学组的老师们设计了这样一个情境：

张京家准备买第二套住房，从银行贷款 160 万元，其中公积金贷款 60 万元，商业贷款 100 万元，还款期限为 10 年。经过预算，张京家每月的还款能力在 1.8 万元左右，已知公积金贷款年利率为 3.578%，商业贷款年利率为 5.65%，银行有两种还款方式：等额本息和等额本金。

请你帮张京计算一下，他们家选择哪一种还款方式更合适？

问题：

（1）按两种还款方式，张京家向银行支付的总利息相差多少万元？

（2）按两种还款方式，张京家第 1 期（即第 1 个月）总还款金额相差多少元？最后一期（即第 120 期，亦即第 120 个月）呢？

住房公积金的贷款还款问题在生活中非常常见。通过创设这样的教学情境，教师将数学与现实生活相联系，在"选择什么样的还款方式来还房贷"这样的真实问题驱动下，学生需要首先了解两种还款方式的还款情况，运用等额本息和等额本金的计算公式，分别计算出两种方式的总利息；在计算两种还款方式下，张京家第 1 期和最后一期的总还款金额相差多少元时，又将涉及等差数列和等比数列的概念，学生需要利用等差、等比数列的通项公式和求和公式来进行进一步计算。

通过计算和比较，学生将发现，根据张京家的预算，他们只能选择等额本息的还款方式，因为等额本金的还款方式在初期的还款额超过了张京家的还款能力。这个结论不仅帮助张京家解决了实际问题，也让学生在实际应用中加深了对数列知识的理解。

通过这样的真实问题情境，学生不仅能够将等差、等比数列的概念，等差、等比数列的通项公式与求和公式等相关知识与现实生活紧密联系起来，还能够在解决问题的过程中有效拓展学生的知识面，提高他们解决实际问题的能力，增强他们学习数学的兴趣和动力。

关注课堂的前情和后继，提升情境与问题设计的效果

教师不仅要按学生的认知水平创设合适的教学情境、提出合适的数学问题，还需要在教学的过程中关注课堂的前情和后继，以更好地提升课堂教学效果和学生的数学素养。

数学组教师设计的测量珠穆朗玛峰（简称"珠峰"）高度的案例，就体现了这种关注前情与后继的设计策略。

> 现实情境：珠峰是一条近似东西走向的弧形山系，北坡在中国青藏高原，南坡在尼泊尔境内，顶峰位于中国境内。2020 年 12 月 8 日，习近平主席同尼泊尔总统班达里共同宣布珠峰高程为 8 848.86 米。你知道这个数值是如何测出来的吗？

策略 1. 关注生活，寻找生活与数学的契合点，引领学生"平稳入境"

珠峰测量的核心是距离、仰角和方位角，即长度和角度问题，所需数学知识是平面几何或立体几何的内容。因此，学生尝试在三角形中研究其边角关系，为明确实际问题中的边角关系建立理论依据。这就是实际问题与数学的契合点。

学生需经历"情境思考—提出问题—研究特例—归纳猜想—理论探究—解决问题"的过程，进而解决问题。这样的"入境"，是自然平稳的，是需求驱动的，是具有启发功能的。

策略 2. 关注类比，把握"形似"与"神似"的平衡，推动学生"渐入佳境"

难以用平面几何知识测量珠峰高程。若用图 1 所示模型，测量点 B、C 的高度不同，且与点 A' 未必落在同一水平面上。将其转化为图 2 所示的测量模型，则变成了底部不可达建筑的高程测量问题，适用正弦定理，实现了"形似"与"神似"的平衡。

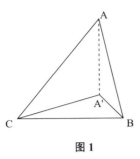

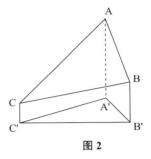

图1   图2

在此基础上介绍三角高程测量法：通过观测两个控制点（图2中的B和C，其高度差已知）的水平距离（图中水平面内B′与C′之间的距离）和天顶距（或仰角，即由C点测得B点的仰角和由B点测得A点的仰角）求两定点（A和A′）间高度差的方法。这种观测法简单，受地形条件限制小，是测定大地控制点高程的基本方法。

策略3.关注迁移，兼顾"眼前"和"远方"的对比，鼓励学生"身临其境"

珠峰高程测量问题"吸睛指数"高，2020年我国采用了多种传统和现代测绘技术，并与尼泊尔合作，确定了基于全球高程基准的珠峰雪面高程为8848.86米。有了课本上正弦定理的加持，学生能自行解决计算问题；将珠峰的测量问题搬到了课堂，学生有了身临其境的感觉。

策略4.关注延伸，适配课内和课外的任务，助力学生进入"无人之境"

对"三角高程测量法"的研究和应用还可以延伸到课外，比如：运用三角高程测量法，设计一份测量故宫角楼高度的方案；通过查阅文献，了解珠峰的测量史，并思考测量珠峰高度的意义。

教师在情境中设计的富有开放性和延展性的数学问题给学生的创新思维和批判性思维的发展提供了良好的空间。通过持续的教学实践，学生将各种情境下的问题转化为数学问题的建模能力整体提高了；课下通过自主探究解决延伸问题、开心地与老师分享成果的频次增多了；在相同的情境下提出新问题甚至自主创设生活情境的案例变多了，面对复杂情境与问题的心态由"有勇气"变成了"有底气"。

教师们在情境与问题设计环节通过"思考—实践—反思—调整—总结"，对情境与问题设计策略和原则的把控能力得到了不断提升，对情境与问题设计的实施也从随机到系统化。精心设计的情境与问题使数学教学更加生动有趣，也更加符合学生的认知规律。贴近生活和具有趣味性的问题激发了学生的学习兴趣和学习动机，显著提高了学生的课堂参与度和自主学习能力，最终达到了加强课堂教学效果、培养学生的数学素养和思维能力的目的。

基于英语学习活动观的四大设计路径

《普通高中英语课程标准（2017年版2022年修订）》指出，英语学习活动观是指学生在主题意义引领下，通过学习理解、应用实践、迁移创新等一系列体现综合性、关联性和实践性等特点的英语学习活动，使学生基于已有的知识，依托不同类型的语篇，在分析问题和解决问题的过程中，促进自身语言知识学习、语言技能发展、文化内涵理解、多元思维发展、价值取向判断和学习策略运用。教师应设计具有综合性、关联性和实践性特点的英语学习活动，使学生通过学习理解、应用实践、迁移创新等一系列融语言、文化、思维为一体的活动，获取、阐释和评判语篇意义，表达个人观点、意图和情感态度，分析中外文化异同，发展多元思维和批判性思维，提高英语学习能力和运用能力。

实践英语学习活动观是着力提高学生学用能力的有效途径。那么，在教育教学过程中如何践行英语学习活动观，设计具有综合性、关联性和实践性的英语学习活动？具体到一节课的课堂教学活动，又该如何设计，如何实施？

人大附中英语教研组结合课堂实践，开展了多轮次、多层面、多种形式的新课标学习研讨活动，围绕英语学习活动观达成共识：引导学生围绕学习语言、获取新知、探究意义、解决问题，逐步从"基于语篇"的学习走向"深入语篇"和"超越语篇"的学习，实现"read the lines—read between lines—read beyond the lines"的跨越，让学习语言的过程成为发展学生语言能力、提升思维品质、建构文化意识和学会学习的成长过程。具体到教学设计与实施上，以主题为引领，以语篇为依托，通过学习理解、应用实践和迁移创新等活动，引导学生整合性地学习语言知识和文化知识，进而运用所学知识、技能和策略，围绕主题表达个人观点和态度，解决真实问题，达到在教学中培养学生核心素养的目的。教研组教师们认为，无论是课内还是课外，学生只有对学习内容有浓厚兴趣和强烈需求，才能主动进行探究学习、体验学习。因此，落实英语学习活动观，不应该仅仅是在语篇教学等课堂教学过程中，而是应该将课内与课外相结合，把英语学习活动作为英语学习的基本形式和架构教学的基本范式；把语篇教学与实践应用相结合，通过英语实践活动来考查学生学习理解阶段的学习成果，不断提升学生迁移创新能力，形成具有本校特点的"大英语学习活动观"。

教研组协同备课组的教师们在教学实践的基础上不断改进和完善教学设计，逐步设计了"'标识语'行动""英语导游""我是翻译家""我是演说家""自编自导自演的课本剧""小组活动自我评价""经典英语戏剧展演"等英语学习活动，并探索总结出了英语学习活动设计四大路径，这四个路径分别对应英语学习活动设计的四个关键词：真实性、趣味性、实践性和综合性（见图1）。

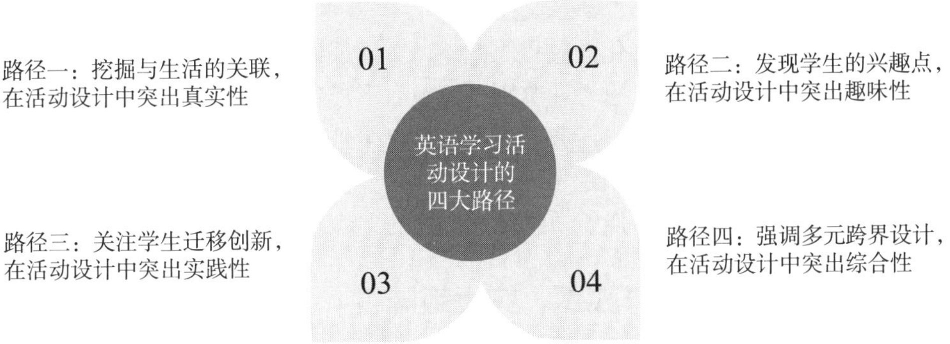

路径一：挖掘与生活的关联，在活动设计中突出真实性

01　　　　　　02

英语学习活动设计的四大路径

路径二：发现学生的兴趣点，在活动设计中突出趣味性

路径三：关注学生迁移创新，在活动设计中突出实践性

03　　　　　　04

路径四：强调多元跨界设计，在活动设计中突出综合性

图1　英语学习活动设计的四大路径

路径一：挖掘与生活的关联，突出真实性

生活是最好的教材。与学生现实生活关联的学习任务，往往更能激发学生的学习热情和主动性，学生也更容易吸收、内化学习内容。英语教研组的教师们充分挖掘教学内容与学生现实生活的关联，致力于将生活场景和教学内容紧密结合，以解决真实问题为导向构建学习活动，让学生在学以致用中感受英语学习的价值和意义，并在这个过程中不断提高能力和素养。

以"'标识语'行动"活动为例。学生在生活中看见的大部分标识语都是双语版，即中文标识语带有英文。能读懂标识语，是英语学习中很重要的一项内容。学生通过阅读双语版标识语，实现在生活中学习英语，在用中学，在学中用。不过，有些遗憾的是，不少标识语的中译英采用了字面翻译法，从而导致翻译不准确甚至是错误，让人啼笑皆非。例如，公共场所的通道"出口"被误译为"export"，实际上，此"出口（exit）"非彼"出口（export）"。生活中类似这样的错误屡见不鲜。这样的错误案例，给不懂中文的国际友人带来了困惑，却为英语教学提供了一个真实情境。

因此，英语教研组的教师们设计了"'标识语'行动"活动，让学生在生活中或者互联网上查找尽可能多的双语标识语，在对其进行分门别类的过程中甄别哪些是正确翻译的标识语，哪些是不正确的，在不正确的翻译中又有哪些不同类型的错误。然后，学生借助工具书和相关资源，将翻译错误的标识语修改正确，最后形成书面报告，向相关部门反映并建议更换为翻译正确的标识语，为净化市容贡献力量。

学生在完成这项语言学习任务的过程中，需要查找标识语，并进行大量的英语阅读。对标识语翻译进行甄别的过程，也是一个非常好的英语学习过程。学生需要通过小组合作，查询词典或其他工具书，也需要了解英美国家对应的表达，因此这也是一个学习英语文化的过程。此外，对翻译错误的标识语进行分类，也需要学生运用综合知识进行思考和鉴别。而最后形成报告的过程，也是写作和思维训练的过程。因为这项学习任务是真实的，学生带着使命感，全身心投入，在"玩"的过程中学习英语，在使用英语的过程中学会思考；这项任务有效地调动了学生参与的主动性，并增强了学生作为市民的主人翁责任感。

路径二：发现学生的兴趣点，突出趣味性

基于英语学习活动观的教学，要围绕主题意义创设合理的情境，引领学生在情境中利用结构化知识分析问题和解决问题。比如，学生通过一系列的学习活动，来落实对于词汇和句型的理解，然后在真实语境中进行实践应用。在运用语言的过程中，学生会感受到英语的使用形式和情境，从而内化所学知识。

一般来说，英语学习活动应该具有多样性、趣味性、针对性、交互性和实践性，符合学生的年龄特点和学习需求，这样才能有效激发学生的学习热情和动力，增强学生的学习兴趣和信心，帮助学生更好地掌握英语知识和技能。英语教研组注重发掘学生的兴趣点，将趣味性融入教学活动设计中，让学生在轻松愉快的氛围中掌握知识、提升素养。

以"我是翻译家"活动为例。翻译是集词汇学习、语法学习、阅读学习、写作学习、文化学习等于一体的外语学习方法。在中学英语教学中，老师给学生布置翻译任务，通常是为了学习词汇、语法或者是句型。这样的翻译教学方法有效，但也不太受学生欢迎，因为这样的学习活动比较枯燥，不能带给学生更多学习成就感。"我是翻译家"活动则让学生可以做"真正的翻译"，因此产生了非常好的效果。

"我是翻译家"活动的设计初衷，是希望让学生在有意思的活动中接触并喜欢上翻译这一语言学习方法。考虑到中学生多数都喜欢歌曲，英语老师们想到利用学生对英语歌曲的兴趣来促进英语学习。教研组设计了一项富有挑战性的学习任务：让学生自由选择自己最喜欢的英语歌曲，把它翻译为中文歌曲并翻唱。

对于这样一个突发奇想的学习活动设计，学生们的积极性和提交翻译作品质量大大超出了教师们的预期。有的学生将英语歌词翻译成《诗经》风格的中文歌词，有的学生将英语歌曲翻译成中文的说唱歌曲，在课堂上积极展示，课堂气氛异常活跃。教师们原本还担心这样的挑战性学习任务可能会让学生在英语学习中产生挫败感，但结果证明这种担心完全是多余的，学生们非常欢迎这样的学习活动。"我是翻译家"活动就如同在学生们的英语学习中丢下一颗石子，激起的不只是涟漪，甚至是"惊涛骇浪"。

在教师们的引导下，学生们还将中文歌曲翻译成英文，把英文经典电影对白、散文翻译成中文，有的学生甚至挑战了翻译英文小说。在这样既有挑战性又有趣味性的活动影响下，一些学生对中英文互译的兴趣愈发浓厚，在大学志愿填报中选择了翻译专业。

路径三：关注学生迁移创新，突出实践性

英语学习活动包括学习理解、应用实践、迁移创新等一系列体现综合性、关联性和实践性等特点的学习活动。迁移创新类活动属于培养高阶思维能力的活动，也就是"学生将所学的知识和能力迁移到新的生活情境中"。

人大附中"大英语学习活动观"十分重视迁移创新活动在英语教学中的重要作用。首先，迁移创新活动可以帮助学生将所学的英语知识应用于实际情境中，提高语言运用能力。其次，迁移创新活动可以让学生在实践中培养发现问题和解决问题的能力。在迁移创新活动中，学生需要通过分析和解决实际问题来完成任务。此外，迁移创新活动还可以促进学生的合作和交流能力。在迁移创新活动中，学生通常需要与他人合作完成任务。通过这样的合作和交流，学生可以提高自己的团队合作能力和交流能力。

在英语学习活动设计中，英语教研组关注学生对所学知识的迁移创新，突出实践性，带领学生走进语用场，开展多样化的实践性学习，让学生运用所学的知识，在真实场景中去体验、实践、感知、感悟。

以"我是英语导游"活动为例，英语导游词是学生必须掌握的英语写作文体之一。英语导游词的写作情境感很强，若单纯用课堂讲解和学生虚拟写作的方式，很难达到预期的教学效果。因此，教研组把综合实践课作为课程体系中的重要一环，让学生到现场体验一把做英语导游的感觉，这种基于真实问题情境的教学设计，极大地激发了学生英语学习兴趣。具体的教学设计及流程并不复杂。颐和园是深受国际游客喜爱的一处皇家园林，教研组将其作当成综合实践课的"大教

室"，当成学生当英语导游的综合实践场地。首先，让学生阅读教师提供的关于颐和园的英语素材，了解颐和园的各处景点并学习相关英语表达。然后学生根据阅读素材选择一个自己最了解或最感兴趣的景点作为导游场地，运用教师提供或讲授的英语导游词写作格式、方法和技巧，选取相关素材撰写英语导游词。在教师的指导下，学生反复修改导游词，在确保准确无误后进行排练。最后，让学生周末到颐和园进行实地导游，为经过的外籍游客用英语做志愿导游解说。学生需要录制自己的导游过程，对视频进行适当的编辑和后期制作。回到学校后，进行小组和班级分享。分享过程中学生互相评价，并在分享后共同讨论如何改进，如何才能做一个优秀的英语导游。最后所有学生把修改好的英语导游词汇编成册，分享、学习并捐赠给颐和园管理处。

这是一个给教师带来很多惊喜的教学案例。学生在整个学习活动过程中，完成了对景点相关知识的深入学习、英语导游词的撰写及修改、英语导游演练、现场导游讲解并录制了视频，还在课堂中进行了讨论、反思与分享。学习活动中的每一个环节都是真实的语言学习任务，每一个环节都给学生提供了英语学习的机会，但又都不仅限于英语学习。在这个过程中，学生需要进行大量思考和思维碰撞，需要阅读、写作、朗读、演说、讨论、反思等，从而体验到语言学习和运用的成就感，增加了英语学习的动力并且提升了继续深入学习的兴趣。

路径四：强调多元跨界设计，突出综合性

英语学习活动应该以促进语言技能的整体性发展为目标。听、说、读、看、写五项技能是一个整体，互相影响、互相促进，共同构成英语学科的语言技能。不同类型的学习活动对语言技能的训练会各有侧重，而综合性活动的设计则通过多感官的信号刺激，加速学生的内化吸收。

人大附中英语教研组在设计学习活动时十分注重综合性、关联性、实践性，强调多元跨界设计，营造完整语境，调动学生的各个感官，让他们在参与综合性学习活动的过程中提升语言能力、文化意识、思维品质、学习能力，同时也在超越语言学习范畴的活动中，全面提升综合能力。

角色扮演是中学英语教学中常见的教学活动，可以在不同年级和不同英语水平的学生中间开展；角色扮演形式多样：可以是简单的对白，也可以是经典的莎士比亚戏剧，还可以是现代剧或是课本剧。

以教研组设计的"自编自导自演的课本剧"活动为例。北京师范大学出版社出版的高中英语教材有一篇《道连·格雷的画像》的节选，这段节选情节曲折、

语言精练，学生非常喜欢，是课本剧的优质素材。教师在教学过程中，充分挖掘篇章特点，进行了课本剧设计。首先，引导学生读完节选后，再去读原著，并分小组进行剧本改写，让学生根据自己的理解，把原著改编为适合表演的剧本。随后，学生进行分组排练，老师则在课堂上为学生打造充分展示的平台，学生以小组为单位，在班内进行演出。表现优秀的小组，参加年级展演。

课本剧活动对学生来说是不同于传统课堂的新体验。读完节选后再去读原著，学生的阅读量、阅读深度和思维深度都有了很大程度的提升。学生在读懂、读透的基础上进行剧本的改写，这个过程中涉及大量的头脑风暴。改写完剧本，学生需要反复排练，进行大量的口语练习。从读熟到理解背诵，到吸收内化，再到剧本表演，这样的语言学习深度是借助其他学习方法很难达到的，整个过程对学生创新思维、合作意识、文学写作等方面能力的提升大有帮助。

英语剧《麦克白》的演出是人大附中高二年级的传统活动之一。这一活动涵盖了英语学习活动观所体现的三个层次的活动，即：学习理解、应用实践和迁移创新，三个层次相互联系、层层深入。从剧本的学习理解开始，学生对戏剧背景和剧情进行分析、理解，对人物进行剖析，开展批判性评价。随后，学生分角色饰演，并在演出中充分展现对自己所扮演角色的批判性理解，这一过程体现了学生较强的迁移创新能力。最后，每个班级遴选出来的优秀代表为全年级师生呈献出一次精华版的英语剧演出。精彩绝伦的表演赢得了大家的阵阵掌声。

为了达到舞台效果，学生还需要应用其他能力，比如自主设计与制作服装、制作道具等。这样的综合性活动，已经超越了语言学习范畴，每一个环节都需要学生创新，都需要学生思考。

英语学习活动设计的四大路径，为教师们践行英语学习活动观提供了有力支持。通过挖掘与生活的关联、发现学生的兴趣点、关注学生应用实践和迁移创新、强调多元跨界设计等路径，教师可以设计出更加贴近学生实际、富有成效的英语学习活动。同时，活动设计的路径也并非一成不变，教师在实际操作中还可以根据学生的具体情况灵活调整，以实现最佳教学效果。

人大附中英语教研组通过一系列新的尝试和探索证明了英语学习活动观并不仅仅停留在理论层面，而是可以真实地在日常教学中得到实现。教研组在实践英语学习活动观的同时，还通过一线教学实践来丰富和发展这一理念的内涵，为英语学习活动的设计提供更多的参考和启示。

做好科学教育"加法"，让学生像物理学家一样做研究

课标·聚焦

习近平总书记指出：要在教育"双减"中做好科学教育加法，激发青少年好奇心、想象力、探求欲，培育具备科学家潜质、愿意献身科学研究事业的青少年群体。做好科学教育"加法"，在课堂上培养创新人才，关键是将新课标倡导的核心素养转化落地。《普通高中物理课程标准（2017年版2020年修订）》（本文中简称"物理新课标"）明确提出要培养学生物理学科核心素养，包括"物理观念""科学思维""科学探究""科学态度与责任"四个方面。物理新课标强调，要引导学生经历科学探究过程，体会科学研究方法，养成科学思维习惯，增强创新意识和实践能力；引领学生认识科学的本质以及科学·技术·社会·环境（STSE）的关系，形成科学态度、科学世界观和正确的价值观，为做有社会责任感的公民奠定基础。

近些年，人大附中物理教研组聚焦"科学思想方法进课堂""基于设计性任务的学习"等主题，深入进行实践探索。2021年4月、2022年4月、2024年7月，由北京市教科院基教研中心主办的"科学思想方法进课堂——高三物理课堂教学研讨会""基于设计性任务的高三物理课堂教学研讨会""北京市高中物理课堂教学研讨会——以设计性任务驱动学生像科学家一样做研究"，均在我校举办。我校物理教研组分享了在"双师"实施中的经验做法，多名教师进行了公开课展示。在这样的课堂上，学生们的探求欲、想象力、创造力被激活了。

科学思想方法进课堂，学会像物理学家那样思考

物理学中有一套全面有效的科学方法，它是人们对自然物质及其运动规律的认识方法，是源于物理世界又指导人们对物理世界进行再认识、再改造和实践应用的思维体系。在物理学习中，不但要掌握具体的知识，而且要学习和体会这些科学方法（见表1），并努力运用它们解决各种实际问题。以思想方法为线索进

行关联和整合的单元教学设计，能够增强对中学物理系统知识的整合能力，提升学生对概念和规律的理解层次，强化解决物理问题的能力，发展学生的物理核心素养。

表1　高中物理中常见的科学思想方法

理想模型	控制变量法	守恒思想
类比思想	估算和近似计算	假设猜想
放大的方法	等效思想	微分与积分
反证法	转换思想	归纳和演绎
对称思想	定性与定量	数学、图示与图像

1.站在科学思想方法的高度进行高三复习

我校物理教研组副组长陈伟孟老师带着组内教师进行高中物理复习教学时，针对学生存在的对知识缺乏深层理解、知识碎片化、知识片段式漏洞等问题，尝试以物理学中的思想方法为主线进行知识关联和整合的单元教学设计。

根据学生高三物理的学情，梳理出六个具有整合性的思想方法主题：模型建构、守恒思想、类比思想、转换思想、等效思想、微观与宏观。以这些物理科学思想方法为线索，以高中物理中的力、电、热、光、原等主干知识点为素材，对高中物理相关知识进行串联和整合，并确立单元目标和课时目标，设计出教学框架和教学活动（见图1、表2）。

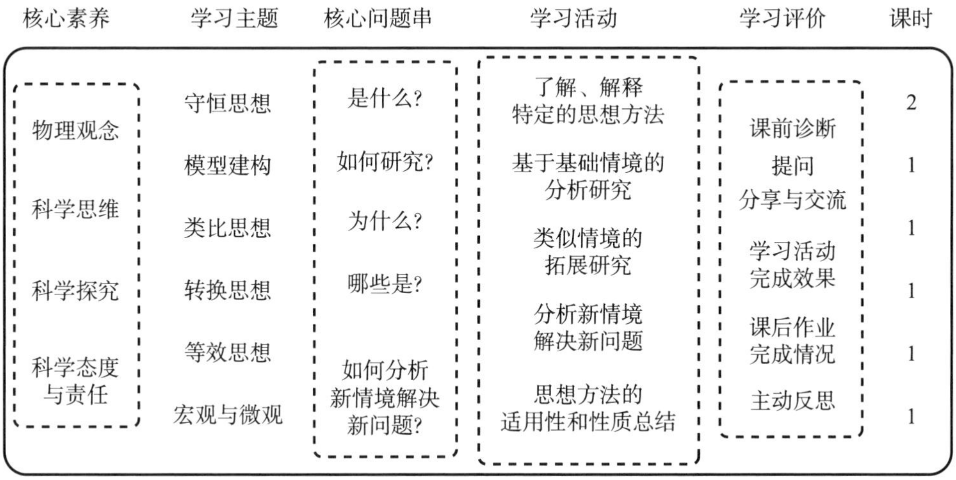

图1　教学设计的整体框架

表 2　教师活动和学生活动

思想方法	课时	教师活动	学生活动
模型建构	1	（1）整合高中教材中的典型模型素材 （2）创设实际问题的情境	（1）回顾交流高中物理中的典型模型 （2）掌握把实际问题转化成模型的方法
守恒思想	2	（1）整合高中物理中的守恒定律 （2）拓展"守恒量""不变量"问题	（1）系统并深入地复习和理解典型守恒定律 （2）掌握分析守恒问题的一般思路，并可以迁移
类比思想	1	（1）挖掘并整合高中教材中渗透类比思想的素材 （2）创设用类比思想解决的新情景，提炼科学的类比方法	（1）明确类比方法的应用情景 （2）掌握科学的类比方法 （3）可以在新情境中熟练调用并类比已有知识和方法解决问题
转换思想	1	（1）整合并提取高中物理实验和典型传感器的转换思路 （2）创设应用转换思想的问题情境	（1）复习典型物理实验和传感器，提取转换思想 （2）利用转换思想设计传感器
等效思想	1	（1）挖掘并整合高中教材中渗透等效思想的素材 （2）创设用等效思想解决的新情景，提炼科学的等效思想	（1）明确等效方法的应用情景 （2）掌握科学的等效方法 （3）可以在新情境中熟练调用并等效已有知识和方法解决问题
宏观与微观	1	（1）整合高中教材中的宏观与微观相关的现象 （2）提炼科学分析方法和解决思路	（1）系统并深入地复习和理解宏观与微观的现象 （2）掌握分析宏观与微观问题的一般思路，并可以迁移

　　同时，综合教师教学经验、课前诊断、课堂实施中的动态诊断以及课后监测等，对学生的学习效果进行评价（见表 3）。

表 3　思想方法单元学习评价

评价内容	评价指标	评价方式
对高中物理中典型思想方法的分析过程的评价	研究对象规范选择，具体方法的准确应用 能选择系统对象，能应用典型定律 不能进行对象的选择和具体定律应用	课前诊断 课堂提问与交流
运用思想方法，分析解决问题的能力	研究对象选择规范，问题分析准确 能选择研究对象，能阐述问题的过程 不能进行对象的选择和过程的分析	课堂提问与交流

续表

评价内容	评价指标	评价方式
思想方法相关内容的拓展	有很强关联整合拓展意识、表达清晰合理 有整合意识但表达不够清楚 缺乏相关综合意识	学生阐述 教师观察
综合运用思想方法分析与解决相关问题的能力	正确率高 正确率一般 正确率低	课后练习 课后总结

2.典型案例："守恒思想"专题教学

守恒思想是高中物理学习的一种重要思想，涵盖力学、电磁学、热学、光学和原子物理的各个方面。以人教版高中物理教材为例，大部分教学内容都涉及守恒和不变量思想的显性素材，还有更多地方涉及隐性素材。以"守恒思想"为例，教师通过对机械能守恒、动量守恒、能量守恒和电荷守恒等典型守恒规律在高中学习中的重难点进行回顾与梳理，结合力学中常见的流量概念和电磁学中常见的通量概念，促进学生形成物理量的不变量的观念，深化和拓展对"守恒量""不变量"的认识，以此为线索对高中物理相关知识进行整合。具体课题的学习目标需要根据教学的实际情况进行设计。

第一层目标：知道物理问题的研究需要明确研究对象和研究过程。恰当选取研究对象，明确要研究的过程。

第二层目标：了解高中物理典型的守恒定律及其适用条件，能够系统地、深入地理解相关的守恒量和守恒定律，在具体情境中灵活运用守恒思想及相关的内容。以教科书内容、日常生产生活中的典型素材为载体，基于学生思维发展的需要，突出知识脉络的回顾、梳理，重点与难点知识的剖析，从守恒量视角的重新审视与整合，形成认识和解决守恒问题的一般思路。

第三层目标：了解一般的不变量（物理量的不变性），能够较为系统地理解力学、电磁学等中的具体呈现的物理不变量，在具体情境中灵活运用，掌握策略性的一般路径，并能根据共性的方法进行迁移。从物理量的不变性的视角重新审视与整合，形成认识和解决不变量问题的一般思路。

"守恒思想"的教学过程设计思路如下：

以动量守恒定律为例（见图2、图3、图4）。整合的思路可以是从动量守恒定律的条件入手，涉及研究对象的选择和系统的概念，在此基础上，沿着"教材基础问题—高考典型情境—实际应用情境—科学前沿问题"的思路线索，从理想模型到日常生活实践，再拓展到宏观天体运动和微观粒子运动，不断丰富和拓展动量守恒定律问题情境，深化对动量守恒条件的理解。

然后，以动量守恒定律为主线，相同的物理情境可以延伸至机械能守恒定律的讨论，涉及在满足动量守恒的前提下，机械能减小、守恒、增加的情形的讨论，从而明确"机械能守恒定律"的条件；涉及在满足动量守恒的前提下，电荷守恒的情形的讨论，明确"电荷守恒定律"的条件；同时，这些情境又可以通过"能量守恒定律"进行更大层次的整合，形成物理学守恒思想的框架体系。

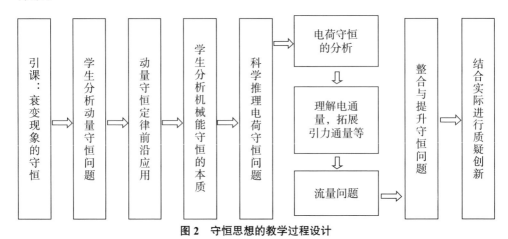

图 2　守恒思想的教学过程设计

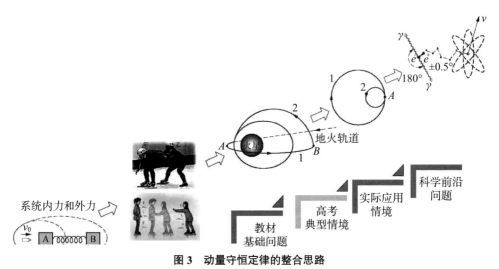

图 3　动量守恒定律的整合思路

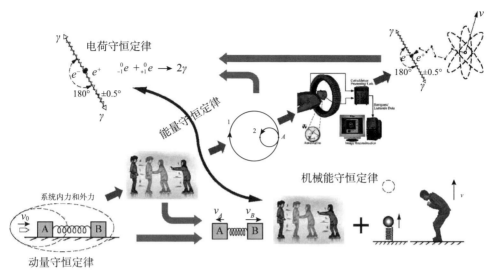

图 4　高中物理典型守恒定律的整合

　　针对这个专题，陈伟孟老师在《物理教学》杂志（2023 年第 5 期）发表论文《基于科学思想方法专题的单元教学设计》，结合具体的教学片段设计，进行了更加详细的介绍。

以设计性任务为驱动，在物理课堂上展开想象的翅膀

　　爱因斯坦说：想象力比知识更重要，因为知识是有限的，而想象力概括着世界上的一切，推动着社会进步，并且是知识进化的源泉。在近些年的教学探索中，我校物理组教师尝试以设计性任务为驱动，引导学生在课堂上展开想象的翅膀。

　　设计性任务是驱动学生主动学习并展开创造性思维，在设计、创造新事物或新方案的过程中发展学生核心素养的载体。设计性任务具有开放性、挑战性、实践性、应用性、综合性等特点。其目标指向创新人才基础培养，让学生在设计创造中成长，而不是长大后才学着设计、创造。

　　1. 课堂教学案例："电磁感应现象及应用"公开课

　　2023 年 12 月，在第三届北京市素养导向的中学课堂教学研讨会上，我校教师吴多常上了一节公开课"电磁感应现象及应用"。这节课基于人教版教科书必修三"电磁感应现象及应用"一课，教材内容包括电磁感应现象发现的历史概述、探究产生感应电流的条件和电磁感应的应用三部分。教师基于设计性任务进行了调整，将这节课分为三个环节。

（1）环节一：科学实践——体验电磁感应现象。

首先，教师邀请一位学生共同做摇绳发电实验。通过实验演示，引导学生思考"为什么摇导线绳能够产生电流"，引出初中学过的知识"闭合回路的一部分导体在磁场中做切割磁感线的运动时，导体中就会产生感应电流"，由此自然过渡到本节课要学习的内容——电磁感应现象。接着，向学生介绍法拉第发现电磁感应现象的曲折历程。

（2）环节二：实验探究——产生感应电流的条件。

教师给出两组实验器材（见图5），要求学生自主设计实验方案，自行搭建电路，鼓励学生追寻法拉第的探索之路，去探究产生感应电流的条件是什么。实验结束后，适时组织学生分析实验数据、分享实验过程、交流实验结果，并进行归纳、推理、猜想，从而得出结论：当穿过闭合导体回路的磁通量发生变化时，闭合导体回路中就会产生感应电流。

图 5　课堂上给出的两组实验器材

（3）环节三：科学设计——设计发电机点亮小灯泡。

得出电磁感应现象的物理规律后，教师创设情境，引导学生展开想象的翅膀，自行设计发电机模型，将小灯泡点亮。同时，发给学生"我的设计"学习单（见图6），鼓励学生将自己的设计方案以图文的形式记录下来。

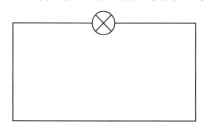

图 6　"我的设计"学习单

课堂上，学生们进行了深入的思考和尝试。教师从学生的设计作品中选出四个具有代表性的方案进行展示和验证（见图7）。

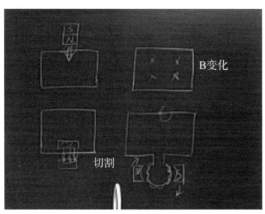

图7 课堂上展示的四个设计方案

学生 1 的设计方案是让磁铁竖着掉下，穿过线圈，使回路中的磁通量发生变化，从而产生电流。教师马上提供相关实验器材，让学生通过实验来验证自己的设想。随着灯泡被点亮，学生的创意被实现了。

这时，教师进一步提问："刚才的这个设计方案，灯泡只是在一瞬间被点亮。要想让灯泡一直亮，怎么办？"有学生提出可以用电磁铁，让磁场强度一直变，从而一直产生感应电流。这个想法恰好是学生 2 的设计方案。教师马上验证了这个方案，手持一只与线圈构成闭合回路的小灯泡，置于另一线圈的正上方，手中的灯泡持续发出了亮光。

接下来，教师又展示了学生 3 的设计方案，即加一个磁场，仅让下面的导线去切割磁感线。这和这节课最开始演示的摇绳发电的实验是类似的。

这时，又有学生提出："能不能转起来？"教师顺势引导道："磁通量变化就会产生感应电流，磁通量 $\Phi = B \cdot S$，所以除了改变 B，还可以想办法改变 S。"有学生补充道："可以让线圈转起来，绕某个固定轴转起来。"于是，教师拿出事先准备好的实验器材，进行验证。随着齿轮的转动，小灯泡被点亮，学生发出一阵阵惊叹声。

教师继续讲解说："其实刚才这个模型就是发电机的模型。当线圈在磁铁中转动时，它的有效面积发生变化，所以产生了感应电流。但在实际发电过程中，如果采取转动线圈这种方案，当发电电压很高时，就会出现放电等问题。同学们有没有想到其他的方法去改良这个方案呢？"

有学生提出："可以转磁铁，从而改变磁通量。"这也正是学生 4 的设计方案。教师对这个充满想象力的创意给予了高度评价。他告诉学生，这正是大型水电站中水轮发电机组的基本原理，我国三峡水电站所用到的水轮发电机组的原理就是这样的。接着，教师又给学生介绍了我国近些年在水力发电领域取得的重大成就，激发了学生的爱国热情和民族自豪感。

在这个环节，教师以设计性任务为驱动，引领学生在课堂上自行设计，再进行实验验证。从灯泡一闪，亮起来，到怎么能让电更加稳定，使灯泡一直亮；到怎么能加大功率，让轴转起来；再到水电站的水轮发电机组如何工作……。教师在展示课堂上生成的学生作品时，精心进行了系统化、阶梯化的设计，通过适时提问和启发，一步步引导学生打开思路，进行思维的"爬坡"，在相互激发中加深对相关科学原理的认识、理解和应用。

"真是酣畅淋漓！"一位听课专家激动地评价说："在这样的课堂上，教师用一种清晰的逻辑链让学生动了起来。我们看到学生更多的是在设计创造，看到学生创新思维的发展，看到学生展开了想象的翅膀！这让我仿佛看到了未来课堂的模样。"

2. 课堂教学案例："估测原子核的大小"公开课

围绕"设计性任务"这个主题，人大附中先后承办过两次北京市高中物理课堂教学探讨会——"基于设计性任务的高三物理课堂教学研讨会""以设计性任务驱动学生像科学家一样做研究"，我校陈伟孟、段宝维、周晶、陈若冰、吴多常、张燕怡、刘学斌、曹荣太、韩琪老师先后展示了10节公开课，受到了广泛好评。当教师们将创造思维、科学设计渗透进教学中，课堂就变得不一样了。

在讲授人教版高中物理选择性必修第三册"近代物理中原子结构和波粒二象性"的内容时，新课标的主要要求是对原子结构有基本了解，使学生能够描述原子结构的发展历史，包括 α 粒子散射实验和量子力学的建立等。这部分的实验大多是微观领域的现象，涉及的实验器材不易获取，且在安全性上并不适合中学生。但为了加深学生对物理概念的理解，提升他们的探究能力、创新能力，刘学斌老师在讲授"估测原子核的大小"这节课时，以设计性任务为驱动，引导学生像科学家一样做研究。

课前，教师给学生布置作业，请同学们展开想象的翅膀，通过类似的原理设计一种宏观实验模型，模拟 α 粒子散射实验的效果，并得到相应的测量原子核直径的方法。课上，教师选择学生的一种设计进行复现，并给出相关器材（小球、直尺、管道等）（见图 8），请学生测定盖板下物体的位置和大小。

整个任务设计共分为四个步骤（见图 9）。第一步，从宏观模型入手，以估测黑色盖板下物体的大小来引入，让学生有模型思维，通过自主设计和体验，解决实际问题；第二步，用模拟软件演示 α 粒子的轰击过程，对微观模型进行研讨，将前述所得的方法和模型进行对照和类比；第三步，在无法做微观实验的场景下，用模型的类比方法进行适当的调整、简化、分析，得到一套微观模型的处理方式；第四步，通过相应的数据对原子核直径的大小进行估测，完成最初的任务目标。

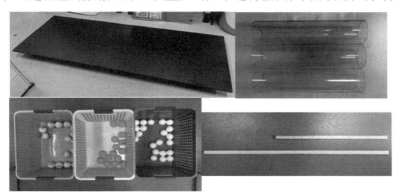

图 8　课堂上给出的实验器材

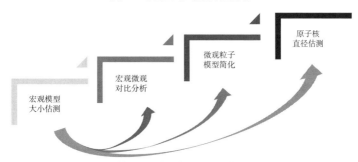

图 9　"估测原子核的大小"任务设计流程

这样的课堂充分调动了学生的主观能动性和模型再建构能力，不仅实现了原有章节教学目标，同时升华了课程主题，提升了学业质量，将原有的知识内容与更多方法进行有机结合，将课程价值推向一个新高度。

3.将创造思维、科学设计渗透到教育教学全过程

在进行课堂教学创新的同时，我校物理组教师非常注重教学评一体化，并将设计性任务融入考试命题、假期作业、课前作业、日常作业中。例如，在暑假里，给新高一的学生布置了自主预习物理课本的作业，并依据发展目标和学期规划确立了设计性任务。

在高中的学习中，逐渐学会像科学家那样思考、做事、勇于探索未知，对于同学们学会高中物理尤其重要。在入学前，你能否尝试像科学家那样做个科学设计的小方案呢？

①设计方案表述物体（人或物）运动的远近和方向，比如你的一次外出游玩的研究。

②设计方案描述物体（人或物）运动的快慢，比如对你的一次跑步、骑车的研究。

③将一水龙头置于一定高度，调节水流的大小，让水一滴滴往外流，观察水滴在空中的运动，结合拍照或拍视频等方式，设计一个方案来描述水滴的运动规律。

④取一根形状规则的弹簧，设计一个方案描述弹簧弹力大小的特点。

⑤在电梯内放置一台体重计，你站在体重计上，结合拍照或拍视频等方式，当电梯停止、向上或向下运动时，进行观察，设计一个方案来描述体重计所显示数字的变化规律。

选择一个你感兴趣的物理小设计，描述方式不限，可以用文字、数字、图示、图片、视频等呈现。

再如，在日常作业中，要求学生自主设计实验，测量一根头发的最大拉力；设计实验说明最大静摩擦力大于滑动摩擦力；设计实验测量高速飞行的箭和子弹的速度；设计等效重力空间站等。

在这个过程中，学生的积极性和创造性被调动起来了。他们的想法和创意往往超出教师的意料。

在多年的探索中，物理组教师将创造思维和科学设计渗透到教育教学的全过程，融入备课、教研、判卷、开家长会、学法指导等常规工作。"展开想象的翅膀"的理念更是深入师生心中，学生们深有体会地将之设计在板报上。

习近平总书记指出，新时代教师要做好"四个引路人"，其中之一是做学生思维创新的引路人。"科学思想方法进课堂""基于设计性任务的学习"，让学生像物理学家一样去思考、去研究、去创造……人大附中物理组积极开展教学改革，激发了学生的创新潜能，也促进了教师成长，并为新时代做好科学教育"加法"、做好学生的"引路人"交上了一份令人满意的答卷。

情境创设：以科学史、前沿研究及社会性科学议题为载体

课标·聚焦

《普通高中生物学课程标准（2017 年版 2020 年修订）》（简称"生物新课标"）明确指出："生物学学科核心素养是学生在生物学课程学习过程中逐渐发展起来的，在解决真实情境中的实际问题时所表现出来的价值观、必备品格与关键能力，是学生知识、能力、情感态度与价值观的综合体现。"在解决真实情境中的实际问题时体现出的核心素养，也需要在真实情境中培养。人大附中生物教研组优选素材创设情境，精心设计学习活动，充分调动学生进行探究性学习的积极性，通过活动和体验引导学生深入思考，取得了良好的素养落实效果。

科学史记录生物学结论的得出过程，前沿研究反映现代生物学新发展，社会性科学议题构建起与学生实际生活密切相关的真实情境。人大附中生物教研组在教学改革的过程中，以科学史、前沿研究、社会性科学议题为三大核心载体，为学生创设真实情境：通过科学史的融入，让学生跟着科学家的脚步重走科学研究之路，体验科学探究过程；通过前沿研究的融入，渗透真实的前沿科研素材，培养学生科学思维与科学探究能力；通过社会性科学议题的引入，引导学生直面社会生产中的实际问题，尝试将所学应用于解决现实问题，唤醒学生的责任与担当。

科学史：跟着科学家的脚步重走科研之路，体验科学探究过程

生物学是研究生命现象和生命活动规律的科学。在生物学的发展史中，一代又一代科学家不断探索，通过观察、实验和理论总结，逐渐构建起生物学的知识体系。把科学史引入课堂进行合理组织，可以帮助学生了解生物科学家探索真理的历程，学习科学家坚持不懈的精神，领会什么是科学研究的一般方法、大胆假设的创新和小心求证的严谨，发展科学思维，使学生能够基于生物学事实与证据，运用归纳概括、假说演绎、批判性思维、创造性思维去阐释生命现象或规律。

高中生物教材介绍了生物科学史相关的很多内容，但由于教材篇幅限制，往

往以精练、浓缩的编排形式呈现，科学史中的精彩不能完整呈现。人大附中生物教师们在课堂教学改革中主动研究、挖掘科学史素材，结合学情精心设计问题串，让学生了解科学家的探索历程，开展探究式学习。

例如，在"光合作用的过程"一课中，教研组长闫新霞老师向学生介绍了20世纪50年代美国科学家卡尔文和同事在研究中，使用同位素示踪及分子鉴定技术，研究小球藻等植物光合作用时 CO_2 转化为糖类的路线。

使用这段科学史素材时，教师通过精心设计的问题串引导学生深入思考。如何研究 CO_2 转化为糖类的路线呢？也就是说，什么技术能够确定" $CO_2 \rightarrow X \rightarrow Y \rightarrow （CH_2O）$"中的 X、Y 等中间物质是什么？学生自然想到了同位素标记技术。教师介绍了卡尔文小组的实验装置（见图1），学生了解到光照时间如何控制、如何取样检测等关键实验步骤。

图1 卡尔文及其实验装置

教师介绍初期实验结果"光照30秒后检测到了多种带 ^{14}C 标记的化合物"，然后追问：光照30秒后的结果说明什么？可以获知这些物质形成的先后顺序吗？学生认识到，30秒的光照时间太长了，应缩短时间。教师介绍后续实验结果"将光照时间逐渐缩短至几分之一秒时发现，90% 的放射性出现在一种三碳化合物（C_3）中，在 5 秒钟的光照后，卡尔文等同时检测到了含有放射性的五碳化合物（C_5）和六碳糖（C_6）"，学生根据结果很快得出"C 的转移路径是 $CO_2 \rightarrow C_3 \rightarrow C_5$、$C_6$"的结论。那么，是什么物质和 CO_2 反应生成 C_3 呢？卡尔文研究小组曾经认为是一种二碳化合物（C_2），但却怎么也无法检测到这种物质，研究陷入困境，他们继续坚持，通过大量的实验，注意到在光照和 CO_2 供应发生变化时，C_3 和 C_5 的含量出现规律性改变（见图2）。将这种规律呈现给学生、学生深入讨论后，得出了"C_5 和 CO_2 反应生成 C_3、C_3 在有光照供应时生成 C_5"的结论，这就是科学家得出的卡尔文循环——CO_2 转化为糖类的路线。

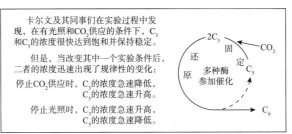

图 2　进一步的实验结果（左）和实验结论（右）

之后，教师再介绍希尔、鲁宾和卡门、阿尔农的实验，让学生对结果进行分析，找到光反应的物质变化、光反应和暗反应之间的关系（过程略），教师用板书带着学生一一呈现实验结论，最终得出光合作用的过程总图（见图 3）。

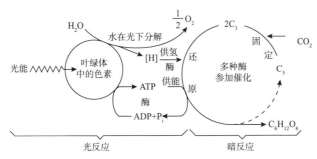

图 3　光合作用的过程

通过科学史素材的使用，学生基于证据形成认识，并不断进行知识的结构化处理，知其然也知其所以然，在学习过程中发展了科学探究和科学思维素养。

吕继华老师的"减数分裂"一课中，也创新性地使用了科学史素材，与其他实验素材相结合，精心设计问题串，引领学生进行探究式学习。

教师首先提出问题 1：配子中有多少条染色体？学生做出假设：配子中的染色体是体细胞染色体数的一半。教师追问学生做出假说的依据，学生根据物种染色体数的稳定和受精作用后染色体数加倍的事实进行分析，确定配子染色体数应该为体细胞染色体数的一半。教师提供实测数据（见表 1），学生基于证据确认假说正确，同时认识到形成配子时发生了减数分裂。

教师以问题 2 继续引导学生做假设：减数分裂时，配子中会分到哪半数的染色体？此时因为缺乏依据，有不少学生认为是随机的，教师出示洋葱体细胞和配子的显微照片（见图 4），学生认识到体细胞中染色体成对存在，而配子中成单存在，从而否认假设，形成正确认识：减数分裂时每对染色体都分开，所以配子中染色体数目减半。

表 1　常见动植物染色体数目

生物	体细胞（2n）	生殖细胞（n）	生物	体细胞（2n）	生殖细胞（n）
人	46	23	洋葱	16	8
狗	78	39	大麦	14	7
果蝇	8	4	小麦	42	21
猕猴	42	21	豌豆	14	7
马	64	32	玉米	20	10
兔	44	22	水稻	24	12

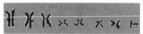

1　2　3　4　5　6　7　8　　　　1　2　3　4　5　6　7　8
体细胞2n=16　　　　　　　　　　配子n=8

图 4　洋葱体细胞和配子中的染色体

问题 3：减数分裂过程是染色体复制几次、细胞分裂几次？学生提出了两种假设：一是不进行染色体复制，细胞直接分裂；二是染色体复制一次，细胞分裂两次。教师追问：用什么生物材料、什么实验方法收集证据呢？学生思考后答出，应选用植物的花或动物的睾丸、卵巢。教师再提供实验证据，展示图片（见图 5）：一个水稻花粉母细胞最终形成 4 个子细胞，一个蝗虫精母细胞最终形成 4 个精细胞。学生基于证据分析：减数分裂过程中，细胞分裂了两次，可推知染色体是需要复制一次的。

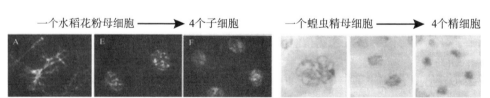

一个水稻花粉母细胞 ⟶ 4个子细胞　　　　一个蝗虫精母细胞 ⟶ 4个精细胞

图 5　植物和动物细胞的减数分裂显微照片

问题 4：两次细胞分裂过程中染色体的行为是什么样的？教师为学生提供资料袋，让学生用模型摆出第一次分裂结束后细胞中的染色体组合，这实际上是模仿科学家的思路，以模型表示出两种可能的假设，学生摆的结果如图6所示，分别表示姐妹染色体分离（左）和同源染色体分离（右）。两种假设哪种正确？教师再提供实证：美国细胞学家埃利诺用蝗虫（2n=24）精巢切片观察到子细胞中染色体数目已经减半，但每一条染色体都由姐妹染色体单体组成。确认第二种假设正确，这也让学生更加直观地认识到同源染色体先分开的假说是真实发生的。而减数第二次分裂的染色体行为应是姐妹染色单体分离。

 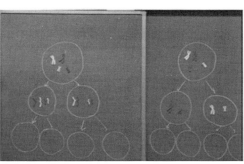 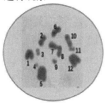

美国细胞学家埃利诺对蝗虫（2n=24）减数第一次分裂后形成的细胞进行观察

图6　模型研究减数第一次分裂过程中的染色体行为

　　这样，通过问题串和科学史素材的适时呈现，学习活动依照"提出假设、分析合理性、寻找证据、基于证据得出结论"的过程展开，学生思维活跃，像科学家一样思考，逐一解决了减数分裂过程各关键步骤的问题，对减数分裂形成了整体认识。整节课中，教师带领学生亲历科学研究之路，学习过程高度贴合学生的认识规律，学生兴趣高，科学思维和科学探究两大素养的落实效果好。

　　在人大附中的生物学课堂上，这样的教学过程是常态。经过多年探索，老师们在"细胞学说的建立""细胞器的功能及相互关系""细胞膜的结构""酶的发现""光合作用的过程""孟德尔定律""遗传的染色体学说""对遗传物质和基因本质的认识""动植物激素发现和作用研究""神经调节的机理"等众多主题中都进行了科学史融入的教学实践研究，让学生跟随科学家的步伐重走科学研究之路，学会生物学的研究方法，发展科学思维，提升学生关于科学本质的认识，培养学生敢于怀疑、勇于探索、严谨求实、崇尚理性的优秀品质。

前沿研究：渗透前沿科研素材，有效培养学科关键能力

　　生物学近年来发展迅速、应用广泛，对人类生产生活产生了深远影响。高中生物新版教材增加了最新的科研成果和技术应用，让学生能更好地了解生物学与现实生活的联系。北京市学业水平合格考和等级考试题也从学业质量水平评价角度出发，紧扣科学前沿命制试题，对考生科学思维和科学探究素养的考查力度

较大。因此，在日常教学过程中，以前沿研究作为素材来创设学习情境是非常必要的。

人大附中生物教研组加强对前沿研究的研读、分类梳理和课堂应用，特别是对于科学、技术和社会发展有重大影响的生命科学突出成就和热点问题，教学中都会适时、适当地呈现。经过多年探索，老师们在"表观遗传""特异性免疫""植物激素的调节""胚胎工程技术及其应用""探究性别决定机制"等众多主题中形成了成熟的前沿研究应用案例，让学生在了解生物学近年的进展和广阔的应用前景，感受生物学价值的同时，发展科学思维和科学探究素养。

李朴老师的"认识表观遗传"一课就是应用前沿研究的典型课例。

表观遗传学是 20 世纪 80 年代后期逐渐兴起的一门科学，2000 年以后，表观遗传学研究已成为生命科学研究的前沿和热点，生物新课标中特别将表观遗传列为"遗传与进化"模块的教学内容，要求学生能够举例说明某些基因序列不变但表型改变的表观遗传现象。

如何引导学生认识表观遗传现象呢？教师基于教材素材查找资料，找到小鼠毛色遗传、柳穿鱼花色遗传的原始论文，查找表观遗传应用相关论文，结合学情梳理学生认知逻辑线、设计学习活动，引导学生针对问题提出假设、设计实验、分析结果、得出结论。

例如，在小鼠毛色遗传实验的探讨中，教师精心组织素材，让学生像科学家一样思考并解决问题（见图 7）。教师首先根据所查资料，介绍了小鼠毛色的多样性和野鼠毛色基因表达的特点，再提出教材上小鼠毛色遗传中的特殊现象：黄色鼠和黑色鼠杂交，F_1 小鼠出现多样毛色，让学生基于已有知识提出假设并讨论其合理性。学生发言踊跃，假设被一个个提出又被一个个否定，最后聚焦到了一个无法被否定的假设：某种未知因素影响了 F_1 小鼠的 A^{vy} 基因表达。那么，怎么确定 F_1 小鼠的 A^{vy} 基因的表达量呢？学生讨论得出"应检测 A^{vy} 基因指导合成的 mRNA 或蛋白质量"的实验设计思路，教师肯定学生的想法，并提供科学家的实验结果，让学生得出"F_1 不同小鼠的 A^{vy} 基因表达情况的确有差异"的第一个结论。在此基础上，教师再提供不同毛色小鼠 A^{vy} 基因甲基化程度差异的数据，引导学生得出"A^{vy} 基因的甲基化与此段基因的表达量负相关"的第二个结论。接下来的问题是，这种影响是否能遗传？如何通过实验检测？教师引导学生设计实验，学生根据所学提出对不同毛色小鼠进行测交、检测后代毛色的设计思路，教师肯定学生思路，并提供所查到的论文数据，让学生自主得出 DNA 甲基化可以遗传的结论，师生共同总结出表观遗传概念：生物体基因的碱基序列保持不变，但基因的表达和表型发生可遗传变化的现象。

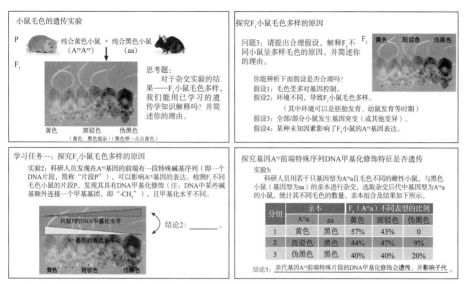

图7 基于前沿研究论文组织素材，探讨小鼠毛色遗传

DNA甲基化为什么会引起基因表达的改变呢？教材上并未介绍，教师将所查资料图片展示给学生（见图8），根据所学的基因表达相关内容，学生比较轻松地给出了其中原因：DNA甲基化后，抑制了RNA聚合酶与基因的结合，转录无法进行。由此学生对表观遗传现象的认识深入到分子水平。

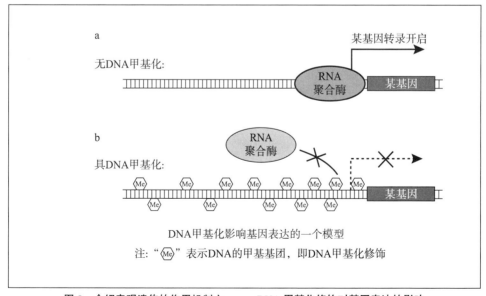

图8 介绍表观遗传的作用机制之———DNA甲基化修饰对基因表达的影响

在本节课的应用研究部分，教师呈现了所查找的前沿研究素材（我国科学家2022 年发表在国际顶级学术期刊 *Nature* 上的文章），介绍了他们的研究成果——表观遗传与糖尿病的关系。这让学生感受到生物学研究能够为人类造福，学生们为中国科学家的研究成果而自豪，内心升起投身科学研究、创造价值的宏伟志愿。

在其他生物学老师的课堂上，同样是浓浓的科研味儿。马磊老师"人工辅助生殖"课例以生活中的牧场良种奶牛的快速大量繁殖问题为情境，提供近年的前沿研究和应用现状，让学生感叹胚胎工程对生产带来的巨大影响；蔡磊老师以我国熊猫种群数量变化的研究为情境，串起"种群及其动态"单元的内容；杜军老师在多篇科研论文的基础上设计学习活动，引导学生深入探讨性别的决定机制；戴亚老师以植物激素调节研究素材为情境，带领学生总结科学研究的基本思路。

前沿研究素材的应用，进一步拓宽了学生的视野，增进了学生对于学科的理解，激发了学生的学习兴趣，让学生深刻感受到生物学科的重要性，理解科技创新、技术变革引领未来的意义，增强学好生物学科的使命感。

社会性科学议题：直面社会实际问题，激发社会责任与担当意识

生物学学科核心素养中"社会责任"的落实是学科育人的关键，也是教育教学工作的难点。基于教材内容和学生学情设计学习活动，是发展"社会责任"素养、实现学科育人的有效策略。教师在教学过程中，结合教学内容适当引入社会性科学议题，为学生营造一个真实的社会生活情境，带领学生了解生物科学的应用价值，唤起学生为人类造福的责任与担当，引导学生树立科学梦想。

生物组的老师们将社会责任的培养作为课程实施的重点，积极引入社会性科学议题，让学生通过交流、研讨、辩论、调查、角色扮演等方式，围绕议题开展活动，让学生直面社会生产中的实际问题，并尝试设计解决方案，这不仅能帮助学生深入理解生物学科知识，还能培养学生的社会责任感和使命感。这些将成为他们投身科学研究、积极参与社会事务、推动社会进步的重要动力。

"人类遗传病"一课涉及个人健康和社会性科学议题，如对遗传病患者及其家人的尊重与关爱、作出个人决策时的权衡、自觉采用健康的生活方式、认识生物技术的应用价值、探讨生物技术的利弊等，这些将会影响学生的价值取向和决策能力，对培养学生辩证思维、提升对自我和他人的责任感大有裨益。教研组长闫新霞老师以此节课作为社会责任素养落实的尝试。

她首先遇到的难题是学生对本节课内容的不重视。原因是知识难度低、涉及

的疾病让学生内心有排斥，不愿意去面对，这也会形成学生对遗传病患者的尊重和关爱不足、对相关健康问题的认识不够的局面。怎么解决这些问题呢？

"社会责任"素养的发展需要活动与体验，而活动设计的关键是把教学内容转化为教学材料，将外在于学生的客观知识转化为学习活动对象。如何转化是活动设计的难点和关键。只有读懂学生，理解学生的"冷漠"并点燃其"热情"，才能设计出恰当的学习活动。于是，教师重新梳理教学内容，对教材内容进行优先次序分析，厘清知识的价值、确定学习活动的精力配比，再有目的地探寻知识和学生发生互动的方式。

人教版教材中"人类遗传病"一节的呈现顺序为：明确遗传病的定义→了解人类遗传病的类型→调查人类遗传病→学习遗传病的检测和预防方法→讨论基因检测的利与弊。课后阅读介绍了基因治疗和与生物学有关的职业——遗传咨询师。课后习题利用法规探讨了尊重和关爱遗传病患者的问题。教师围绕学科概念确定教学的优先次序，并依此设计学习活动（见图9）：本节课的学科概念和核心任务位于中心椭圆，完成此任务的基础是学生对中间椭圆内容的掌握，处于最外围的是学生需要熟悉的内容，包括遗传病的定义、类型，以及遗传病对患者家庭的影响等。

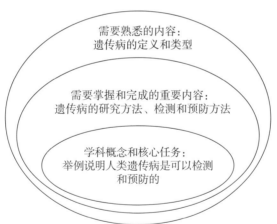

图9　"人类遗传病"一课教学内容的优先次序

基于此，教师共设计了表2所示的四项学习活动：通过"活动1：人类遗传病简介"，引导学生关注、关爱遗传病患者；通过"活动2：高度近视的调查分析"，让学生亲历调查实践过程，分析遗传病调查结果；通过"活动3：遗传咨询师体验活动"，将学生带入真实的生活情境，分组为三对夫妇提出恰当的优生建议；通过"活动4：多基因遗传病的防治策略和基因检测利弊分析"，以2型糖尿病为例，带领学生探讨多基因遗传病防治策略和基因检测利弊。通过这样的教学设计，让学生在真实情境中探讨人类遗传病相关问题，并提出合理建议，引发学生关注人类遗传病，拉近了学生与遗传病的距离，并将学生代入关爱、帮助他人的角色中，进而形成对自己和他人的责任与担当。

表2　闫新霞老师"人类遗传病"一课的活动设计

活动名称	活动内容	设计意图	时间分配
活动1：人类遗传病简介	快速播放PPT，展示遗传病的类型、发病率、患者生活等资料；师生交流感受、学生归纳遗传病的定义和类型。	激发学生的同情心与学习欲望。	6分钟
活动2：高度近视的调查分析	课前，组织全班进行调查，课上总结汇报；教师做好指导和把关，让学生客观呈现结果，严谨地分析和讨论。	让学生亲历调查实践过程，体会遗传病的研究方法。	9分钟
活动3：遗传咨询师体验活动	熟悉遗传咨询的流程，分组完成咨询任务；为3对夫妇提出恰当的优生建议，教师做必要的补充讲解并引导学生深入讨论。	通过体验活动把学生带入情境，引导他们主动学习。	24分钟
活动4：多基因遗传病的防治策略和基因检测利弊分析	分析遗传病的发病风险，认识多基因遗传病的发病特点，以2型糖尿病为例探讨多基因遗传病防治策略、易感基因的筛查，探讨基因检测的利与弊。	让学生认识到自觉选择健康生活方式的意义；探讨基因检测的利与弊，为自己和他人的健康负责。	6分钟

在形式多样的学习活动中，学生体验到了患者和其家人的痛苦、遗传学调查的不易、咨询者的期待、遗传咨询师的责任、每个人对自己和家人健康的责任与担当，这些活动不仅让学生们对遗传学和医学有了更深入的了解，学会了如何主动获取健康信息、如何预防遗传疾病的发生，也提升了学生科学思维的严谨性，教会他们以科学的态度去展开调研、分析问题，以负责任的态度去提供建议，科学地对待生活中的各种健康问题。通过这些活动，学生逐渐体会到，学习生物学不仅仅是学习知识、发展能力，更让他们学会关爱、尊重生命，形成对个人和社会的责任和担当，在学生内心深处种下了关爱他人、关注社会的种子。

人大附中生物教研组以科学史、前沿研究及社会性科学议题为三大核心载体，创设真实的学习情境，用真科学、真问题培养学生的真素养，为普通高中生物教学改革提供了可借鉴的经验和实践样板。这种真实情境的创设路径，不仅符合生物新课程标准的要求，也符合时代发展的需要；不仅可以提高学生的学科核心素养，也让学生在真实的科学研究和真实问题解决的过程中，深入理解生物学的发展历史、研究方法、研究意义和发展前景，崇尚健康文明的生活方式，形成解决生产生活中问题的担当与能力。

给历史学习加点"料"

课标·聚焦

"史料是通向历史认识的桥梁。"《普通高中历史课程标准（2017年版2020年修订）》（本文中简称"历史新课标"）指出：学生要"了解史料的多种类型，掌握搜集史料的途径与方法；能够通过对史料的辨析和对史料作者意图的认知，判断史料的真伪和价值，并在此过程中增强实证意识；能够从史料中提取有效信息，作为历史叙述的可靠证据，并据此提出自己的历史认识；能够以实证精神对待历史与现实问题"。

"区分历史叙述中的史实与解释"也是历史新课标课程目标之一，学生要"知道对同一历史事物会有不同解释，并能对各种历史解释加以辨析和价值判断；能够认识历史解释的重要性，学会从历史表象中发现问题，对历史事物之间的因果关系作出解释"。

在历史学习中，史料知识是不可或缺的基础。史料是历史学的基础，是探求历史真相的重要依据。学术研究成果体现了历史学家的思考逻辑。随着社会的发展、资料的积累和研究的深入，历史研究领域不断推陈出新，这些学术研究成果对于学生正确理解历史事件、提高历史学习和思考的能力、形成正确的历史观，具有重要作用。

"双新"背景之下，人大附中历史教研组通过"内外合力"，基于教材而又不局限于教材，给学生的学习加点"料"，帮助学生掌握史学方法：向内基于教材，充分挖掘、拓展教材中的史料，引导学生在"史"中学"史"；向外以专题的形式科学引入学术前沿成果，引导学生从不同角度发现、思考、分析、探究历史问题，了解和学习一些历史学科的方法。在"内外合力"的作用下，学生逐渐形成科学地思考和探究历史问题的初步能力，历史学科核心素养得到不断提升。

深挖教材中的史料，在"史"中学"史"

人大附中历史教研组向来注重引导学生对史料进行阅读和分析，倡导学生在"史"中学"史"，即用好史料，在史料研读中学好历史。

　　高中历史教材中的史料是学生能够接触的直接资源，教师在课堂上围绕教学内容，拓展教材中的经典史料，采用多种方法带领学生深度研读史料，明确史料类型、分析史料价值、提炼史料信息，结合所学对史料反映的问题加以阐释。在教师指导下，学生一方面逐步掌握了研读史料的方法，完善了对史料的认知；另一方面形成了证据意识，体验了逐步还原历史原貌的探究过程；同时也学会了梳理历史发展脉络，形成正确的史事结构，提高了历史思维能力。

　　以必修课程《中外历史纲要（下）》第10课"影响世界的工业革命"中"工业革命的影响"这一教学内容为例，授课教师朱峰老师搜集了马克思、恩格斯、列宁著作中的相关论述以及托克维尔对曼彻斯特的评价，在课堂上呈现了如下四则史料：

　　材料一　市场总是在扩大，需求总是在增加。甚至工场手工业也不再能满足需要了。于是，蒸汽和机器引起了工业生产的革命。现代大工业代替了工场手工业；工业中的百万富翁、一支一支产业大军的首领、现代资产者，代替了工业的中间等级。

　　…………

　　资产阶级，由于一切生产工具的迅速改进，由于交通的极其便利，把一切民族甚至最野蛮的民族都卷到文明中来了。它的商品的低廉价格，是它用来摧毁一切万里长城、征服野蛮人最顽强的仇外心理的重炮。它迫使一切民族——如果它们不想灭亡的话——采用资产阶级的生产方式……它按照自己的面貌为自己创造出一个世界。

　　资产阶级使农村屈服于城市的统治。它创立了巨大的城市，使城市人口比农村人口大大增加起来，因而使很大一部分居民脱离了农村生活的愚昧状态……

　　　　　　　　　　　　　　　　　　　　　——马克思、恩格斯《共产党宣言》

　　材料二　目前，无可争辩的和容易解释的事实是，"美好的旧时代"的人数众多的小资产阶级已经被工业所消灭，从他们当中一方面分化出富有的资本家，另一方面又分化出贫穷的工人。

　　　　　　　　　　　　　　　　　　　　　　　　——恩格斯《英国工人阶级状况》

　　材料三　1835年，法国学者托克维尔评论英国的曼彻斯特说："从这污秽的阴沟里泛出了人类最伟大的工业溪流，肥沃了整个世界；从这肮脏的下水道流出了纯正的金子。人性在这里获得了最充分的发展，也达到了最野蛮的状态；文明在这里创造了奇迹，而文明人在这儿却几乎变成了野蛮人。"

　　　　　　　　　　　　　　　　　　　　　　　　——托克维尔《英国及爱尔兰游记》

　　材料四　如果必须给帝国主义下一个尽量简短的定义，那就应当说，帝国主义是资本主义的垄断阶段……

　　其中要包括帝国主义的如下五个基本特征：（1）生产和资本的集中发展到这样高的程度，以致造成了在经济生活中起决定作用的垄断组织；（2）银行资本和工业资本已经融合起来，在这个"金融资本的"基础上形成了金融寡头；（3）和商品输出不同的资本输出具有特别重要的意义；（4）瓜分世界的资本家国际垄断同盟已经形成；（5）最大资本主义大国已把世界上的领土瓜分完毕。

　　　　　　　　　　　　　　　　　　——列宁《帝国主义是资本主义的最高阶段》（1916年）

基于上述史料，教师设计并开展了以下教学活动：

请学生依据四则史料，以"工业革命的影响"为题，设计一个研究提纲，并请两名学生在黑板上绘制自己拟定的提纲。学生完成后，请其中一位分享自己的设计思路和过程（见图1）。教师引导学生须重点分享三个方面的内容：

（1）如何从史料中获取自己需要的历史信息？

（2）如何处理已经获取的信息，并将其转化为提纲？

（3）在列提纲的过程中有何收获与困惑？

图1　学生一设计的提纲

学生在分享时说，要想列出一个完整的提纲，第一步就要对每则史料中涉及"工业革命影响"的历史信息进行充分提取，不能遗漏，可将其写在材料旁边以便处理；第二步需要对提取的信息进行归纳概括、提炼角度，如"蒸汽机和机器""一切生产工具的迅速改进"是从生产力角度进行评价，"把一切民族甚至最野蛮的民族都卷到文明中来""和商品输出不同的资本输出具有特别重要的意义""最大资本主义大国已把世界上的领土瓜分完毕"是从殖民侵略、资本主义世界市场形成的角度进行分析，其余信息均可按照这样的思路进行角度划分；第三步是在以上基础上，按照一定的层次顺序和逻辑关系拟定提纲的一级标题，比如"生产力的迅速发展""生产组织形式和生产关系的变革""资本主义世界市场的形成"等；第四步是在确定一级标题后将对应的信息放在不同标题中，并依据具体内容拟定二级标题，最终形成完整的提纲。

学生分享后，由其他学生对该名同学的提纲进行评价，教师引导学生重点从三个方面进行评价：

（1）这个结构是否合适？请说明原因。

（2）还有需要改进和完善的地方吗？

（3）如果需要完善，如何进行完善？

学生普遍认为，这一提纲基本涵盖了材料中的信息，层次清晰、重点突出，但有两个地方需要改进，其一是需要补充材料中未用到的信息，如提纲中未提及工业革命带来的交通领域的变化、未提及"中间阶级"的变化；其二是部分一、二级标题需要进行调整，如"世界市场最终形成"这一标题下的二级标题只是列出了所产生的影响，未能显示工业革命推动世界市场形成的过程，应将目前所列的三个二级标题统一为"3.对资本主义世界市场的评价"并同时补充"1.越来越多的国家卷入资本主义世界市场""2.资本主义国家瓜分世界"。在讨论过程中，教师和学生对这一提纲进行了完善（见图1中"补"和对"世界市场最终形成"部分的处理）。教师同时还对学生进行了方法指导，强调一个好的提纲要遵循几个原则：角度全面、紧扣主题、信息完整，层次明确、逻辑清晰。

对于第二位在黑板上展示提纲的学生，教师则变换分享方式，让他结合第一个同学的提纲，对自己的提纲进行自我评价：自己的提纲结构是否合适？为什么合适或不合适？然后在黑板上一边讲解一边修改（见图2）。

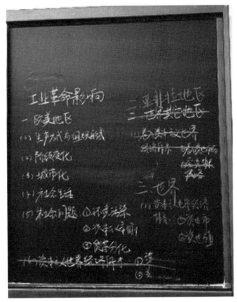

图2 学生二的提纲设计

学生在分享时说，自己对获取的信息有不同角度的划分，即按照空间（"对欧美"和"对世界其他地区"）进行划分，这也是合理的，提供了一个新的视角。但是，通过听取大家对第一个同学提纲的评价，他认为自己的一级标题并不完整，没能体现工业革命对世界的影响，可将"一、欧美地区"下的"（6）资本主义世界经济体系"单列为一级标题并对其补充二级标题（调整见图2）；同时在"（1）生产方式与组织形式"处要突出"生产力的提高"。

两位学生在分享、反思自己的提纲时都提到了自己在这一课堂中的收获：需要更加细致地处理材料，将材料中所涉及的角度找全，然后厘清彼此间的逻辑关系，再有逻辑地表达出来。

两位同学分享完成后，教师让学生自行修改自己设计的提纲，并请第三位学生将自己修改后的提纲写在黑板上（见图3）。

经过前面的分析和指导，修改后的第三个提纲尽管还有需要进行调整的地方，但无论是一级标题还是二级标题的设计，都已经较之前有了明显的进步。

最后，教师呈现自己的提纲设计（见图4），并针对其中的关键概念、重点问题进行讲解。由此，学生研读史料、拟定提纲探究"工业革命影响"的教学环节顺利完成。通过这样的活动设计，学生对工业革命的影响有了更深层次的认识，极大提升了自主学习和解决问题的能力。

图3　学生三的提纲设计

图4　教师展示的提纲设计

陈钗老师在给高一学生讲授《中外历史纲要（下）》第八单元中"冷战与国际格局的演进"一课时，让学生通过多种类型的史料探究，了解冷战时期美苏两大集团在政治、经济、军事方面的对峙和柏林危机、古巴导弹危机等典型事件，认识冷战的基本特征、爆发的原因及两极格局产生的影响。

在讲解冷战的概念时，为了引导学生概括冷战的表现，教师出示了相关史料：杜鲁门《国情咨文》，马歇尔计划相关图片、表格、地图；北约、华约条款。学生阅读史料，思考美苏冷战的表现，然后教师采用课堂提问的教学方法引导学生理解以下内容：为什么杜鲁门主义是冷战开始的标志；美苏全面冷战的对峙局面。

在引导学生阅读教材、归纳冷战开始的原因时，教师采用了《罗斯福在美国外交政策协会发表关于美国外交政策的演说》、美苏军事实力对比数据（见表1）等史料，引导学生对比数据，得出结论，从而理解美苏冲突的具体原因。

> 🕮 史料阅读
>
> 　　吾国因拥有道义、政治、经济及军事各方面之力量，故自然负有领导国际社会之责任，且随之亦有领导国际社会之机会。吾国为本身之最大利益以及为和平与人道计，对于此种责任，不能畏缩，不应畏缩，且在事实上亦未畏缩。
>
> 　　——《罗斯福在美国外交政策协会发表关于美国外交政策的演说》（1944年10月21日），法学教材编辑部《国际关系史资料选编》下册

表1　二战后美国和苏联军事实力对比

门类	美国	苏联
军队人数	1 210 万人	1 140 万人
国防预算	800 亿美元	—
军舰	1 200 多艘（航母30艘）	—
年产飞机	50 000 架	40 000 架
年产坦克	—	30 000 辆
年产火炮	—	120 000 门
核武器	1945 年试验成功	1949 年试验成功
其他	1947 年世界各洲共 484 个军事基地	影响越出国界

　　将史料引入历史学习中，一方面培养了学生提取、概括、阐释材料信息的能力，引导学生发现问题并多角度探究问题，拓宽学生视野，提升史料阅读、分析与运用的能力；另一方面学生也通过自主拟定知识提纲、进行自我评价和对他人进行评价，进一步提高了课堂参与度，加深了对知识的理解。在这样的学习过程中，"教—学—评"一体化得到了落实，课堂效率得到了提升，学生思维能力得到了训练。

引入学术研究成果，引导学生更专业地思考历史问题

历史新课标指出：历史学科核心素养包括唯物史观、时空观念、史料实证、历史解释、家国情怀五个方面。学生通过历史课程的学习，形成历史学科核心素养，得到全面发展、个性发展和持续发展。在培育学生历史学科核心素养的过程中，教师要适当地将学术研究成果引入教学，潜移默化地引导学生像史学家一样采用科学的方法去研究历史问题，追寻历史真相，逐步形成具有历史学科特征的思维品质和关键能力。

历史学的很多问题都在不断地出现新的证据、新的视角、新的成果，而现行统编高中历史教材的一大特点，就是吸纳了相当多的学术研究成果。因此，高中历史教学需要及时追踪学术研究动态，并将其中一些内容适当引入教学。

但是，学术研究成果数量庞大、类型繁多，应该将哪些成果引入教学当中呢？同时，学术研究成果和中学生认知存在一定的差距，如何遴选合适的学术研究成果，将其处理到恰当程度后应用到课堂中？这是学术研究成果引入教学的难点之一。

1.合理地选择学术研究成果

人大附中历史教研组的教师们经过持续地探索与实践，总结出能够引入教学的学术研究成果所应具备的三个共性特征。

一是价值取向的正确性。正确的立场和价值观，是中学教学中选择学术研究成果的首要原则，也是高中历史学科新课标中指出的育人方向。在海量的网络信息中，充斥着大量偏颇甚至错误的看法、观点。在教学中，要为学生把好这道关，帮助他们辨别出错误的观点、被刻意歪曲的史实，树立正确的历史观和价值观，从根本上增强学生正确认识历史的能力。

二是与教学重点内容的相关性。在教学中，学术研究成果应该服务于教学需求，而不是增加、扩充不必要或不重要的内容。一般来说，只有在教学的重难点内容上才需要用到学术研究成果。

三是主流性和权威性。对于学术界有争议的问题，要仔细甄别，选择主流的、符合历史发展趋势的、更具权威性的观点。例如，历史教研组某次为高三学生命制试题时，需要引入东汉刘秀度田的相关内容。对于这一历史事件，学术研究的不同观点都言之有据。历史教研组经过研究分析，选择了其中成熟的、学术界共识观点作为试题材料，这种观点在逻辑上更加顺畅，更能反映历史发展的脉络和大趋势，有利于学生系统地认识东汉豪强地主问题的发展演变，也能获取更好的评估效果。

2. 学术研究成果的处理与应用

老师们精心挑选出来的学术研究成果就能直接在教学中使用吗? 对这些学术研究成果, 不但要看其价值取向的正确性、与教材重难点的相关性、观点的主流性和权威性, 也要综合考虑学生的认知水平和接受能力。高中学生普遍达不到完全用原文开展学习和研究的程度, 因此, 直接将学术研究成果拿给学生是不可取的, 教师需要对研究成果做预处理, 然后再将其应用到教学中。

(1) 预处理。

梁月婵老师基于实践经验, 总结了将学术研究成果进行预处理的两个原则, 以使学术研究成果的呈现形式更匹配学生的接受能力, 在教学中发挥更大的价值。

原则一: 如果学者的论述文字篇幅较长、难度较大, 应将其处理到符合中学生认知水平的程度; 方式可以是剪裁和改变形式。

《中外历史纲要》第 11 课"辽宋夏金元的经济与社会"在"社会的变化"这一子目中有这样一段话:"宋以前, 社会上长期存在人身不完全自由并且受到歧视的贱民阶层。到宋朝, 他们的数量显著减少。前代的家内服役大都由世袭奴婢承担, 宋朝更多地来自雇佣。"这段话主要是讲述唐宋之间社会人身关系的变化, 首先需要突破的难点就是贱民的含义及变化。

课文已经指出贱民"人身不完全自由并且受到歧视", 但是要说清楚宋代以后的变化, 就必须解释贱民中的官贱和私贱。"到宋朝, 他们的数量显著减少", 这里的"他们"主要是指私贱。私贱的减少乃至消失主要和宋朝世家势力消亡有直接的关系。私贱的工作, 主要是在士族地主的庄园中从事农业劳动以及其他劳役。在实际教学过程中, 如果直接引用学者的论述, 那整节课内容将会是大段大段的学术论述的串联, 对于中学生来说难度太大, 容易打击学习积极性, 必须进行预处理。

下面是原文和教师处理后材料的对比:

材料一:

在中国古代, 士农工商四民为良, 四民以下为贱民。

唐代贱民主要有以下几种: 工户、乐户、官户、杂户和部曲。按照隶属关系不同, 可以分为"官贱"和"私贱"两大类。其中工户、乐户、官户和杂户属于官贱民, 部曲属于私贱民。唐律中的官贱民或是源自前代被配没而沦入贱籍者, 或在唐代因犯罪而被配没。其中很多人是唐以前被籍没的犯罪者家属的后裔, 未能获得开释。唐代的贱民是唐政府继承前代做法的产物。在唐代, 官贱民们主要是被迫为官府服各种杂役。

私贱民的存在, 是伴随大家族势力不断扩大而形成的。自从井田制破坏之后, 虽然后来又有占田制、均田制、租庸调制等国家为民制产的制度, 但是土地买卖并不严格禁止, 所以可以说再也不存在早先的土地国有制而实行土地私有制了。

汉代的选举制度也造就了一批世族地主，他们世代为官，广占田地，加之自汉代起国家开始征收算赋即人口（头）税，繁重的赋税和差役也迫使人民自愿成为豪强地主的依附人口即私属如僮客、僮仆、客、家兵等。西晋实行占田制，但是西晋政权本身就建立在世族地主支持的基础上，所以贵族官僚占有大量土地，同时国家又允许他们萌人为衣食客及佃客，东晋亦之，并且数量更大。到了南朝，从前属于皇室的山泽湖泊也逐渐被私人占有。唐初实行北魏以来的均田制，开元中又实行租庸调制，然而南北朝以来的旧贵族等以及新的贵族官们依然拥有大量田产和私属，而且唐代并不严格禁止土地买卖，比如自狭乡徙宽乡者可以出卖口分田及永业田，另外家贫无以供葬者也可卖永业田，卖者即不再授田，从而导致大土地私有制的扩大，而在广大的私人土地或庄园里从事劳动的，就是唐律中出现最为频繁的与农奴相似的私贱民"部曲"。

（选自：郑定、闵冬芳《"良贱之别"与社会演进——略论唐宋明清时期的贱民及其法律地位的演变》，载《金陵法律评论》，2003 年秋季卷）

材料二　贱民，亦称贱口，指的是与良人相对的被法律排斥于社会权力、分配之外的，连自身最基本的权利也无法保障的社会群体。唐代法律只承认官私奴婢物的属性，而否认其作为人的属性。在唐代，贱民的身份世代相袭。

［选自：徐燕斌《试论唐代法律中的贱民》，载《河南教育学院学报》（哲学社会科学版）第28 卷，2009 年第 2 期］

教师在讲课时，将上千字的原文变为了表格形式，既不改变原文的主旨，又能让学生对关键信息一目了然，让学术研究成果成为课堂教学的有益补充（见表 2）。

表 2　经过老师提炼后的知识点

基本含义		没有基本权利，人身不自由；法律上完全是物；世代相袭。
分类	官贱	因犯罪被配没，为官府服杂役。
	私贱	士族的部曲，主要为大家族耕种庄园土地。
唐代到宋代的变化		私贱因士族的消亡而消亡。

原则二：把握主干脉络，抓大放小。当学术界对某一问题的研究成果非常丰富，有不同的思想和观点时，在教学中要根据实际情况进行判断，厘清教材所讲的重点内容，把握主干脉络，学会抓大放小。

比如，南方开发和经济重心南移，是高中历史教学的重要内容，学术界对这个问题的研究成果也非常丰富。在日常教学中，是否需要大量地引入各种不同的学术观点？其实不必要。

　　历史教研组梳理了教材，发现《中外历史纲要》第 5 课"三国两晋南北朝的政权更迭与民族交融"、第 11 课"辽宋夏金元的经济与社会"对这部分内容均有涉及，其具体内容有不同时期南方开发的原因，经济重心南移的进程、表现和影响，其覆盖面和时段涉及比较全，但具体每一个方面和时段的呈现却各有选择。南方开发和经济重心南移本身属于中国古代经济的重大问题，教材又做了多方面和长时段的呈现，学生应该对其有整体、系统性的认识，这就需要教师提供材料、帮助梳理。因此，在专题学习时，教师抓住内容和时间的主要脉络，选取和教材论述方向一致的学术观点，进行了系统的摘抄概括。

---

　　1. 经济重心南移的原因：

　　（1）江南地区长期相对稳定的社会环境；

　　（2）南方人口的不断增加（其中大量是北方人口的南迁）；

　　（3）南方农业生产技术的不断提高以及耕地数量的增加；

　　（4）南方优越的自然条件。

　　2. 经济重心南移的进程：

　　经济重心南移完成于北宋还是南宋？对这个问题学术界是有争议的。郑学檬认为经济重心南移至北宋后期已接近完成，至南宋全面实现。漆侠认为至迟在神宗时期经济重心已转移到南方。程民生认为宋代南北经济各有特色。经济重心从发展趋势上看正在南移，但从历史现状上看还未完成。东南经济只能与北方平分秋色，而不能独占鳌头。但是这些争议并不需要在教学中呈现，因为教材的论述已经非常明确了——"自唐中叶以来，南方的经济实力渐渐超过北方。北宋在经济上对南方依赖明显，户口分布南多北少的格局也已定型。"

　　3. 经济重心南移完成的标准：

　　学者一般认为，两宋时期，南方社会经济全面超过北方，经济重心由黄河流域向长江流域的南移过程完成。具体来说，首先，南方户口超过北方，户口分布重心南移完成。其次，南方的农业、手工业和商业全面超过北方。再次，南方地区在国家财政中已占举足轻重的地位。

　　4. 经济重心南移的影响：

　　（1）带动了中国古代文化重心的南移，具体表现比如科举考试中南方士人的突出表现，以及书院主要分布在南方等；

　　（2）使中国古代后期各王朝的财政经济重心与政治军事重心分离，促进了沟通南北经济的交通运输线——大运河的发展，提高了漕运在之后各王朝中的政治地位。

　　（3）使全国经济发展格局发生了根本变化，即江南地区已经成为全国经济的重心。

　　5. 接第四点的第 3 条，在教材的行文中，提到了"长江下游和太湖流域一带，成为全国最重要的粮仓"，实际上，一般认为，至明清时期，江南地区都是中国的经济重心。但是从南方开发的进程来看，学界有关于不同时期南方开发的不同区域的研究。这些内容是否需要一一给学生呈现呢？一般情况下也是不必要的，学生只需要掌握以下内容即可：

　　一般来说，南方开发泛指从魏晋南北朝开始，黄淮以南地区逐渐大规模地开发；而江南就是长江下游南岸地区，李伯重认为明清时期的江南应该限定在苏州、松江、常州、镇江、江宁（应天）、杭州、嘉兴和湖州八府以及由苏州府析出的太仓州这八府一州组成的地区。这一地区亦称长江三角洲或太湖流域，是南方的核心地带。

（2）应用。

对学术研究成果进行预处理以后，应用之时还应注意以下几个原则。

原则一：组合与搭配。在教学中，单独使用学者的论述达不到预期的教学效果，这时就需要搭配一些其他形式的材料。

原则二：问题引导，实时回应。课堂教学中，教师需要注意设置问题引导学生的思维，并及时对问题进行回应。

仍以前文提到的"南方成为经济重心的表现或标准"为例。南方地区的户口和耕地数量超过北方是经济重心南移完成的重要标准，如果直接用文字呈现这些内容，可能会过于抽象和无趣，也会丧失引导学生从材料中发现问题、得出解释的机会。因此，教师搭配数据和地图资料（见图5、表3）来呈现，让学生在对比中有更加直观的感受。

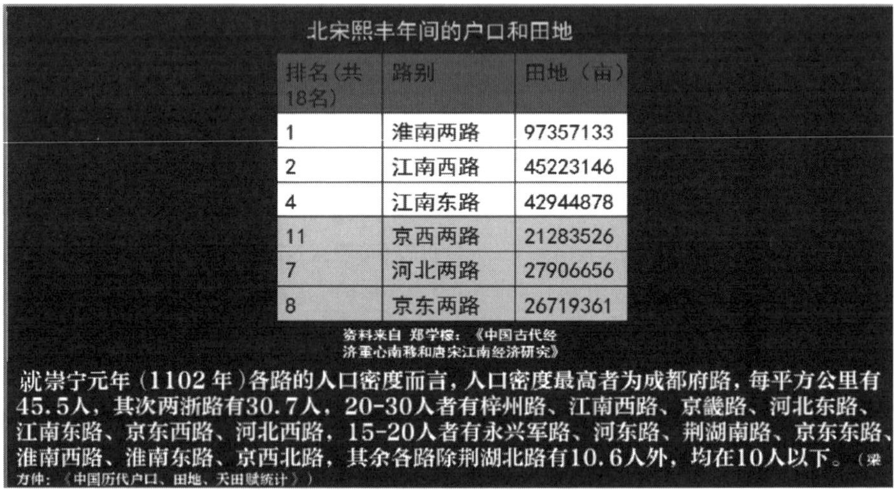

图5　教师配合教学采用的数据和地图资料

表3　教师配合教学采用的数据

年份	名称、单位	总计	北方数	南方数	南方占比	资料来源
熙宁九年（1076年）	两税：贯、石、匹、两……	10017853	4414841	5603312	55.93%	《宋会要辑稿·食货》

同时，教师还设计了如下配套问题，引导学生进一步思考。

> 1.材料从哪几个方面论述北宋的经济情况？
> 回答：户口、田地、税收。

2. 主要是在对比什么？

回答：北宋时期南北方的经济状况。

3. 这样的材料是想论证什么？

回答：北宋时期，经济重心南移已经完成。

　　总之，学术研究成果的引入对于学生的学习和发展具有重要意义，可以开阔学生的学科视野，帮助他们更好地理解历史事件的来龙去脉，同时也让学生逐步养成严谨的学术态度，掌握历史专业学习和研究的基本规范，学会专业地思考、研究历史问题。

　　给学习加点"料"，将历史史料和最新的学术研究成果融入历史学习中，不仅是对学习内容的丰富和拓展，更是带领学生走进历史、理解学术观点形成的过程。这种方法有助于学生掌握基本的史学理论，运用正确的史学方法，从而养成证据意识、逻辑思维能力和思辨能力等，进而推动学生学科思维的发展。这种教学方法契合历史学科的特性和规律，有助于推动历史教学的改革与发展，为培养有历史责任感的新一代人才奠定坚实基础。

因"材"施教，高中地理新教材实施过程的"活用之举"

课标·聚焦

《普通高中地理课程标准（2017 年版 2020 年修订）》（本文中简称"地理新课标"）明确提出：重视以学科大概念为核心，使课程内容结构化，以主题为引领，使课程内容情境化，促进学科核心素养的落实。地理新课标在"实施建议—教学与评价建议"部分，也明确提出："为了培养学生地理学科核心素养，教师要了解高中地理课程的设计思路，明确知识、技能教学与核心素养培养的关系，注意'教—学—评'各方面的一致性，建立基于核心素养培养的整体教学观念。"依据地理新课标的指导原则，大概念、主题式、情境化教学不仅是其核心理念的具体体现，更是推动学生从知识学习向能力素养转化的关键桥梁，是落实地理学科核心素养的重要途径。

"双新"示范校实施以来，人大附中地理教师在教研组长闫桂红老师的引领和指导下，基于课标要求、教材实施和我校学情，整合普通高中国家课程所要求的必修和选择性必修共 5 个模块的全部教学内容，创造性、系统化地进行全模块单元教学的校本化设计与实施。通过主题引领，结构化组织目标、情境、实践活动等要素，进行长周期、有进阶的教学设计和单元作业设计。通过一系列情境化、实践性的活动，逐步引导学生深度学习。

基于课标、依托教材，开展高中地理全模块单元重构

面对国家课程标准的统一性和学校学情的多样性，如何在教学实践中创造性地实施国家课程，深入挖掘学科内涵，探索适合本校学生发展、素养提升的教学模式，是教育工作者亟须解决的重要课题。

在课改探索中，2021 级高一年级地理组教师提出了全模块大单元教学的思路。他们认识到，大单元教学对培养学生核心素养优势突出，但仅仅做一些大单元教学的个例探索是不够的。如果在充分挖掘教材中情境素材和学习资源的基础

上，通过重构学习单元，将原有知识以更有逻辑关联的方式整合、重组，建立全模块大单元教学模式，实现国家课程和学校特色的有机结合，将会更好地促进学生学科核心素养的提升。为此，2021级高一备课组长胡望舒老师带领全组地理老师组成课程研发团队，进行了两个学年的深入探索，从顶层设计到课程的设计实施，逐步将美好的设想落地成为现实。

所谓全模块大单元教学，一是要覆盖高中地理必修、选择性必修的全部五个模块；二是在每个模块内进行章与节的单元教学设计，不跨模块构建单元；三是遵循课标，以课标为指导，一个模块内的教学单元需要覆盖该模块全部课标点；四是每个单元都具有内部统一的教学思路与逻辑，如某学科大概念的统摄，或某一个情境的贯穿，也可以是某种学科方法与能力的培养等，这也是单元教学最核心的体现。

在实操层面，研发团队进一步厘清全模块单元教学逻辑组织原则：一是模块完整性，要覆盖高中地理完整模块；二是结构层次性，设计"模块—章—节"的三级结构，保证所有内容之间具有清晰的逻辑结构；三是内容逻辑性，体现单元的特点，内容呈现一定的逻辑。由此对课程与教材内容进行整合重组，逐渐形成了单元设计与内容整合的四大路径，如图1所示。

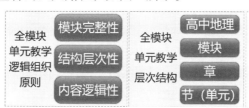

图1 全模块单元教学逻辑组织原则与层次结构

1. 抓住学科逻辑，通过大概念整合大单元

对于高中地理必修1模块第一章"宇宙中的地球"，基于课标要求，研发团队抓住"尺度"这一大概念，将该章主题设计为"守望我们的家园"（见图2），让学生与所生活的地球建立直接联系，并将内容进一步细分为四个节单元："远眺家园：地球的宇宙环境""近观家园：太阳对地球的影响""细察家园：地球的圈层结构""回顾家园：地球的历史"。其中，前三个单元基于空间尺度，从宇宙到太阳，再到地球，这是一个从大尺度到小尺度的变化。第四个单元基于时间尺度，讲述地球的历史、不同的地质年代；整个单元的设计，从时空的角度，带领学生了解地球，渗透地理学科空间思想、尺度思想、人地关系思想和学科大概念。

为了让学生更好地理解"尺度"的概念，在教学过程中，教师展示了不同尺度的照片。比如，风云四号气象卫星距离地球3.6万千米拍摄的地球照片、嫦娥五号卫星距离地球150万千米拍摄的地球照片、旅行者1号距离地球64亿千米

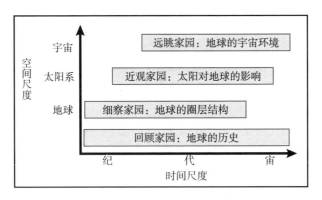

图 2 "守望我们的家园"单元设计

拍摄的地球照片。在尺度的变化过程中渗透相关知识、理解宇宙中的地球，从不同的观察视角提升对家园的认识。同时，教师还将全班学生分组，引导学生选择适宜的材料制作简易天体模型，模拟地月系和太阳系，在动手实践中进一步理解"尺度"的概念。

2. 贴近学生生活，通过话题整合大单元

在人文地理的学习中，有一些学习内容并不适合用大概念进行单元整合，而结合学生的生活、兴趣，通过话题设计进行整合往往能获得更好的教学效果。比如，在设计选择性必修 2 第三章"城市、产业与区域发展"这一单元时，研发团队将这部分内容与学生生活的城市（北京）相结合，通过"首钢搬迁""京津冀协同发展"等学生熟悉的话题，重构章节知识结构。在"工业区位因素"这一单元的学习中，从"首钢在不同时代如何进行选址"这一核心问题切入，深入剖析建厂初期、新中国成立之后、新世纪之后三个不同历史时期影响首钢区位选择的主要因素。身边的鲜活话题激发了学生主动思考、深度学习的热情，高效达到了预定教学目标。

3. 关注真实世界和真实问题，通过情境整合大单元

以大情境为线索，重构教学内容结构和教学过程结构，围绕素养目标的达成，用情境贯穿整个单元，实现"一镜到底"，逐步加深学生对所学知识的建构、理解和应用水平。比如，选择性必修 1 第三章"大气的运动"中，从麦哲伦航海的故事切入，设计了"少年的长风之旅"的单元主题。《麦哲伦航行日记》是麦哲伦船队环球航行时的航海日记资料，在日记中记录了船队途经不同的纬度时遇到的不同天气现象，这背后正是受到大气环流的影响。教师基于这一真实情境，对这一章学习内容进行重构，借助真实情境问题，将学习目标、学习内容、学习活动和学习评估有机地整合于大情境中。最后，又引导学生基于所学知识，自己设

计无动力帆船环球航行路线，从而有效实现了地理认知的持续建构和学科素养、创新思维的高阶发展。

4. 基于学习逻辑，从知识理解、能力提升的角度整合大单元

在新课标"课程内容"部分，对于高中地理必修 1 共有十二条要求，其中"1.4 通过野外观察或运用视频、图像，识别 3~4 种地貌，描述其景观的主要特点""1.9 通过野外观察或运用土壤标本，说明土壤的主要形成因素""1.10 通过野外观察或运用视频、图像，识别主要植被，说明其与自然环境的关系""1.12 通过探究有关自然地理问题，了解地理信息技术的应用"。综合来看，1.4/1.9/1.10 都涉及经典的地理学研究方法，1.12 涉及信息技术在地理研究中的应用。因此，研发团队设计了第四章以"工欲善其事，必先利其器"为主题的单元。在这一章中，又设计了两个单元，分别是："现代之器：地理信息技术"，带领学生了解地理信息技术的应用；"经典之器：以地貌观察为例"，以地貌为例，带领学生了解经典的地理学研究方法。

5. 深度拓展，对教材中情境、案例深入挖掘

全模块大单元的系统构建，有效促进了教学内容的结构化，形成了教学的整体意识，实现了"整体大于部分之和"，这有利于高效达成培育学科核心素养的目的。2022 级高二地理备课组长孟祥宏老师和备课团队，通过"深度拓展，对教材中情境、案例进行深入挖掘""运用思维导图，构建知识体系整合大单元"等举措，充分挖掘教材情境案例的内涵和外延，补充资料，设计问题，充分利用教材的案例。

在选择性必修 3 "保障国家资源安全的战略与行动"中，教材的引入案例"安吉县余村昔日矿山变公园"有值得挖掘的丰富内容。一个位于浙江省安吉县天荒坪镇的小山村，经历了从农业社会到工业社会的转型，再到生态文明的绿色发展之路。余村探索生态休闲旅游业的发展道路，通过环境整治和资源保护，实现了经济社会的可持续发展，成为全国生态文明建设的典范。备课团队通过深入挖掘教材案例，从典型性与代表性、故事性、数据翔实度、发展理念等角度，直观地向学生展示人地关系演变、生态文明建设的重要性及实践路径，增强学生环保意识与可持续发展观念。

设计拓展任务时，以"海水的性质"为例，通过探讨海水淡化技术的局限性和海冰淡化的可行性，引导学生深入理解地理实践，并培养团队协作能力。任务要求学生评估海冰淡化的资源供给、技术难度和经济成本，并思考高浓度盐水的处理方法，最后撰写研究报告。在教学设计中，将结论性内容转化为问题链，能有效激发学生的探究兴趣。以选择性必修 3 中的粮食产量问题为例，通过问题链

引导学生分析我国粮食总产量变化的特征、原因及主要增长途径，促进学生深入理解图表资料，提升分析和讨论能力。

6.运用思维导图，构建知识体系整合大单元

思维导图是一种图形化的思维工具，它通过使用线条、符号、词汇和图像来表示概念之间的关联和层次关系。在每个大单元教学内容之后，2022级高二年级地理备课组设计了学生自主绘制思维导图的任务。通过完成任务，学生自主构建导图，培养学习能力，提升整合功底；通过对比、分析解决同类问题的思路，主动搭建知识间的逻辑关联。学生绘制的选择性必修3"资源、环境与国家安全"的思维导图如图3所示。

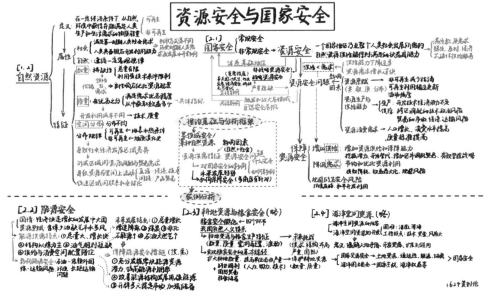

图3　学生绘制的"资源、环境与国家安全"思维导图

设计主题单元作业及实践活动，让学生"身临情境"，感受"非凡旅程"

高中地理选择性必修1是地理学科自然地理的进阶部分，包含了地球的运动、地貌的形成、大气的运动以及水的运动等内容。纵观整本教材，其主题明确清晰，主要涉及自然地理环境中，地球本身、岩石圈、大气圈以及水圈物质和能量不断循环和运动的核心内容。基于此，面向整本教材，2020级高二地理备课组长王佳雨老师和其他高二地理教师，依托不同的圈层，以"万物运动"为主题，进行了单元教学和作业设计（见图4）。

地理学科有两大重要的核心素养，即"区域认知"和"地理实践力"。为了更好地在单元作业当中凸显这两大核心素养，同时紧扣"万物运动"这一核心主题，备课团队设计了以"非凡旅程"为主题的单元作业。这一作业让学生模拟在地球各区域进行不同的旅程，完成这项作业的过程会让学生将地理科学史、地理学思想、地理学术前沿中与教材的相关内容进行整合，既强调学科知识和技能，又关注学科内与学科间目标的整合，指向学生纵向衔接、横向联合的学科核心素养框架。

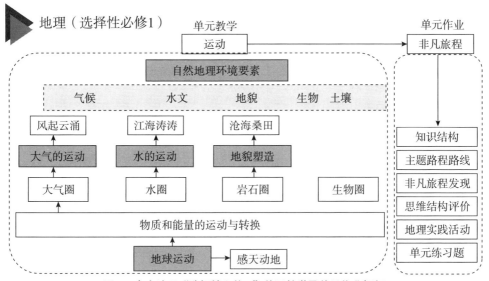

图4　高中地理"选择性必修1"单元教学及单元作业框架

单元作业设计了六大模块："知识结构"模块反映了教师提供的知识体系的构成情况与结合方式。"知识结构"把所学内容进行整理并制成比较系统完整的知识结构图示，能够帮助学生快速回顾所涉及的地理学关键概念、原理和过程；"主题旅程路线"要求学生在世界地图上展示出本单元作业涉及的区域，从而进一步认知区域；"非凡旅程发现"则由若干开放性、情境化、挑战性任务组成，将复杂化的情境和学术化的内容进行深度整合；"思维结构评价"对学生进行"无结构、单点结构、多点结构、关联结构"等进行深度评价；"地理实践活动"则安排挑战性的地理考察、地理制作和地理野外实践活动；"单元练习题"通过精心选择对应知识点的考查内容，有目标地对学生所学内容进行考核。

1. 构建知识结构图，增强学生系统思维

在单元学习结束后，教师首先以概览形式引导学生回顾主题与核心概念，通过串联关键知识点，帮助学生构建初步的知识框架（见图5）。随后，在作业设计中融入创意，鼓励学生自主设计知识结构图——设计不仅要涵盖所有重要内容，还要清晰展示知识点间的逻辑关系。教师提供设计指导，强调中心明确、层次分明、逻辑清晰及简洁明了的原则，同时鼓励学生发挥创意，融入个人理解。这一过程旨在促进学生从整体上梳理零散知识，提升自主学习与总结归纳的能力。

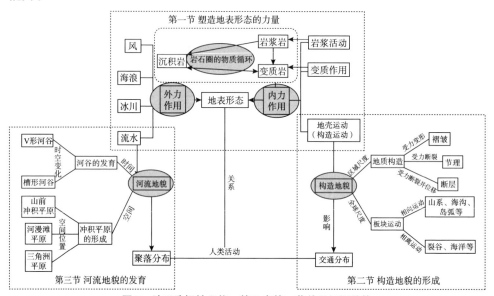

图5　地理选择性必修一第二章第一节单元知识结构

2. 绘制主题旅程路线，涵养学生区域认知素养

区域认知是让学生从区域的视角、运用认识区域的方法与工具对地理事物和现象加以认识。具体表现在具备从区域的视角认识地理现象的意识与习惯；能够采用正确方法与工具认识区域；能够正确解释、评析区域开发利用决策的得失。它是地理核心素养的基础，是培养综合思维与人地观念素养的关键点。为了有意识地引导学生进一步认知世界，每一个单元设计都要求学生将涉及的地点绘制在世界地图上。

3. 非凡旅程发现，引导学生完成深层次探索任务

"非凡旅程发现"精心构建了一个多维度、深层次的探索任务，其核心构成不仅限于对地理教材内容的简单延伸，而是巧妙地融合了教材的深度拓展，同时包括前沿学术资料的挖掘，以及贴近现实生活的真实问题探究，从而形成多维度学习路径。通过整合精选教材内容与地理学科前沿学术文献，鼓励学生深入探究，感受知识的深度与广度。这些文献不仅涵盖了最新研究成果，还能激发学生对复

杂地理现象的好奇心和探索欲，促使他们从不同角度审视问题，培养批判性思维。该部分以独特的设计理念，为学生提供了全面、深入、有趣的地理学习资源。在这里，学生不仅能够掌握扎实的地理知识，还能够培养创新思维、实践能力，为未来的学术研究和职业发展奠定坚实的基础。

探索任务还注重将理论知识与真实世界紧密相连，引入一系列源于生活、贴近时代的实际问题，引导学生以材料阅读为基础，进行深入剖析与讨论。例如，选择性必修 1 教材中提及的"傅科摆"为地球自转提供直接证据，推翻了当时流行的地心说。作为一种独特的物理装置，傅科摆在科学史上具有重大的价值。教材介绍傅科摆的内容相对较少，在真实世界中，无论是法国巴黎先贤祠，还是北京天文馆，都有傅科摆的实物。探索任务将理论知识与真实世界链接，让学生通过查找资料和互相研讨，深入探索科学发现过程，研究傅科摆的历史背景，了解它在科学革命中的意义，甚至重现人类对宇宙的认知过程，激发学生的科学兴趣，提升学生的科学思维。

★旅程发现案例设计：

法国巴黎先贤祠、北京天文馆傅科摆（地图册第 6 页）

法国物理学家傅科于 1851 年做了一次成功的摆动实验，傅科摆由此而得名。实验在法国巴黎先贤祠最高的圆顶下方进行，摆长 67 米，摆锤重 28 公斤，悬挂点经过特殊设计使摩擦减少到最低限度。这种摆惯性和动量大，因而可以自行摆动，并且摆动时间很长。在傅科摆试验中，人们看到，摆动过程中摆动平面会发生缓缓转动，摆动方向不断变化。

分析这种现象，摆在摆动平面方向上并没有受到外力作用，按照惯性定律，摆动的空间方向不会改变，因而可知，这种摆动方向的变化，是由于观察者所在的地球转动的结果，地球上的观察者看到相对运动现象，从而有力地证明了地球是在自转的。

你可以去北京天文馆去参观傅科摆。

旅程发现任务：

➢ 问题 1：傅科在巴黎先贤祠所制的傅科摆摆动平面，沿什么时针方向进行摆动？

➢ 问题 2：在北极地区，傅科摆转动一周需要多长时间？

➢ 问题 3：在地球的哪个地方，可能观察不到傅科摆转动？

➢ 根据这段材料及你的认知，你还能提出什么问题？请设计问题并给出答案。

4.运用思维结构评价，了解并促进学生的思维发展水平

思维结构评价是地理新课标中提到的非常重要的评价方式，经常有学生会问："为什么我想不到那个答案？为什么我的表达不准确，不得分？"从单点到多点以及更高位关联的角度进行思维结构评价有助于学生理解一个完整合理的思维结构。这一教学设计通过潜移默化的方式，让学生理解思维结构，理解自己思维结构的不足之处，并加以提升突破。

每套"非凡旅程"的单元作业中，都设计了一组试题用于对学生进行思维结构评价，表1就是针对"描述故宫日晷晷针在一年中正午时刻影长的变化规律"等问题进行思维结构评价。评价表让学生回答问题的思维过程可见，形成学习结果。结构化的评价方案，通过对学习结果的分层，可以让学生自己判断为何"答不全""不得分"，教师还可在后续的教学中针对存在的问题给予有针对性的、个性化的指导。

表1　学生自我思维结构评判案例

结构层次	结构特点	答案特征	自我评估
无结构	思维混乱	无法分时段进行描述	
单点结构	只能涉及单一的要点或要素	可以分时间段进行描述，但是不能理解影子在上下晷盘的差异	
多点结构	涉及多个要点和要素，但无法建立关系	可以分时间段进行描述，能理解上下晷盘的差异，能理解夏至与冬至太阳高度的差别，但不能很好地建立联系，叙述的影长变化稍有错误	
关联结构	涉及多个要点和要素，建立合理联系	可以分时间段进行描述，能理解上下晷盘的差异，能理解夏至与冬至太阳高度的差别，很好地建立联系，正确叙述影长变化	

5.设计地理实践活动，走出课堂，感受真实旅程

地理实践力指学生在考察、实验和调查等地理实践活动中所具备的意志品质和行动能力，表现为：（1）能够用观察调查等方法，收集和处理地理信息，有发现问题、探索问题的兴趣；（2）与他人合作设计地理实践活动的方案，独立思考并选择适当的地理工具；（3）能够实施活动方案，在主动体验和反思中学习，实事求是，有克服困难的勇气和方法。精心设计的地理实践活动可以让学生动手操作，完成具有挑战性的任务。地理制作可以让学生更好地理解所学内容，在制作的过程中通过思考观察得出结论；地理考察可以让学生将课堂上学习的理论知识与实际情况相结合，增强对地理现象、地貌特征等概念的理解。亲身体验地理空间的变化和联系，有助于培养学生的空间想象能力和解读地图能力；团队合作，共同完成任务，如记录数据、分析现象、撰写报告等，有助于培养学生的团队协作精神和沟通能力。

地理新课标强调：从考察、实验、调查三个方向关注地理实践，并且要在实践活动的开展过程中明确落实以上要求，将实践的内涵提升到行动落实的层面。基于中学必修课程体系，深度解读课标要求，将野外实践课程与课内学科内容紧密联系起来，不仅有助于提升学生地理实践力，还能通过开展实践活动促进学生对基础理论的认识和理解，培养学生的区域认知和综合思维能力，渗透因地制宜的地理学思想，帮助学生树立人地协调观。人大附中经考察调研，结合课标要求，借助高一高二年级外出长短程游学实践活动，挖掘了一系列地理实践资源。

门头沟地区有着丰富的地理考察资源，人大附中—丁家滩—下苇甸—韭园村—东石古岩村的考察路线，可以引导学生探究永定河中游河谷两岸的地貌特征、箱形褶皱特征、韭园村背斜侵蚀地貌、东石古岩蹄窝、刀砍纹、京门铁路、丰沙铁路、石佛岭古道选址等。该地区交通方式历经几百年的变迁，从京西古道到詹天佑修建的京门铁路，再到新中国成立后修建的铁路丰沙线和109国道，以及正在建设的109高速公路，能够让学生跨越数百年时间尺度，感受祖国逐渐繁荣昌盛的变化，不仅提升科学考察素养，也培养了爱国主义精神。

为了更好地评价学生的地理实践效果，教研团队还研制了体现学生真实实践水平差异的表现性评分标准，并通过设计问题情境，让学生在收集地理信息、建构地理解释等学科实践活动中使用相关地理核心概念解决问题。2024年5月，高二年级学生赴浙江杭州进行研学旅行活动，地理组教师以"高铁抵杭州""运河坐游船""千岛湖骑行""共同访茶园"四个学生实践活动为主题，贯穿问题情境设计研学任务单。

【共同访茶园】同学们到访龙井茶园。

同学们进行采摘茶叶劳动，发现茶园旁边种有树木。

（7）推断茶园所在区域的植被类型_____（1分），此类植被的主要特点是_____（双选）（2分）。

A. 多有茎花、板根现象　　　　B. 多为革质叶片

C. 秋冬季树木全部落叶　　　　D. 花期春末夏初

茶树具有喜温喜湿、怕冷怕涝等特点，适宜在酸性土壤生长，西湖龙井产于浙江杭州西湖一带，种植历史已有一千两百多年。

（8）说出茶园自然环境特征，并说明该自然环境对于种植茶树的优势条件。（6分）

自然环境	特征	对于种植茶树的优势条件
地形类型	_____（填地形类型名称）	
土壤类型	_____（填土壤类型）	
坡向	_____（填迎风坡/背风坡）	

挖掘地理课程中的思政元素，在地理教学中落实课程思政

地理学科蕴含着丰富而独特的科学精神与人文素养，具备不可替代的育人价值。教师在教学过程中充分挖掘地理学科的思政元素，将课程思政的理念融入教学中。

中华优秀传统文化源远流长、博大精深，蕴含着我国人民在长期生产生活中积累的宇宙观、天下观、社会观、道德观。在全模块单元设计中，研发团队充分研读课标和教材，将中华优秀传统文化融入单元主题设计中。比如，在高中地理必修1模块中，第三、四、五章的主题分别是"水利万物""工欲善其事，必先利其器""原天地之美，达万物之理"。这三句话分别选自《老子》《论语》《庄子》。这些兼具思想与语言文字之美的中华优秀传统文化在单元主题中自然呈现，使学生在潜移默化中受到熏陶。

2023级高一年级地理备课组设计了"暑览山河、心绘祖国"的暑假综合实践作业展示活动，让学生通过实地考察、资料收集、艺术创作等多种形式，亲身体验祖国的自然风光与人文风情，加深对地理知识的理解与应用，培养爱国情怀和审美能力。2023级高二年级备课组设计了以延庆奥林匹克园区为核心的地理实践活动，通过"冰雪奇缘"的探秘之旅，学生们不仅亲身体验了冬奥场馆的宏伟与科技的魅力，更深刻感悟到祖国在冰雪运动领域的飞速发展与卓越成就，激发了他们对国家建设成就的自豪感和使命感。实践活动还通过实地模拟小庄户遗

址考古，让学生们在探寻红色足迹中涵养爱国情怀，播种下爱国主义、革命精神与拼搏奋斗的种子，让它们在未来的学习与生活中生根发芽。

"双新"示范校实施以来，人大附中地理教研组积极响应，勇于创新，因"材"施教，在地理新教材的创造性实施过程中取得了显著成效。通过深刻理解并把握新课标的核心理念，围绕大概念构建知识体系，采用主题式教学模式，深度融合情境化教学策略，成功探索出既符合时代发展要求又彰显学校特色的多样教学模式。

通过全模块大单元教学，重构课程内容，实现了国家课程与学校特色的有机结合，有效提升了学生的地理学科核心素养。在单元作业设计上，以"非凡旅程"为主题，结合地理科学史与学术前沿，设计了一系列情境化、挑战性的任务，促进了学生区域认知和地理实践能力的提升。同时，还充分利用思维导图、地理实践活动等多种教学手段，深入挖掘教材拓展点，开发出一系列具有学校特色的教材实施策略。这些策略的实施，不仅丰富了教学资源，也为学生提供了更多元化的学习体验。此外，他们还注重挖掘地理课程的思政元素，将中华优秀传统文化融入教学，实现了课程思政的润物无声。这一系列举措不仅优化了教学流程，还激发了学生的学习兴趣，为高中地理教学提供了宝贵的经验和示范。

深化实验教学改革，激发好奇心探求欲

政策·聚焦

教育部《关于加强和改进中小学实验教学的意见》指出，实验教学是国家课程方案和课程标准规定的重要教学内容，要加强和改进实验教学工作，强化学生实践操作、情境体验、探索求知、亲身感悟和创新创造，着力提升学生的观察能力、动手实践能力、创造性思维能力和团队合作能力，培育学生的兴趣爱好、创新精神、科学素养和意志品质。

实验教学是培养和提升学生科学素养和创新能力的关键环节。做好科学教育"加法"，实验教学的重要性不言而喻。人大附中在开足开齐必修实验课的同时，进一步优化设计，开发拓展实验课程，打造特色研究型实验室支持学生开展更深入、更专业的科学研究，让实验室成为人才培养的"创新场"。

充分利用常规实验室

人大附中高度重视实验教学，采取多种措施保证实验教学的时间与质量，全面推动学校普及性科学探究教育持续优化、升级。

1. 加强实验室建设，提高利用率

建设科学实验室，配齐配好实验仪器设备和资源，是科学教育教学的前提条件。人大附中构建了实验教学体系，为开齐开足开好国家课程标准规定的实验课提供了硬件保证。

学校建有物理、化学、生物、电子信息、工程技术等门类实验室63个，其中物理实验室8个、化学实验室10个、生物实验室11个、数字化实验室1个、虚拟科学实验室1个、科技俱乐部青少年科学沙龙1个、地理数字星球专用教室1个、计算机教室8个、通用技术教室10个、特色实验室12个。

学校的实验室资源相对丰富，但是依然面临实验室供给不足的问题。为此，学校一方面设计、建设符合需求的复合功能实验室，另一方面通过升级改造，提高实验室的利用率。

以生物学科为例，生物实验室原有的显微镜实验台只能进行显微镜实验，为了提高实验室的利用率，学校将实验台改造成了升降台（见图1），在实验安排密集的时间段，可将显微镜下降收纳，这样就可以继续进行其他实验操作。改造完成之后，实验室内可以开展"绿叶在光下制造有机物""温度对酵母发酵的影响""呼吸系统学习及肺模型的制作""急救培训""艾草薄荷膏的制作"等多种常规实验，大大提高了实验室的利用率。

图1　实验室改造成升降式实验台

2. 开齐开足开好必修实验课

必修实验面向全体学生，给学生提供动手机会，对于培养学生的科学思维和科学探究能力至关重要。人大附中结合各学科特色，统筹协调必修实验并进行优化升级，确保必修实验课开齐开足开好。

（1）统筹协调，规范管理。

以生物学科为例，生物实验涉及的实验材料种类繁多，并对实验材料所处生长阶段有特殊需求，有的实验需要在无菌条件下进行，对操作环境的要求很高，必须要提前进行准备。实验室的科学管理和高效运转面临着挑战。

为了充分满足教学需求，生物教研组建立实验计划制度，对实验进行规范管理：学期初，规划全校各年级的生物实验计划；实验前两周，由备课组向实验室提交实验准备单，实验室统筹各年级的实验课安排并做好准备工作，保证实验课按计划开展（见表1）。

表1　生物实验计划表（节选）

	周一	周二	周三	周四	周五	周六	周日
第12周	7/11 ①高一演示实验：显微镜的结构及使用；②高一分组实验：使用高倍显微镜观察细胞、胞质环流、植物细胞	8/11 ①高一演示实验：显微镜的结构及使用；②高一分组实验：使用高倍显微镜观察细胞、胞质环流、植物细胞吸水失水；	9/11 ①高一演示实验：显微镜的结构及使用；②高一分组实验：使用高倍显微镜观察细胞、胞质环流、植物细胞	10/11 ①高一演示实验：显微镜的结构及使用；②高一分组实验：使用高倍显微镜观察细胞、胞质环流、植物细胞	11/11 ①高一演示实验：显微镜的结构及使用；②高一分组实验：使用高倍显微镜观察细胞、胞质环流、植物细胞	12/11	13/11

续表

	周一	周二	周三	周四	周五	周六	周日
第12周	吸水失水；③高二分组实验：探索植物生长调节剂的应用	③高二分组实验：探索植物生长调节剂的应用	吸水失水；③高二分组实验：探索植物生长调节剂的应用	吸水失水；③高二分组实验：探索植物生长调节剂的应用	吸水失水；③高二分组实验：探索植物生长调节剂的应用		
第13周	14/11①高一演示实验：比较过氧化氢在不同条件下的分解；②高一分组实验：淀粉酶对淀粉和蔗糖的水解作用	15/11①高一演示实验：比较过氧化氢在不同条件下的分解；②高一分组实验：淀粉酶对淀粉和蔗糖的水解作用	16/11①高一演示实验：比较过氧化氢在不同条件下的分解；②高一分组实验：淀粉酶对淀粉和蔗糖的水解作用	17/11①高一演示实验：比较过氧化氢在不同条件下的分解；②高一分组实验：淀粉酶对淀粉和蔗糖的水解作用	18/11①校选：肾脏解剖；②高一演示实验：比较过氧化氢在不同条件下的分解；③高一分组实验：淀粉酶对淀粉和蔗糖的水解作用	19/11	20/11
第14周	21/11高一分组实验：探究影响酶活性的条件	22/11高一分组实验：探究影响酶活性的条件	23/11高一分组实验：探究影响酶活性的条件	24/11高一分组实验：探究影响酶活性的条件	25/11高一分组实验：探究影响酶活性的条件	26/11	27/11
第15周	28/11①高一分组实验：探究酵母菌细胞呼吸的方式；②高二分组实验：培养液中酵母菌种群数量的变化	29/11①高一分组实验：探究酵母菌细胞呼吸的方式；②高二分组实验：培养液中酵母菌种群数量的变化	30/11①高一分组实验：探究酵母菌细胞呼吸的方式；②高二分组实验：培养液中酵母菌种群数量的变化	1/12①高一分组实验：探究酵母菌细胞呼吸的方式；②高二分组实验：培养液中酵母菌种群数量的变化	2/12①高一分组实验：探究酵母菌细胞呼吸的方式；②高二分组实验：培养液中酵母菌种群数量的变化	3/12	4/12

　　如果同一天同一间实验室需要安排多场实验，实验室的负责老师会提前将准备好的试剂耗材分类摆放在推车上，上一个实验结束，立即将推车推进实验室，更换实验用品，实现"无缝转场"，从而大大提高了实验室的使用率。

　　（2）优化设计实验，激发学生探究欲。

　　《普通高中化学课程标准（2017年版2020年修订）》指出，化学实验是研究和学习物质及其变化的基本方法，是科学探究的一种重要途径。在教学策略上，"整体规划实验及探究教学，发挥典型实验探究活动的作用。选取真实的、有意义的、引发学生兴趣的探究问题。改变在实验中注重动手但缺少思考的现状，强调高级思维过程。"

　　化学实验课根据内容特点可分为定性验证、数据测定、合成制备和分析鉴定四种类型。其中，定性验证在教学中所占比重较大，学生通常按照实验指导书的内容去做实验，加深对课堂所学内容的理解和掌握。但是，如果学生做实验时仅仅是模仿和重复教材中的实验步骤与过程，那么实验现象和实验结果都会在预料之中，这就会导致学生很少用心去思考和分析实验现象背后的本质，从而难以激发探究兴趣。长此以往，就可能传递给学生一个不科学的观念——实验结果是一成不变的，学生也就对实验失去了兴趣。

为了改变这一现状，化学教研组在开齐开足新课标中要求的 18 个必做实验（见表 2）的基础上，对高中化学实验课程的内容进行了整体设计和优化，构建了能够更有效地激发学生兴趣的化学实验教学体系：一是着重体现实验的趣味性，让学生真切地感受化学之美；二是增强实验的自主性，引导学生敢于提出问题、解决问题；三是增加实验的探究性，促进学生从简单对结论进行验证转为针对实验目的进行设计与探究；四是增加定量实验的比重，加强手持技术的使用，促进学生定性与定量相结合思想的发展；五是增强实验的应用性，以真实情境、真实问题为驱动，激发学生的兴趣与学习化学的动力，体会科技对生活生产的积极影响。

表 2　高中化学新课标中要求的 18 个必做实验

实验类型	实验名称
必修课程 学生必做实验	①配制一定物质的量浓度的溶液 ②铁及其化合物的性质 ③不同价态含硫物质的转化 ④用化学沉淀法去除粗盐中的杂质离子 ⑤同周期、同主族元素性质的递变 ⑥化学反应速率的影响因素 ⑦化学能转化成电能 ⑧搭建球棍模型认识有机化合物分子结构的特点 ⑨乙醇、乙酸的主要性质
选择性必修课程 学生必做实验	①简单的电镀实验 ②制作简单的燃料电池 ③探究影响化学平衡移动的因素 ④强酸与强碱的中和滴定 ⑤盐类水解的应用 ⑥简单配合物的制备 ⑦乙酸乙酯的制备与性质 ⑧有机化合物中常见官能团的检验 ⑨糖类的性质

在选择性必修课程必做实验 8"有机化合物中常见官能团的检验"教学中，教师设计了检验卤代烃性质的实验。以往，教师往往是讲完全部相关知识后再让学生去验证。在优化后的实验教学设计中，老师不再把全部实验步骤灌输给学生，而是在讲解了必要知识后，指明第一步操作："取 1 支试管，加入约 1ml 1-溴丙烷，再加入约 1ml 10% 的 NaOH 水溶液，振荡后将试管放入热水中，静置几分钟……"而后，老师将后续实验的设计进行了留白处理（见表 3），引导学生以自主探究或小组合作的方式去设计实验方案，检验卤代烃中的溴元素。

表 3　检验卤代烃性质的实验在教学设计上进行了"留白"

实验内容	实验现象	解释或写出方程式
①取 1 支试管，加入约 1 ml 1-溴丙烷，再加入约 1 ml 10% NaOH 水溶液，振荡后将试管放入热水中，静置几分钟。		
②待溶液分层后，用胶头滴管吸取少量上层水溶液滴入另一试管中，（请你继续检验其中的溴元素）操作：_____		

这样的设计，让学生不再照搬教材或等待老师给出现成的实验步骤，而是要通过讨论交流、质疑辩论、分析比较等方式，主动思考解决问题的办法，动手设计实验，并优化实验条件，完成从验证到探究的转变。同时，每一次分组实验，学生需要预习，先做"头脑实验"，再去实验室动手操作。与想象实验相比，实际实验中往往会出现很多异常现象，这种"异常现象"能够促进学生思考，学生的能力也得以在实验中提高。具体来说，如果学生按照自己设计的方案得到了正确的实验结果，说明方案是合理的；反之，学生就要反思自己的方案有什么缺陷，找到原因。这样一来，学生对实验现象的认识也更加全面，从而能在不断的思考中感受化学实验的魅力，认识到化学学习不仅仅是记忆和理解知识，化学实验也不仅仅是照搬和复现，而是要培养科学思维和探索能力。

还是在进行"有机化合物中常见官能团的检验"教学时，教师将"酚的性质"实验内容设计分为两部分：第一部分，设计两种实验方案并实施，证明苯酚的酸性；第二部分，设计两种实验方案并实施，证明某废水含酚类物质。通过这样的设计，一方面，鼓励学生利用已学的化学知识创造性地提出并实施不同的实验方案，去验证苯酚的酸性；另一方面，教师在实验中引入生活中的真实问题，将学生带到"工业废水检测"这一具有实际应用价值的问题情境中，让学生尝试用自己设计的方法去检出苯酚及含量，从而把理论知识与解决实际问题真正结合，实现学以致用。

当化学实验与实际生活相结合，就会变得更加有趣，更能引发学生共鸣。在"补铁剂中铁元素价态的检验"实验教学中，教师选取了常见的某补铁口服液，让大家检验口服液中铁元素的价态。这种对身边问题的探究实验，极大地激发了学生的探究兴趣。

补铁剂中铁元素价态的检验

【实验目的】

检验某补铁口服液中铁元素的价态。

【实验用品】

补铁剂（少量补铁口服液、含铁化合物、维生素 C、甜味剂、香精等）、酸性 $KMnO_4$ 溶液、新制氯水、5% KSCN 溶液、试管、胶头滴管。

实验步骤	实验现象	实验结论

考虑到学生在检验过程中可能对补铁口服液中比较复杂的多种成分的分析能力不足，教师首先提出一个问题，引导学生思考："补铁剂中含有的其他成分是否会影响实验结果的可靠性？"

在实验之前，教师引导学生了解目视比色法的原理、实验常用仪器和基本操作方法，学会用目视比色法测定补铁剂中铁的含量，练习利用容量瓶配制一定物质的量浓度的溶液。在学生按照实验步骤得出数据后，进行数据分析，判断铁的价态，得出实验结论。最后，教师还提出一个拓展性问题，引导学生思考："为什么大多补铁药品补充的是二价铁元素？在检测补铁剂中铁含量时为何要将二价铁氧化为三价铁？"

在教研组优化后的实验过程中，学生通过实验设计和操作，锻炼了动手能力和科学探究能力；通过应用所学的化学知识解决生活中的实际问题，强化了对氧化还原反应这一知识点的理解；通过实验结果分析铁的价态，培养了观察能力和数据分析能力。同时，学生认识到化学与人类的衣食住行密切相关，了解到化学在促进人类健康、提供生活材料等方面的重要作用，感受到化学对人类生活的影响，认识到化学科学的发展对提高人类生活质量的积极作用，这有助于促使学生形成科学的生活态度和生活观念，全面提升化学学科核心素养。

另外，为了培养学生撰写实验报告的能力，化学教研组根据课标要求和学情，对 18 个必做实验的实验报告进行分层设计：高一年级的实验报告主要聚焦于基础操作、观察、比较能力的训练以及实验报告的规范性等内容，帮助学生建立起科学实验的基本框架；进入高二年级，实验报告的难度逐渐增加，重点加强对学生的分析能力和实验设计能力的培养；到了高三年级，实验报告更加注重对学生综合实验能力和创新思维的培养，提升学生的科学研究素养和解决实际问题的能力。

化学实验的优化，让学生在实验过程中不再仅仅是简单重复或验证，而是突出对学生实验探究能力的培养，让学生动手，提升探究兴趣，在实验探究中学到解决问题的方法，提高解决问题的能力。

3. 开发拓展实验，丰富教学内容

学校不断拓展创新，积极开发教学需求驱动下的拓展实验，将教材中未涉及但有必要开展的实验进行补充拓展，给学生提供尽可能多的实验机会。

在高中生物中，光合作用是核心概念之一。在教学中，教师发现，要让学生理解色素可以对光能进行吸收，如果没有实验证据支撑，只是告知学生结果，教学效果并不好。于是，高一生物备课组自制了光谱仪，增加了观察色素吸收光谱和色素溶液荧光现象的拓展实验，让学生直接观察到"光合色素对光能的吸收"。通过这样的拓展实验，学生对课本上的知识有了直观的认识。

再如，生物教师进行 PCR 实验的改进，将传统的"菜谱式"实验转变为探究式实验，让实验课的价值由实验技能训练上升到了科学思维和科学探究能力培养。在原来的实验中，学生对 DNA 的某个序列进行扩增，得到的结果都一样。改进后的实验，由于学生手中的 DNA 序列不同，实验结果也呈现出个性化特征，这不仅丰富了实验内容，也提高了学生解决复杂问题的能力。

教师们还在实验的内容、时间和空间上进行拓展实践。有些实验周期较长，不可能用一节课完成。教师就鼓励学生在家庭环境中进行实验，如植物栽培、发酵食品制作等，然后在课堂上组织学生交流、分享实验经验，进行实验反思。这样的长周期实验作业和灵活的评价方式，进一步拓展了实验的时间和空间，提升了学生的科学探究素养。

4. "教—学—评"一体化设计

学校遵循"教—学—评"一体化设计理念，通过课题研究的方式开展实验教学，将某些学生实验设计为微课题，同时鼓励学生自主提出研究课题，设计实验方案，像科学家开展研究那样做好实验记录，养成良好的科学实验习惯。

实验课的评价以过程性评价为主，引导学生在实验过程中既重视结果，也注重基本操作的训练，促进安全意识与科学规范的养成。教师结合学生的实验过程和结果，评估学生的实验操作水平，针对学生的错误操作做出正确示范。通过这种方式，可以帮助学生明确观察要点，了解操作原理，提高对实验操作的认识水平。

学校会定期组织实验安全培训和考核，加大安全规章制度和应急措施的宣传力度。每个实验室都配备了详细的学生守则和使用说明，帮助学生全面了解实验室的操作规范和注意事项，提升实验安全意识和技能。

实验室改造升级、必修实验的优化设计、拓展实验的开发实践、实验教学的"教—学—评"一体化设计等，可以有效激发学生的好奇心和探求欲，促进学生对科学原理的理解，培养学生严谨的科学态度、探究能力和实践能力，助力学生们在科学探究的道路上越走越远。

打造特色研究型实验室

人大附中还建有一批特色研究型实验室（见图2、表4），配备先进的科研仪器，由相关专业的高学历教师专门负责，精心设计实验探究教学内容，注重与科学前沿、多学科知识、社会实践等有机结合，指导有潜力、感兴趣的学生开展科研探究和课题研究。

1. 进行原创性科研

特色研究型实验室包括物理学科相关的粒子物理实验室、电子学实验室、纳米材料实验室，化学学科相关的环境资源实验室、痕量物质检测与检验实验室、功能材料实验室，生物学科相关的遗传发育实验室、植物发育与分子生物学实验室、神经生物学实验室、博物学实验室，通用技术学科相关的电子与信息工程实验室、机械与电气工程实验室、无人机科学与工程实验室、光电技术创新实验室、汽车模拟驾驶教室、3D打印创新实验室、数字加工创新实验室，信息技术学科相关的机器人实验室、数字创意实验室、人机交互实验室、空间科学实验室、工程创新实验室、虚拟现实技术实验室、智能感知技术实验室等。

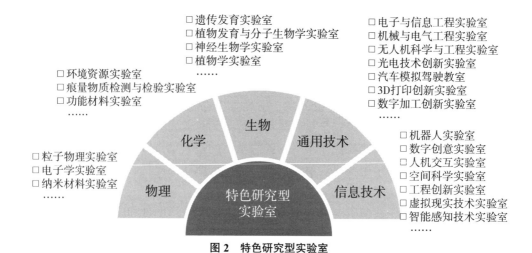

图 2　特色研究型实验室

表 4　特色研究型实验室简介（部分）

实验室	简介
植物发育与分子生物学实验室	实验室配备了研究植物发育的专业设备，并自主研发、制造了微流体系、实时 pH 监控培养箱等设备，获得国家设计专利。该实验室的研究成果于 2023 年 4 月在国际著名科学杂志 PNAS（美国科学院院刊）子刊 Nexus 在线发表。
电子信息与工程实验室	实验室具备开展电子学、电子信息、单片机等方面教学和学生实验、实践活动、课题研究所需的器材条件。学生完成的项目曾获得国内、国际奖项，发表专著《创新中学物理实验》和论文十多篇。
无人机科学与工程实验室	被认定为"教育部北斗导航科普基地"，引导学生开展室内无人机定位及导航技术，室内无人机编队飞行控制，基于无人机的精准抓取、投放装置研究，仿生机械鸟研究与制作等综合性项目研究。
虚拟现实技术实验室	该实验室开发了高中物理地理综合课程"钱塘秋潮——探索潮汐的奥秘"、人类的血液循环及 VR 校园导览等项目，能够提供 VEX 机器人、FTC 机器人和 FFL 机器人等项目的实验环境，开设机器人选修课、研修课，每年都有学生在各级机器人竞赛中取得佳绩。
空间科学实验室	依托实验室开设相关选修课、研学课，学生参加了多项空间科学国际赛事和学术大会并获得优异成绩。
智能感知技术实验室	开展传感技术、大数据、云计算、物联网、人工智能技术等相关课程，带领学生开展人机交互、人机协同的相关项目研究。

续表

实验室	简介
人机交互实验室	进行面向未来的自然人机交互系统研究、多角度体感交互及虚实结合交互研究、智能感知及智能计算研究等，与科研院所和高校的实验室联合培养拔尖创新后备人才。
纳米材料实验室	开设纳米技术概论选修课、纳米物理与能源研学课。邀请大学教师到实验室来指导学生的研究。

2. 中学校园诞生突破性成果

中学生的科学实验并不需要刻意追求所谓的"高大上"，科学实验就是从最基础的观察开始，通过持之以恒的观察去发现，这是实验开始的"原点"。

学校建设了食虫植物温室，收集引种的各类食虫植物一度超过 60 种，为学生提供了在校内可以随时观察实验对象的环境（见图 3）。

图 3　食虫植物温室让学生随时观察自然

依托食虫植物温室，李峰老师开设了"食虫植物发育研究"课程，带领对食虫植物感兴趣的学生开展进一步的研究。学生们对温室里的捕蝇草、瓶子草、猪笼草和茅膏菜等食虫植物进行观察、记录，设计各自的研究题目，去查阅文献、统计分析数据、验证假设，逐步落实自己的研究方案。

看到观察带给学生的变化，李老师又积极寻找更多适合中学生研究的课题，把微萍研究引入了人大附中。

微萍是世界上最小的被子植物，花朵像针尖那么小，繁殖速度非常快，一般 30 小时内就可以产生子代。它的食用价值很高，是一种优质的高蛋白资源，可以作为鱼类和家畜的饲料。它还可以有效降低水域中的含氮量和含磷量，缓解淡水水体富营养化带来的水质污染问题。

人大附中学生团队对微萍生长、开花诱导过程进行了系统观察与研究。在此之前，微萍研究几乎都是在瓶子里、罐子里观察，微萍混在一起，无法追踪观察每个个体的生长变化。人大附中师生设计的微流培养体系，实现了对微萍个体的观察（见图4）。

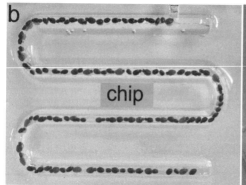
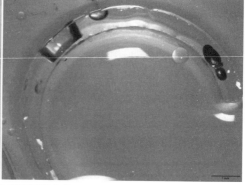

图 4　在微流中观察微萍个体

用原有的培养箱、显微镜等设备观察微萍这样微小的植物，有点儿像"高射炮打蚊子"，于是学生们又在生物教研组辇伟峰老师的支持下设计制作了培养、观察一体的培养箱（见图5），为微萍研究提供了更为精确和高效的实验工具。微流培养箱也获得了实用新型专利（见图6）。

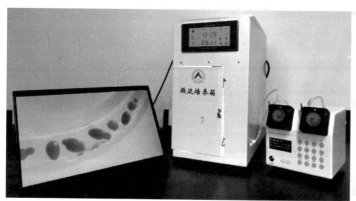

图 5　微流培养箱　　　　　　　图 6　微流培养箱专利证书

微萍研究的过程是漫长的，每届学生只能经历一年半的实验过程。但是，在一届又一届人大附中学生的接力中，历经七年，终于实现了在实验室里诱导微萍开花，相关研究成果还在国际著名科学杂志的子刊上发表。

诱导微萍开花成功后，关于微萍的研究在人大附中并没有止步，学生们始终在认真观察，记录下了很多具有研究价值的现象。有一位同学发现微萍具有显著改变环境 pH 值的能力，能使环境不断酸化。为了验证他提出的假设"环境酸化是因为微萍开花导致的"，他从种下微萍开始，每天去实验室记录 pH 值的变化和微萍的生长情况（见图 7）。经过持续一个多月的监测和实验，他发现 pH 值从 7 变到了 3，他记录的大量详细具体的实验数据让专业科研人员也感到吃惊。

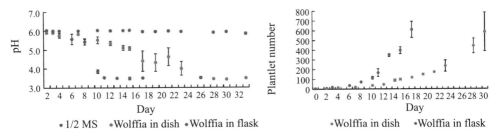

图 7 微萍显著改变环境 pH 值

在人大附中，醉心于科学研究，带着学生十年如一日投身科学实验教学的教师还有很多。他们以深厚的专业知识和对科学的热爱，点燃了学生们探索未知的热情，引导学生在科学探究的道路上持之以恒，让实验教学成为创新人才培养的重要途径。

数学作业体系的多元立体化构建

课标·聚焦

《普通高中数学课程标准（2017年版2020年修订）》（本文中简称"数学新课标"）指出，开发合理的评价工具，将知识技能的掌握与数学学科核心素养的达成有机结合，建立目标多元、方式多样、重视过程的评价体系。通过评价，提高学生学习兴趣，帮助学生认识自我，增强自信；帮助教师改进教学，提高质量。人大附中数学教研组以数学核心素养为主线，根据学生的能力基础、接受程度和兴趣发展，整体构建了"三类N型"多元立体数学作业体系，优化了作业设计，丰富了作业的类型和形式，让作业成为课堂的有效延伸，充分满足学生个性化学习的需求，让作业在育人过程中发挥更大功效。

作业是课堂教学的延伸，也是开展教学评价的重要手段。通过作业，学生能够发现问题、巩固知识、内化所学，教师也能及时掌握学生的学习情况，为后续教学改进提供依据。随着课程改革的不断深入推进，如何设计更加科学合理的作业，为不同基础的学生设计更有针对性的作业，成为各学科教师关注的重点问题。近年来，人大附中数学教研组深刻思考作业的内涵和独特价值，创新作业设计，丰富作业类型和形式，提升作业内涵，为学生提供更加优质、更具创新性的作业体验。

"三类N型"设计构建多元立体作业体系

高中数学的逻辑性和抽象性都比较强，有一定的学习难度。精心设计数学作业，对提高学生的学习兴趣、发展数学思维、提升数学核心素养具有重要意义。

人大附中数学教研组以数学核心素养为主线，充分尊重学生的个体差异，根据学生的能力基础、接受程度和兴趣发展，整体设计和优化了作业的类型和形式，构建了"三类N型"多元立体数学作业体系。"三类"指的是作业的类型，包括常规类作业、探究类作业、活动类作业三大类，三类作业各有特色而又互为补充。"N型"是指作业的呈现形式多元化、多样化，包括及时型的课堂练习、课后型的同步练习与周末练习、实践型的"操作与制作"作业、合作型的"查阅与交流"作业、探索型的"思考与探究"作业、提炼型的"总结与梳理"作业、参与型的数学活动作业、讲授型的展示与分享作业等。多样化的作业形式不仅提高了学生的数学学习兴趣和能力，也促进了学生的全面发展。

多元立体的作业体系，立足培养和发展学生的数学学科核心素养，旨在激发学生学习兴趣和动力，让不同基础的学生都能找到适合自己的学习方式。教师能通过富有层次的作业设计引导学生根据自己的能力水平进行深入学习，提升学习效果。同时，多元化的作业体系也有助于检视教学效果。通过设计不同类型、富有挑战性的作业，教师可以更好地了解学生的学习状况，及时发现问题，调整教学策略，提高教学质量。

常规类作业：兼顾个体差异，发挥导向功能

常规类作业伴随着学生日常的学习，具有高频次的特点，更需要兼顾不同学生的个体差异和发展需求，要从作业内容、作业形式、作业量等方面进行精心设计，从而充分发挥作业的检测、导向和激励功能。

在人大附中，数学学科常规类作业分为同步练习和周末练习。

1. "分层 + 迭代"的同步练习册设计

同步练习，是学生每课时结束后都要完成的作业。数学教研组本着"分层 + 迭代"的设计原则（见图1），在一轮轮研磨中不断完善，精心编写了校本同步练习册。

◆ 夯实基础类：面向全体学生
◆ 思考探究类：面向学有余力的学生

分层 — 同步练习册 — **迭代**

◆ 根据师生的使用反馈情况，对校本同步练习册进行迭代更新

图1 校本同步练习册设计原则

分层，是指校本同步练习册从学生的实际学情出发，充分考虑不同学力水平学生的学习基础，实施分层作业，设置夯实基础与思考探究两个层级的习题。夯实基础类习题面向全体学生，配合教学进度，帮助学生对所学知识进行巩固，重点对教材中基本理论、概念、规律进行理解和运用。思考探究类习题面向学有余力的学生，重在激发学生的潜能，鼓励学生从不同角度用数学方法去思考、探索，提高学生运用数学知识解决实际问题的能力。个性化、有梯度的校本同步练习册，为不同学力水平的学生带来适合他们"最近发展区"的作业和练习，充分满足学生的个性化学习需求，激发学生的学习兴趣与热情。

迭代，是指根据师生的使用反馈情况，对校本同步练习册进行持续迭代更新。多年来，数学教研组一直深耕细研，高度重视题库建设和自主命题探索，在

深入研究学科课程标准的基础上，结合每年高考命题的题目特点、考查能力、命题方向和变化趋势，积累了丰富的命题资源和经验，自主命题质量越来越高。每学年末，数学教研组都会面向组内教师和年级学生开展同步练习册使用情况调研，对练习册的习题编排、习题量、习题难度等进行全面了解，然后结合师生使用情况的反馈，淘汰无效或低效习题，不断提升习题质量。截至2023年，高中三个年级的同步练习册已迭代更新了近十次，同步练习册"含金量"越来越高。

2."创新"的周末练习题设计

除了校本同步练习册，数学教研组还面向各年级精心命题，为学生设计周末练习题。周末练习题以"综合"与"创新"为原则，从高一开始，教师们就在周末练习中设置了考查综合能力与创新能力的练习题，与校本同步练习册形成互补，给学生提供知识综合运用的机会。创新题延续北京高考题压轴题的风格，重点考查学生在全新情境下尝试、归纳、猜想、证明的能力。同时为了突出周末练习的时效性，还会有一些特殊版的周末练习。以下是两个例子：

3月14日是学校的数学节，在2022年3月14日那一次进行周末练习命题时，司健老师将 π 的由来以及 π 相关的计算融入练习中。这样灵活的作业设计，扩展了学生的知识面，增强了学生学习数学的兴趣，让学生们津津乐道，记忆深刻。

高一年级下学期数学周末练习（4）—— π 节特别版

班级_____ 姓名_____ 学号_____

一、单选题

1. 圆周率是指圆的周长与圆的直径的比值，我国南北朝时期的数学家祖冲之用"割圆术"将圆周率算到了小数后面第七位，成为当时世界上最先进的成就，"割圆术"是指用圆的内接正多边形的周长来近似替代圆的周长，从正六边形起算，并依次倍增，使误差逐渐减小。如图所示，当圆的内接正多边形的边数为360时，由"割圆术"可得圆周率的近似值可用代数式表示为（ ）

A．$360\sin1°$　　　B．$360\sin0.125°$　　　C．$360\sin0.25°$　　　D．$360\sin0.5°$

2. 我国古代著名数学家祖冲之早在1500多年前就算出圆周率 π 的近似值在3.1415926和3.1415927之间，这是我国古代数学的一大成就.我们知道用均匀投点的模拟方法，也可以获得问题的近似解.如图，一个圆内切于一个正方形，现利用模拟方法向正方形内均匀投点，若投点落在圆内的

概率为 $\frac{11}{14}$，则估计圆周率 π 的值为（　　）

A. $\frac{22}{7}$　　　　　　B. $\frac{25}{8}$　　　　　　C. $\frac{355}{113}$　　　　　　D. $\frac{377}{120}$

3. "割圆术"是我国古代计算圆周率 π 的一种方法．在公元263年左右，由魏晋时期的数学家刘徽发明．其原理就是利用圆内接正多边形的面积逐步逼近圆的面积，进而求 π．根据"割圆术"，若用正二十四边形来估算圆周率 π，则 π 的近似值是（　　）（精确到0.01）（参考数据 $\sin 15° \approx 0.2588$）

A. 3.05　　　　　　B. 3.10　　　　　　C. 3.11　　　　　　D. 3.14

4. 刘徽是中国魏晋时期杰出的数学家，他提出"割圆求周"方法：当 n 很大时，用圆内接正 n 边形的周长近似等于圆周长，并计算出精确度很高的圆周率 $\pi \approx 3.1416$．在《九章算术注》中总结出"割之弥细，所失弥少，割之又割，以至于不可割，则与圆周合体而无所失矣"的极限思想．运用此思想，当 π 取 3.1416 时可得 $\sin 1°$ 的近似值为（　　）

A. 0.00873　　　　　B. 0.01745　　　　　C. 0.02618　　　　　D. 0.03491

　　周末练习不仅有教师命题，也欢迎学生提供原创题。2022 级的田同学就是周末练习供题的常客，为周末练习提供了好几道精彩题目。以下是田同学在 2024 年 9 月 16 日周末练习中提供的原创题：

21. 对于两个数列 $\{a_n\},\{b_n\}$，如果存在 $k \in \mathbb{N}^*$ 使得 $a_k = b_k$，就称 $\{a_n\},\{b_n\}$ 相关联．

　　(1)　判断下列两组数列是否相关联，并说明理由．

　　　　a.　$a_n = (-1)^n, b_n = \sin\left(\frac{2n+1}{2}\pi\right)$；

　　　　b.　$a_n = \frac{n}{100}, b_n = \frac{1}{n}$．

　　(2)　记 $A_N = \{1, 2, \cdots, N\}$．无穷数列 $\{a_n\}$ 满足：$a_n \in A_N, |a_{n+1} - a_n| = 1$ 对任意正整数 n 都成立．

　　　　a.　证明：存在数列 $\{b_n\}$ 满足 $b_n \in A_N$ 恒成立且对任意一个合题意的 $\{a_n\}$，$\{a_n\},\{b_n\}$ 相关联．

　　　　b.　求 $\{b_n\}$ 项数的最小值．

　　学生提供原创题，一方面增强了命题学生学习的成就感，另一方面促进了同学们对原创题的积极思考与研究，促使更多的同学对命题产生兴趣。

　　由同步练习和周末练习构成的常规类作业，以分层、迭代、创新为关键词，支持学生的日常学习。常规类作业以"分层"满足不同学生的学习需求，推动个性化学习；以"迭代"不断提升习题的有效性，让作业更加高效；以"创新"促进知识的综合应用与迁移，激发学生的学习兴趣与动力。常规类作业的设计夯实了学生数学学习的基础，激发了学生学习数学的热情，调动了他们的学习兴趣，有效促进了数学核心素养的提升。

探究类作业：拓展思维，提升探究热情

数学教研组从不同学段学生的特点出发，依据课程标准和教学内容，统筹设计了"操作与制作""查阅与交流""思考与探究""总结与梳理"四种探究类作业，让学生围绕问题进行深入、多维度、多方向的思考与探索，拓展学生的学习空间，将所学知识进行迁移应用，以解决实际问题，促进学生思维品质的提升。通过这样的作业设计，学生不再是被动地完成任务，而是发挥自己的创造力和潜能，主动地寻求解决问题的方法。

四种探究类作业的定位各不相同。"操作与制作"侧重手脑结合，让学生在动手中巩固所学知识，发展设计思维与动手能力。"查阅与交流"侧重信息收集、整理与表达，学生以 PPT、报告等形式，就某个数学主题或问题进行信息检索。"思考与探究"侧重围绕某一问题展开探索，学生要从多个角度、多个渠道，用推理、类比等思维方法分析问题、研究问题。"总结与梳理"侧重对数学知识体系结构化和体系化的认知与梳理，发展学生的提炼、归纳能力。

以"查阅与交流"作业为例，在学习指数运算与对数运算相关内容时，教师布置了多项查阅类型的作业，包括对数运算的起源、对数运算的实际应用、自然对数的底数 e 的由来、指数爆炸增长的例子、平均增长率、双曲余弦函数与悬链线方程、对数螺旋、算法的复杂度——对数级别、指数函数与对数函数的交点等。在完成作业的过程中，学生不仅可以选择自己感兴趣的主题，还能够用自选海报、科普文章、小报等不同的形式进行展示与交流。学生们根据自己的兴趣和能力，以符合要求的方式完成了作业，并通过课上汇报、交流、讨论与其他同学分享，进一步深化了对知识的理解，体验到数学学习的乐趣，拓宽了学科视野，提高了数学综合能力。

再以"思考与探究"作业为例，在一节三角函数的建模课上，才子聪老师与学生一起研究了摩天轮的安全性。课后，教师留给了学生一道思考与探究题："在课上我们讨论了摩天轮的安全性，那么，摩天轮的舒适性应该如何考虑？""实际上我们今天仅仅研究了游乐设施评价的一小部分。大家觉得我们还有什么工作可以继续做呢？"教师引领学生回顾整个建模流程，对要点加以深化，加深对建模方法的认识。学生在课后以小组为单位，基于课上学习的建模知识，通过查阅资

料、文献阅读、实地考察、头脑风暴等不同方式开展进一步探究，思考并自由表达自己对于舒适性指标的看法，提交个性化解决方案。在作业展示分享环节，教师展示了不同小组提出的解决方案，明确评价"舒适性"的指标是时间与角速度的乘积，并请学生计算该项目合适的运营时间。通过解决这样与生活相联系的数学问题，锻炼了学生用数学眼光观察世界的能力，让学生发展了数学应用意识，体会到数学学习的价值。

在数学教研组教师的精心设计下，原本中规中矩的数学作业与习题，变身成为一件手工作品、一份调查报告、一张思维结构图……学生在其中不仅能感受到数学"有意思"，还能感受到数学"真有用"，从而提升了对数学的探究热情；学生化被动接受为主动学习，在自主探索和解题过程中内化知识、开拓思维、提升能力。

活动类作业：展示分享，激发学习兴趣

随着年级的升高，数学学科高度的抽象性、严密的逻辑性特点更加凸显，一些学生也会对数学产生畏难情绪。以展示分享为导向的活动类作业，能让同学们饶有兴致地完成作业，在活动中分享作业的思路与过程，感受数学文化的博大精深，领略数学的无穷魅力，也能大大激发学生学习数学的兴趣与动力。

1.遇见"π节"，发现数学之美

π，是一个神奇的数字，它的神奇在于它永不循环，永无止境，就像宇宙一样，无边无际、永无尽头，充满神秘。人类追求精确圆周率 π 的历史，也是数学发展的历史。一位德国数学家评论道："历史上一个国家所算得的圆周率的准确程度，可以作为衡量这个国家当时数学发展水平的重要标志。"

很多国家的数学爱好者会在 3 月 14 日这一天欢庆"π节"。人大附中数学教研组抓住 π 节与学生生活联系紧密、活动内容拓展性强等特点，在每年的这一天组织丰富多彩的 π 节活动，吸引大量学生参与。学生通过完成任务，了解到关于 π 的文化和知识，体验数学知识的神奇。

以 2023 年的校园 π 节为例，数学教研组将活动主题定为"追寻 π 的痕迹，走进数学世界"，设计了简洁有力的活动口号——"学数学，爱数学，用数学"，设置了 π 节探究作业、数学彩蛋谜语和游园会三大环节。

在 π 节探究作业环节，结合高一年级正在学习三角函数的内容，教师提前一周给学生布置了两项数学实践作业：任务一是请学生提供生活中的两种周期现象，其中一种和数学没有直接关联，一种和数学有一定关联，鼓励学生打开脑洞，

进行奇思妙想；任务二是以"周期"或者"循环"为主题，完成一个折纸作品或者一个与人大附中相关的摄影作品。学生们提交的创意作业五花八门，各有特色，吸引了其他年级的很多学生驻足阅读和欣赏（见图2）。

图 2　π 节学生探究类作业展示

在数学彩蛋谜语环节，数学教师们提前一个晚上到每个班级中藏 5 个彩蛋，彩蛋中放着教师们精心准备的数学谜语，猜中谜语的学生有额外惊喜。与学生进行的有趣互动，不仅增进了学生对数学术语的理解，也增进了教师与学生之间的交流。

在游园会环节，数学教研组将游园会与时下青少年喜欢的盖章打卡相结合。入场前，学生领取一张 π 节入场券（见图3），教师们则变身为"摊主"，每位"摊主"身边都围绕着一群前来挑战的学生。挑战项目包括：徒手画圆挑战、24 点挑战、徒手按 3.14 秒挑战、解开古玩、背诵 π 的位数、一笔画等。每个挑战项目都以游戏形式将数学原理涵括其中，例如，解开古玩项目为学生提供九连环、汉诺塔等数学玩具，根据不同的难度设计了不同挑战等级，学生在完成挑战的同时也加深了对相关数学原理的理解。学生完成挑战任务，即可获得签章，集齐不同数量的签章可以兑换 π 节胸章、"和数学教师共进一餐"等富有新意的奖励。

游园会形式丰富、趣味多多，因此深受学生欢迎。每年，游园会的挑战项目都会更新。在 2024 年的 π 节游园会上，教师们在保留经典挑战项目的基础上，又设计了 π 的默契、π 的技艺、π 飞花令等一批新挑战项目。以 π 的飞花令项目为例，老师给出 π 小数点后的数字，两位答题者依次"飞"出含有此数字的诗词，这样的活动设计将数字和诗词结合起来，不仅让学生耳目一新，也让他们感受到数学与生活的密切关联，更让他们在数学游戏中收获了不一样的快乐。

图3 π节游园会学生入场券

π节已经成为人大附中的传统校园活动。数学教研组利用这样的创新教育设计形式，以传播数学文化为核心，以一系列数学活动为载体，让学生发现数学之美，激发学习数学的热情。

2.挑战数学压轴题，同伴互助"勇攀高峰"

压轴题具有知识点多、覆盖面广、条件隐蔽、关系复杂、思路难觅、解法灵活等特点，是为了考查学生综合运用知识的能力而设计的题型，对学生来说是一块"硬骨头"。

数学教研组的教师们在压轴题教学的过程中发现，有一小部分在数学方面有天赋、肯钻研的学生，痴迷于攻克各类难题，并往往有"惊艳四座"的解题思路。为此，数学教研组组织"追求卓越、勇攀高峰"挑战活动（见图4），鼓励学生挑战数学压轴题，并以学生教学生的方式，进行题目讲解和作业展示与分享，激发同伴之间互相分享、互相学习。

图4 "追求卓越、勇攀高峰"系列学生讲座

　　这项挑战活动面向全体学生，主讲的学生不但要准备讲解题目，还会通过张贴海报等方式吸引更多感兴趣的同学参与，让活动辐射到更多人。数学组给每一位主讲人颁发证书，这也是他们特别珍惜的奖品。

　　数学教研组通过这样的活动，把一群既对数学充满浓厚兴趣又敢于挑战的学生聚集在了一起。在头脑风暴的过程中，大家互相启发、共同提高，不仅促进了学有余力的学生挑战压轴题的信心和兴趣，还带动了整个年级的数学学习氛围。

　　2023 届的王同学是"追求卓越、勇攀高峰"活动最积极的参与者之一，几乎是期期不落。他说："这个活动比我预想中更有趣，台上的同学讲完自己的思路之后，台下的同学可以提出自己的见解加以补充。在讲解和讨论的过程中，给了我很多启发，让我发现了自己之前没想到的新思路。我还发现，自从老师组织这一活动之后，越来越多的同学开始对挑战压轴题感兴趣了，经常会在课下热烈讨论。这种氛围对我的学习也有很大帮助。"

　　"追求卓越、勇攀高峰"挑战活动的开展，离不开数学教研组教师们的支持。王鼎、杨功荣两位老师利用每周二午休时间，对发出"挑战令"的主讲人进行讲题技巧的辅导，帮助学生联系活动场地，并且亲临现场"听课"；侯立伟老师还向年级组申请制作纪念证书和纪念品，颁发给主讲学生……这样形式多样、有针对性的数学活动，激发起学生主动参与、主动挑战的欲望，让更多学生爱上数学。

素养立意·不拘一格：
"双新"实施中的校本命题探索

政策·聚焦

《普通高中新课程新教材实施国家级示范区（校）建设指南（试行）》指出，认真学习领会学业质量标准对于学生学业成就的具体要求，恰当设计考试题目，突出立德树人导向，重点考查学生运用所学知识分析问题和解决问题的能力，增加综合性、开放性、应用性、探究性试题，发挥对日常教学的诊断、改进作用。

推进考试评价改革是"双新"示范校建设的重要任务之一。人大附中各教研组积极响应，深入探索新高考模式下的命题创新。在校本命题探索中，强调"素养立意"是大家不约而同的追求，但是，在具体的命题内容与形式上则呈现出"不拘一格"的特色。

规范命题流程，建立审核机制，团队接力改进

考试是对"教"与"学"两方面效果的检测，目的是巩固前期学习成果，发现问题，制定下一阶段改进措施。为了确保命题的科学性，提高命题质量，各教研组制定了严密的校本命题流程，把整个命题工作分为"明确考试目标—制定蓝图—选取、创造、打磨素材—审编—审校—定稿"六步。

命题工作启动伊始，需要依据学业质量标准明确考试目标，依据学段特点明确命题需求。例如，化学教研组长贺新积极参与北京教育学院卓越教师工作室"化学学科核心素养的学习评价研究"项目，带领全组教师在认真研读《普通高中化学课程标准（2017年版2020年修订）》的前提下，尝试构建化学核心素养的评价框架，细化评价指标维度并编码、分层界定难度、确定评价标准。

各教研组在命题过程中还强调跨年级的统筹与规划："高一阶段注重兴趣引导、入门引领、学法积累；高二阶段注重选科引导、选考适应、教学检测；高三阶段则针对等级考，系统筹划、解决问题。"从高一到高三，物理命题的侧重点是不同的：高一注重思考习惯的养成，命题侧重开放多向的设问、学以致用的引

导，主要考查基本过程和基本概念；高三命题侧重图像数值计算、推理表达，综合考查建模能力、对概念规律的深入理解等高阶能力。

确定考试目标后，制定命题蓝图是至关重要的一步。命题蓝图要同时关注试题的内容、难度、结构三方面：试题内容上，尽量覆盖考查范围内的知识点，既要注重考查基础知识、基本技能，还要注重考查思维过程、创新意识和分析问题、解决问题的能力；试题难度上，既要有鼓励性，也要有激励性，不出偏题、怪题、不切合实际的难题；试题结构上，减少机械记忆试题和客观性试题比例，提高探究性、开放性、综合性试题比例，积极探索跨学科命题。

在长期的命题工作中，人大附中逐渐形成了三级命题审核机制，严格规范命题程序，确保命题质量。一级审核者是备课组长，审核试题内容、结构，保障试题的有效性、科学性和规范性；二级审核者是教研组长，审核试题政治性、科学性、规范性；三级审核由教学校长完成，审核试题的政治性、公平性。

在试题审编、审校的过程中，教师们尤其善于发挥集体智慧，于宏观处反复打磨结构，从知识点、命题意图、难度系数等方面进行综合调整；于微观处仔细推敲场景设计、用字、标点，主动预设问题，在打磨中不断提升命题的质量。一套试题，从初稿到定稿，往往要经历十几轮的修改，而定稿也不是终点，在每次考试后，教师们还会根据学生答题的情况进行集体讨论复盘，在反思中，形成考后修订稿。在一轮轮迭代的过程中，试题不断创新。

回归学生生活，优化命题情境，重视"解决问题"

核心素养是学生在解决复杂问题过程中的综合表现，学业水平等级性考试试题（即高考试题）[1]具有很强的情境化特征，命题的问题解决取向也愈发凸显。尤其是物理、化学、生物、地理等科学学科，高考试题选材多选自当下最为尖端的科技创新领域或当前社会实际产生的生产生活问题，目的是引导学生从科学前沿和现实生活中发现问题、提出问题、解决问题。

人大附中物理教研组在命题中坚持素养立意，强调情境化和生活化。命题团队紧扣学生的学习和生活实际，对教学内容和学生现实生活之间的联系展开深入的研究与分析，从真实的生活中寻找并设置问题情境，引导学生从"解题"走向"解决问题"。这样的命题取向非常重视学科知识在真实情境中的运用，意在引导学生真切地认识到物理不只是定理和公式，而是解决真实情境问题的必备知识，物理是有趣且有用的。下面以两道试题为例：

---

[1] 新高考改革将物理、化学、生物学、地理、政治、历史等选考科目考试称为学业水平等级性考试，即新高考改革前所称"高考"，为了便于读者理解，以下依然采用"高考"的提法。

例题1：估算秋叶落地时间

"梧桐一叶落，天下尽知秋。"如图1所示，某日清晨，无风，明月同学在上学路上经过一株梧桐树，恰看到一片巴掌大小的梧桐树叶脱离枝杈飘落到地面。据明月估测，脱离处离地面竖直高度约为4m。根据你所学的物理知识判断，这片树叶在空中飘落的总时间可能是（　　　）

图1

A. 0.2s

B. 0.4s

C. 0.8s

D. 3s

例题2：估算路灯技术变更

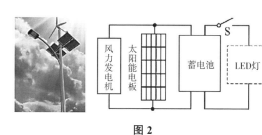

图2

我国承诺2030年前二氧化碳排放达到峰值后将逐步降低。节能减排的一条重要措施就是逐步将我国现有的约2亿（2×10^8）盏传统路灯替换成使用风能和太阳能的风光互补路灯。图2所示为某公司生产的风光互补LED路灯外形图和电路原理图。已知每燃烧一吨标准煤可以发电3 000度（即3 000 kW·h），排放二氧化碳2.62吨（即2.62×10^3 kg）。若将我国现有传统路灯的60%替换成该风光互补路灯，结合生活常识，按每盏传统路灯功率250W估算，这一措施一年可减少二氧化碳的排放量最接近（　　　）

A. 2×10^{14}kg

B. 2×10^{11}kg

C. 1×10^{14}kg

D. 1×10^{11}kg

这两道原创试题均是物理组李志刚老师命制的。试题取材于真实生活——秋叶落地是学生在日常生活中可以观察到的现象，路灯更是学生每天都会接触到的事物。这两道估算题都涉及信息提取和模型建构，但更重要的是题目背后的实践意识。其中，秋叶落地的实验可以动手操作，而路灯一年中照亮的日平均时间为10小时左右，学生可以在这样的真实情境中应用所学的知识去解决现实问题，既促进了实践意识的培养，也促进了时刻关注生活习惯的养成。李志刚老师原创的试题命制既贴近学生生活，又别出心裁，被学生和同事称为"出题王"。

关注前沿信息，拓宽取材渠道，开阔学科视野

命制试题的素材是考查学科核心素养的情境载体。物理教研组在选取素材时除了重视选用贴近学生学习和生活的真实情境外，也主动从发生在身边的新闻事件和科技论文中选取有深度、有思辨性的素材，进一步开阔学生的学科视野，让学生学习用物理知识来解释、解决身边的现象与问题，从而培养他们在解决物理问题过程中的思维能力。下面仍以一道试题为例：

例题 3：电鳗放电

如图 3 所示，电鳗是生活在亚马孙河流域的一种裸背淡水鱼，能产生足以将人击昏的电流，是放电能力最强的淡水鱼类，输出的电压可达 300～800 伏，它依靠头尾部的电极产生电场放电猎食和御敌。电鳗在寻找食物时头尾部的电极产电电量较少、频次较低，而在遇到天敌或捕获到猎物时头尾部的电极产电电量较大、频次较高。电鳗的放电器官在身体的两侧，而且它大部分的身体或重要的器官都由绝缘性很高的构造包住。电鳗在水中放电时，电流会经由水（电阻比电鳗身体小）传递，并不会电到自己。图 4 是电鳗在游弋寻找食物和捕获到猎物应激状态下的电场线示意图。

图 3

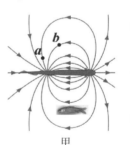 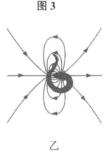

甲　　　　乙

图 4

（1）如图 4 甲所示的电场中 a、b 两点的场强大小分别为 E_a 和 E_b，电势分别为 φ_a 和 φ_b。下列说法中正确的是（　　　）

A. $E_a > E_b$　　　　　　　　　B. $E_a < E_b$

C. $\varphi_a > \varphi_b$　　　　　　　　　D. $\varphi_a < \varphi_b$

（2）关于电鳗的放电，以下说法正确的是（　　　）

A. 电鳗放电时头部带正电

B. 电鳗若在空气中放电，很可能会电到自身

C. 图 4 甲中的小鱼经过电鳗附近时，其体内会有从尾部到头部的电流

D. 图 4 中，甲对应捕获到猎物的应激状态，乙对应游弋寻找食物的状态

例题 3 取材于一篇英文论文，是根据教材章复习题出现的"电鳗"改编的。命题教师发现学生们对电鳗非常感兴趣，于是进行资料分析后命制了该题。起初，教师查找的资料主要是电鳗的图片和中文科普文章，后来查找到与电鳗相关

的英文研究论文，并精选了部分论文详细阅读，最后确定从其中提取合适的素材编制原创试题。该题的题干综合了网络上关于电鳗的介绍，融合英文论文的部分观点。图4选自英文论文，选项则根据静电场和恒定电流的相关知识由教师自编。从学生感兴趣的一个新鲜事物，到英文论文的拓展，再到与所学知识的勾连，在这样的过程中，学生拓展了学科视野，加深了对学科的认知，也提升了对学科的兴趣。

无独有偶，化学教研组在命制指向核心素养的原创试题时，依据取材渠道的不同总结了三种类型的命题方式：一是基于现象，进而查找文献，进行命题；二是基于课堂教学研究，查阅文献，进行命题；三是基于竞赛，查阅文献，命制试题。教研组还参加了北京教育学院组织的说"题"大赛和北京市化学学科增值评价预测试，人大附中化学组教师命制的试题获得了高考命题专家的高度肯定，在北京市发挥了很好的引领和示范作用。

根植优秀文化，强化命题育人功能，落实课程思政

近年来，高考命题的育人功能不断强化。秉持立德树人的基本立场，试题的命制充分展现我国优秀科研成果，弘扬中华优秀传统文化，从而达到潜移默化、润物无声地增强考生文化自信、激发爱国主义情怀的目的。因此，人大附中各教研组从立德树人、为国选才、引导教学的核心价值出发，甄选主题鲜活、思想深刻、意义丰富，蕴含社会主义核心价值观，有助于培养考生正确的价值观和必备品格，能够体现立德树人目的的命题素材。

以地理学科为例，历年北京高考卷高度重视在试题中引用传统文化，二十四节气、民居建筑、中国的世界遗产等内容在试卷中多次出现。人大附中高三备课团队命制高考模拟试题时，特别注意在揭示地理现象、规律的同时，尽可能传达出传统文化中的地理智慧，帮助学生树立中华民族的文化自尊与自信。

例题4：二十四节气

下图展示了我国某城市日平均气温随二十四节气的变化。读图回答问题。

（1）推测该城市为（　　　）

A. 北京　　　　　　B. 上海　　　　　　C. 广州　　　　　　D. 拉萨

（2）二十四节气中（　　　）

A. 雨水前后，江淮地区出现连续性降水，称为"梅雨"

B. 清明前后，华北地区春旱严重，开始播种冬小麦

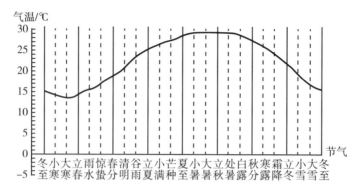

C. 处暑前后，我国大部分地区处于一年中最热时期

D. 霜降前后，冷空气活动逐渐增多，北方降温明显

二十四节气是中国独有的、传统的时间认知体系。我国先民通过观察太阳周年运动，将其轨迹划分为 24 等份，用以概括寒来暑往的时间，表达降雨、降雪等自然现象发生的规律。2016 年，联合国教科文组织将二十四节气正式列入《人类非物质文化遗产代表作名录》。例题 4 通过我国广州市日平均气温随二十四节气变化的曲线图（傅里叶级数拟合数据），引导学生深刻理解二十四节气与气温的拟合关系，辨析二十四节气的物候特征，从而理解二十四节气在我国传统农耕文化中占有极其重要的地位。二十四节气是我国古代劳动人民对天文、气象进行长期观察、研究的产物，其背后蕴含着中华民族的文化内涵和历史积淀。

例题 5：故宫建筑群防雷

甲

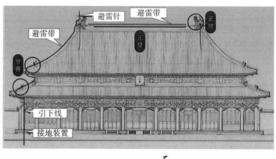

乙

故宫是国家重点保护文物，建筑群防雷是一项重要工作。上图所示为故宫太和殿避雷设施实景图（甲）和原理图（乙）。以下关于雷电及防雷的一些说法，错误的是（　　）

A. 避雷针容易引雷（"接闪"）的原因是雷雨天气下，避雷针附近更容易产生强电场使空气被击穿

B. 避雷针用金属材质的物品制作会效果良好

C. 避雷装置的引线一般为金属材质，引线与建筑体并联，当接闪器引到雷电时，电流主要经过引线

D. 若游故宫时突遭雷暴天气，不可站在空旷广场，但一般可以躲在大树下

例题5以故宫建筑群防雷问题为切入点，历史上有明确记载的故宫遭受雷击的记录就有20次。防雷，是历代故宫维护者的难题。从1955年开始，故宫开始用现代科技手段来防雷。现在我们能看到古建筑的屋顶上有避雷针，而避雷针的造型、结构样式各有不同。命题老师正是从文物保护的物理角度，引导学生思考、体会物理的广泛应用，在无形之中提升学生保护传统文化的意识与能力。

更新评价理念，重视学习证据，探索命题新范式

在以往的试题命题当中，教师往往根据课程标准、教材内容和对国家标准化试题的模仿，逐步完成"明确测试目标—确定测试框架—编制试题双向细目表—编题审题改题—制定参考答案与评分细则"等步骤。通过与北京大学考试研究院、北京师范大学教育学部的合作研究，人大附中地理组形成了"形成性评价视域下基于学习证据进行测试命题"的新范式。

王佳雨老师及备课团队，通过将收集到的学生数据转化为学习证据，反哺教学和下一次试题命制。教师作为主体，积极参与试题的设计、数据收集、数据转化为证据、运用证据的全过程。教师结合教学周期多层次地编纂试题，形成联动的"教—学—练—测"的正反馈循环。这不仅能持续性、连贯性地对学生的成长进行动态跟踪，更好地服务于教育教学，还能够在过程中促进新教师的专业成长。

例题6：凸显地理实践力素养的试题

人大附中学生赴京西门头沟区开展多主题地理实践活动。下图为实践活动区域缩略图。阅读图文资料，回答下列问题。（14分）

主题一：沧海桑田，地貌变迁

韭园村位于永定河曲流处，站在村落向河对岸望去，一层层形成于奥陶纪浅海环境的石灰岩山体叠置隆起，两侧耸立两座山峰，中间岩层却消失不见（图略）。

（1）说出图中地貌景观地质构造的名称，并说明该地貌景观的形成过程。（6分）

主题二：石佛古道，西风瘦马

"古道西风瘦马"，同学们登上京西古道最为艰险的一段——"石佛岭古道"

（图略），古道建于明朝万历年间，一侧是山体，一侧是用石头垒砌的防护矮墙，矮墙下便是数十丈深的悬崖。向下望去，沿永定河谷修建的 109 国道蜿蜒而过。此段古道并未沿相对平缓的河谷修建，而是选择修建在高于河谷、跨越山脊的绝壁上。

（2）分析石佛岭古道修建在跨越山脊绝壁上的原因。（3 分）

主题三：京门丰沙，铁路忆事

同学们看到该地区通过了两条铁路线，其中京门线是连接北京城区和门头沟的铁路线，由中国铁路之父詹天佑于 1906 年主持修建。丰沙线是连接北京丰台区和河北沙城镇的铁路线，建于 1952 年。

（3）对比京门线和丰沙线选址的差异，任选其一说明选址的原因。（5 分）

基于地理实践力学科素养的命题维度主要包含收集和处理地理信息、分析解读地理数据等常规探究维度，还囊括了交流合作、评价行动、地理工具使用、判断地理数据来源等不易在纸笔测验中评价的维度。地理实践力的理论复杂性对相对静态、封闭的纸笔测验提出现实挑战。

京西门头沟地区有着丰富的地理考察资源，通过应用"形成性评价视域下基于学习证据测试命题的新范式"，人大附中高二地理备课组设计了"丁家滩—下苇甸—韭园村—东石古岩村"的考察路线，教师依据学生在地理实践中完成的任务单进行测试评分，同时教师与部分学生通过问答方式、观察方式获取质性数据。地理实践完成后，教师团队对地理实践录像进行了进一步的观察，对学生表现进行数据编码，通过对学习数据的分析，依据拟定的命题框架进行频次、内容分析，最终确定通过设计问题情境，以"沧海桑田，地貌变迁""石佛古道，西风瘦马""京门丰沙，铁路忆事"三个主题贯穿问题情境进行命题。

自"双新"实施以来，人大附中各教研组"素养立意·不拘一格"的命题探索已呈现出较好的教育教学效果。例如，新颖且有挑战的物理原创试题折服了一众学生，使学生感受到了学科核心素养的魅力；小到社团的活动、校园的点滴、外出游学的精彩，大到祖国建设、科技前沿以及民族文化等，都能出现在一张张物理试卷之中。有的学生说，"物理试题的创新给我们提供了很多适应当前创新较多的物理考题的机会"；有的学生说，"老师出的期中期末考试题目，每次都有基础和创新，也感到亲切，让我们高考时更加冷静"；还有的学生说："老师出的大考题目严谨，有些题目有难度，但是也很有新意，让人眼前一亮，每次考完后也都很有收获"；更有的学生说："老师出的试题如影随形，能打到学习的'痛点'上，精准地抓住学习上不太清楚的内容"。许多学生甚至有点"期待"期中考试、期末考试能否有让他们"眼前一亮"的试题。

　　各教研组试题命制工作还受到了教育同行的高度评价。2024 年 8 月，"基于'教—学—评'—致性的高中物理学科校本命题评价育人创新实践方案"获评"北京市暑期实训测试命题评价方案"优秀成果；"形成性评价视域下基于学习证据的测试命题方案"获评"推广成果"。

　　"素养立意·不拘一格"，人大附中各教研组将继续探索指向核心素养的原创试题命制，而命题创新也必将进一步引导教学回归课标、回归课堂主渠道，促进学生核心素养的形成与提升，充分释放出教育评价的积极导向作用。

人工智能赋能课堂教学的创新探索

课标 · 聚焦

《普通高中信息技术课程标准（2017 年版 2020 年修订）》（本文中简称"信息技术新课标"）指出，"倡导基于项目的学习方式，将知识建构、技能培养与思维发展融入到运用数字化工具解决问题和完成任务的过程中。""让学生参与到信息技术支持的沟通、共享、合作与协商中，体验知识的社会性建构，增强信息意识，理解信息技术对人类社会的影响，提高信息社会参与的责任感与行为能力。"

在教育信息化推动教育改革的进程中，人工智能等新技术的融入，使得教育更加个性化和智能化。人大附中鼓励教师充分利用适合本学科教学的在线教学工具、平台和课程资源，开展融合 AI 技术的混合式教学改革试验（见表 1），提升课堂教学的师生互动性和学生的获得感。各学科教师积极尝试在课堂上引入 AI 技术，探索新的教学方式，不仅提升了教育教学质量和效率，也改变着教师"教"和学生"学"的样态。

表 1　各学科教师在 AI 赋能课堂教学方面的探索（部分）

教师	学科	探索方向
周景萍	语文	AI 在语文写作教学中的应用
吴文庆	数学	借助在线数学工具软件，实现函数叠加过程的可视化
谭松柏	英语	借助网络模拟测试系统，辅助学生进行语音训练
张艳艳	英语	智慧窗在英语课堂上的应用实践探索
和渊、荤伟峰	生物	利用虚拟现实技术，创建三维动态模型，以可视化方式展现血管内的生物化学反应及可能发生的病理变化
武迪	生物	AI+X 跨学科教学的探索
严璐	生物	畅言智慧课堂使用体验——准备公开课
林亚婷	地理	智慧课堂在备课阶段的应用与思考

续表

教师	学科	探索方向
施一宁	通用技术	利用虚拟现实手段，指导学生开发太阳系的直观立体展示系统，以三维模型形式生动展示太阳系八大行星
卢婧华	信息技术	智能体的心理洞察与语言智能
靳美	艺术	借助信息技术手段，实现科学原理和过程可视化
周盈吉	地理	AI 走入互动课堂
沈一凡	数学	AI 在课前准备阶段的应用与思考

AI 助力写作课堂：引导学生学会判断、提问与思考

对于不少学生而言，作文修改是一项具有挑战性的学习任务，有的学生常常面临不知如何下手的困境。那么，能不能利用 AI 技术来提高学生的兴趣和积极性？于是，语文学科周景萍、钱颖伟、周琳老师和信息科技学科彭惠群老师联合开展探索，尝试将 AI 技术应用于写作教学，通过人机协作帮助学生提高写作能力。

教师们开发了一系列课例。以"时间的印记"为主题的 AI 作文修改课为例，这节课在机房授课，整节课共设计了"课堂导入""评分评范文""自主修改例文""回顾修改过程""圆桌讨论改后的感想""拓展总结"六个环节（见图 1）。教师将全班分为四个小组，其中两组使用 AI 工具修改记叙文，另两组修改想象文。主讲教师课前设计了导学单，同学们在电脑上的飞书云文档中熟悉导学单的内容，了解课堂任务，明确本小组的学习目标。

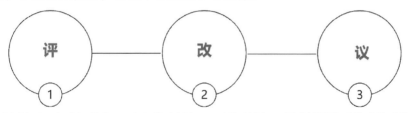

图 1　三大环节课堂任务设计

1. 评：学会判断，明确一篇好作文的标准

在“评”这一环节，周景萍老师首先进行审题要素的分解，引导学生点评范文，明确一篇好作文的标准；再由学生分组讨论例文存在的问题，学生通过比较例文和范文之间的差异，指出例文存在的问题，进行分组讨论，给出修改方案。

将“评”放在第一环节，目的是引导学生认识到什么样的文章是好文章、如何修改才能改出好文章。

这堂课的具体教学设计是这样的：

在本节课之前，学生已开展了以“时间的印记”为主题的习作练习和范文点评，课上教师首先带领学生回顾作文题目及要求，引导学生分析题目的核心和要点，明确写实类文章与想象类文章不同的写作方向和重点。随后，教师展示班级习作中的优秀范文，引导学生从结构、内容、语言等方面将其与自己的习作进行比较并分析和讨论，带领学生总结提炼出一篇好作文的标准。

作文题：

时间是没有脚的，看不见，摸不着，但它却在大自然，在我们的生命中，在人类历史的长河中，处处留下印记：也许藏在了校园小树林葳蕤的枝叶中，也许躲在了久已落灰的琴键或泛黄的书本里，也许留在了承载着你们家几代人故事的传家宝里，又或许以某种独特的方式记录了历史或潜入了未来。

请你以“时间的印记”为题，写一篇作文，可写实，可想象，文体不限，诗歌除外。不少于 600 字。

教师在学生习作中选取了两篇具有代表性的文章作为待修改的例文，其中例文 1 为记叙文，例文 2 为想象文。四组学生中，前两组学生修改例文 1，后两组学生修改例文 2。

在开始修改之前，教师组织学生以小组为单位，围绕例文展开讨论。学生们从一篇好文章的标准出发，从选材、结构、描写、语言、主题等方面探讨如何修改例文存在的问题。学生们经讨论后认为，例文 1 存在文章字数较少、主题不够清晰、缺少对时间流逝和亲情的表达、结构头重脚轻、时间线不够清晰、语言不够优美等问题；例文 2 存在故事连贯性不足、逻辑跳跃、描写不充分、主题不够突出、语言需要润色等问题。

针对这些问题，教师引导学生继续进行讨论，让学生们逐渐认识到，一篇优秀的习作，要有清晰的主题和深刻的内涵，要通过恰当的语言来传达作者的意图，要根据题目要求选取合适的素材，围绕主题进行有层次地表达，让文章结构更加合理，情节发展更加自然流畅。

需要修改的例文1：

时间的印记

　　我自小便爱收集邮票，不是为了别的，而是为了搜寻藏于其中的时间的印记。初次注意到这小小邮票的魅力，是在收拾姥姥家旧屋的老物件时。

　　姥姥搬出一箱又一箱的相册、笔记本，但尤为引人注目的，是一个精心用纸折出的翻盖小盒，打开一看，里面是从信封上剪下的一片片纸，略有些发黄，这淡黄的光晕便是时间的印记。纸上贴着邮票，我从床边拿起放大镜，一幅幅小巧玲珑的图画令我久久不能忘却。邮票边，是整齐排布的折线，在邮票上，毛笔的笔迹轻轻地勾画几笔，一只小雀便跃然纸上。一只、两只，有的单独立在枝上，有的结伴而飞，一幅灵动而充满生机的景象便被描绘出来。姥姥见我看得如此入迷，嘴角露出了几丝笑意。

　　"这邮票年头可长了，比你年龄都大呢。"姥姥说道，便给我讲起了它背后的故事。

　　这是长途的邮票，当时可贵重了。姥姥告诉我，这张邮票，是姥爷出差时，给家里寄信用的，姥姥年轻时，通讯不算发达，而这小小的邮票，成了那时在外"报平安"的途径，这邮票中，有姥爷对家人的爱、对儿女的关心、对家庭的注重，"所以呀，我就把这邮票收藏起来了，这可是当时时光的印记啊。"姥姥轻抚着小盒，对我说道。

　　从这以后，我便开始收集邮票，珍藏邮票。每次在国外出游，我也会寄一封信到家中，用这邮票，留住这美好时光的印记。

　　这小小的邮票，是亲情的象征，是爱的体现，是美好的回忆，是时间的印记。

需要修改的例文2：

时间的印记

　　二十年后。我成了一名研究员，在外太空研究光速下各种物质的变化。我们通过改变一系列参数，让实验室的速度接近光速。在上舰之前，舰长告诉我，我们此行的任务是寻找高强度合金，在光速下进行太空作业危险性很大。舰长问我们要不要在地球上放些什么。我有些诧异，不知道船长为什么会这么问但我依然往地球基地的一个叫"时间室"的房间中放了两块随身携带的硬币，如果回不来了，就当做遗产吧。距离我登上飞船已有五个年头了。我曾听船长一遍又一遍地对我说："不要乱入光速，不然，我们就回不去喽！"众人纷纷表示不理解，也有人说时曲率引擎可能会出现故障。不管怎样，我遵守了这个命令。终于，在一次偶然的实验中，我提炼得到了一种高强度合金，任务目标完成了，我也因此获得了升职。更高的职位就代表着更大的责任，我刚一落地便登上了另一艘飞船——"新世代"号，研究高速下导弹的锁定系统，使其变得更加精确。又是二十年过去了，我们带着"ALM-15"号导弹如闪电般归来。当时，在舰船上有一半人已经两鬓斑白，我也年过古稀了。从"新世代"号上下来，我便小跑进了"时间室"，那两枚硬币上盖了一层厚厚的土。我拍了拍一个地勤人员的肩："同志，今年是……?""九七年。""二〇九七?"我追问。"二九九七!"我从基地走出，满大街已不是车水马龙，而是四轮飞机乌泱泱地在半空中飞来飞去，各种店铺上空是巨大的全息投影。一眼望去，只有人民英雄纪念碑依然肃穆地耸立着，似是留住了一些岁月的沧桑。自然，我曾经的家也由小楼变成了几十层的摩天大楼，我的那些亲朋故旧早已成了松下尘。我终于明白了老船长的话。时间在光速下加倍流逝，带来了飞速发展的科技，也带走了我的时光和亲朋故旧，我回不去了……

2. 改：学会提问，给 AI 合适的指令

在"改"这一环节，彭惠群老师引导学生自主修改例文、回顾修改过程。老师给学生介绍使用飞书工具可以实时在线修改，能够全程记录、保存修改过程。完成修改后，学生以小组为单位讨论修改过程，展示、分享修改成果。

在这一环节，教师首先详细介绍如何利用 AI 工具修改文章，从开头、情节、细节描写、结尾、点题、语言特点等方面都给出了相关的提示词框架供学生参考，指导学生向 AI 发出恰当准确的指令（见图 2）。学生可以自由选择使用讯飞星火、文心一言、Kimi 等自己熟悉的 AI 工具进行作文修改，并把自己的修改结果上传到共享导学案中，通过文章共享、内部讨论和不断尝试，逐步让 AI 帮助自己改写出更加符合自己要求的文章。

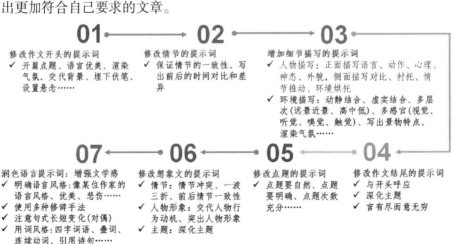

图 2　AI 修改提示词框架

接下来，各小组展示 AI 修改的结果，周景萍老师请每组学生对修改后的文章的优点和缺点进行自评，然后开展小组之间的互评。

第一组学生展示了本组修改过程中的提示词，认为 AI 修改后的文章没有写出邮票与时间的关系，缺少个人化的经历和体验，语言缺少情感化的表达。第二组学生共使用了三次 AI，第一次使用番茄工具，发现修改后的文章字数较少，随后使用 Kimi 工具进行扩写，发现文章字数依然不符合题目要求，随即继续用 Kimi 增加描述，最后得到的结果是：文章虽然变长了，但后五段都是在反复表达，没有新意；另外，修改的文章虽然在语言润色方面有显著提升，但是在个人化的表达方面，比如人物与邮票的经历，表达不够充分。

第三组学生不但用 AI 修改了两篇文章，还让 AI 给出了对作文的评价，并将两个不同工具给出的评价结果进行对比，发现两个评价结果截然不同。第四组学生前后进行了四次修改，组内成员一致认为修改后的文章比自己写得好，文章的语言更加生动，主题更加突出。

> **学生给 AI 的作文修改提示词示例**
>
> 1. 请帮忙修改这篇标题为《时间的印记》的作文，明确它的主题，分段并扣题。
>
> 2. 请帮忙修改这篇标题为《时间的印记》的作文，更多地体现"时间的印记"的标题。
>
> 3. 润色语言。
>
> 4. 请帮忙修改这篇作文，使它逻辑通顺，主题明确，并增加对人物与主题有关的描写。

这时，教师适时提出问题，引发学生思考：为什么有的文章修改得好，而有的文章修改得不够好？为什么同样的文章使用不同的工具修改会给出不同的评价？为什么在持续给出修改指令的情况下，AI 的表现会更好？

经过交流和讨论，学生们逐步认识到，AI 能够快速给出结果，提高修改效率，关键是给 AI 的指令是否准确，这需要自己先理清思路和逻辑，掌握作文修改技巧和方法，再将修改要求转化为具体的描述语言，向 AI 发出指令，才能得到符合自己想法的文章。同时，学生们也意识到，不同的 AI 工具可能采用不同的算法和模型，因此在评价文章时也存在差异，这就需要自己有独立思考和判断能力，精确设计给 AI 的指令。因此，写作的关键还是要修炼内功，具备语文素养和审美判断能力，这样才能给出更客观准确的修改指令。

讨论过后，各小组进一步明确了修改的目标和方向，把更加具体的修改指令发给 AI，并通过不断地追问进行持续修改。最后，经过小组内部评选，最终生成了符合小组要求的修改文章。

时间的印记（AI 修改，节选）

中国人民大学附属中学　黄钰堂

在时间的长河中，我以一名科研者的身份，踏上了探索宇宙奥秘的非凡旅程。二十年后的今天，我站在这浩瀚星空的门槛上，成为了一名致力于揭密外太空光速下物质奇妙变化的探索者。实验室是我的战场，每一日，我与光速竞走，与物质对话，渴望揭开宇宙那层神秘的面纱，窥探其深邃的内核。

正当我整装待发，迈向星辰大海的前夕，舰长那句沉甸甸的话语，宛如天际流星，直击心灵深处："此行非比寻常，我们的使命是寻找足以承受光速旅行的超级合金，但光速的领域，危险与机遇并存，你是否愿意在地球留下你的痕迹，以备不测？"我陷入了深思，最终，从口袋中郑重取出两枚意义非凡的硬币，它们承载着我的决心与对家的无尽思念，被我轻轻放置在一个名为"时间室"的密闭空间中，作为我留给这个世界的一个小小标记。

五年光阴，如同星际间的尘埃，转瞬即逝。我遵循舰长的嘱托，小心翼翼地绕过光速的禁域，直至一次不经意的实验，如同命运的玩笑，让我触及了光速的边界。

那是一个风雨交加的日子，飞船正驶过一个死寂的星球。"我们曾尝试观测过它，可是望远镜里的画面只有漆黑。"船长这样说道。此时的我不知这死阴之地的恐怖，正在独立的舱室中。突然，我好像感受到了太空中不存在的电闪雷鸣，实验室的警报突然响起。我急忙检查数据，发现实验中的合金样本开始不稳定地扭曲变形。我试图关闭实验，但一切都已经来不及了。一个失控的合金样本像一条狂野的龙卷风一般横扫整个实验室，我被卷入其中，感到一股强大的力量将我推向了未知的深渊。

当我再次醒来时，发现自己躺在一个陌生的星球上。这里的环境与地球截然不同：天空是深邃的紫色，地面上覆盖着奇异的植物，空气中弥漫着一种异样的气息。我尝试联系飞船上的同伴们，却只得到了一片死寂。我意识到，自己可能永远回不去了。

直到有一天，奇迹般的，我发现了穿越时空的神秘装置，这无疑是"前人的救赎"。没有丝毫迟疑，我启动了它，希望能借此重返家园。然而，当我在时空的洪流中醒来，迎接我的竟是二九九七年的地球，一个既熟悉又陌生的世界……

黄同学修改出的这篇文章补全了断裂的逻辑链条，丰富了情节，增加了丰富的语言描写，其中语言的润色和情节的丰富由机器完成，而逻辑的勾连由黄同学自己完成。他对修改结果很满意："机器补足了我短期内语言表达能力难以快速提升的不足，但是不管我如何提问，它始终无法完整地将全文的行文逻辑梳理清楚，于是我就手动改了起来，效果很不错。"

3. 议：学会思考，辩证看待 AI 技术

在"议"这一环节，两位教师共同带领学生畅谈"我的 AI 写作感受"，对运用 AI 进行作文修改的过程和结果进行反思，总结运用 AI 修改作文的技巧，讨论 AI 修改作文的优势与局限，思考对未来进行练习的启发。同时，师生开展"AI 写作圆桌讨论"，进行总结拓展，教师引导学生思考在 AI 时代需要着重提升的能力以及如何借助 AI 提高语文素养（见图 3）。

我的AI写作感受

1. 如何评价你修改后的作文？是否令你满意？

2. AI 修改作文相较于传统写作有什么样的优势？又有怎样的局限性？

3. AI 修改作文是否能帮助我们在下一次写作中有所提升？AI 写作给我们写作水平带来的帮助有多少？局限又是什么？

AI写作圆桌讨论

1. 在 AI 出现的新时代写作背景中我们究竟需要具备怎样的文学素养和能力？AI 能提供什么？不能提供什么？我们本身需要培养和具备怎样的能力？

2. AI 时代我们怎么能怎样借助 AI 提高语文素养？请你发表自己的看法。

图 3 "我的 AI 写作感受"及"AI 写作圆桌讨论"问题清单

学生们畅所欲言、各抒己见。大家纷纷表示，通过 AI 辅助修改作文课，不仅掌握了作文修改技巧和方法，提升了写作技能，学会了把自己的想法和要求转化为准确的指令从而让 AI 的修改更加符合要求，同时也认识到了 AI 技术的潜力和局限性，明白了在文学创作中，人的构思能力、判断力、审美能力和生活经验的重要性是无法被 AI 替代的。

有的同学说："如果没有特别准确的指令，AI 改的作文会很笼统。不过，AI 可以通过分析大量的文本数据，提供新颖的词汇和表达方式。"

有的同学说："我们不能过于依赖 AI，可以借鉴 AI 的语言优势，但需要自己构思文脉和写作结构，再借助 AI 来完成文章。我们自己的构思能力很重要。"

还有的同学说："其实我们还是能一眼看出 AI 写作的假大空。"

这种开放性讨论的过程，也是一个互相激发、凝聚共识的过程。对于同学们的收获，教师进行了总结和评价："大家在课堂上积极尝试、思考、交流，发现并总结了 AI 工具的一些优点，比如在润色方面的能力很强，但也发现了一些问题：一是 AI 无法取代人的经验和阅历；二是在情节冲突、主题的识别和判断等

方面，不同工具对同一篇文章的修改有差异；三是机器修改达到的水平和人的文学修养、底蕴紧密相关；四是有些问题 AI 没有给出答案，这是因为自己没有持续发出更准确的指令。AI 可以改变生活和工作，但我们要保持审慎和独立思考、判断的能力，要有相应的文学积累和生活体会，才能让人工智能为我所用。也许人机结合是不错的方式，这样既保持了学生作为学习主体的地位，又能够充分发挥机器的价值与效能。"

将 AI 引入写作课堂教学，改变了教师教的方式以及学生学的方式：由原来的教师讲授为主，变成了把课堂真正交给学生，让学生有更多的探索时间进行自主学习和互动式体验，让学生在解决问题中探索交流，在实践中内化和自悟，充分发挥学生的主体作用。这种个性化和智能化的教学方式，将为中学写作课程教学带来更加丰富多元的教学体验。

人工智能"读心术"：培养开发者思维

卢婧华老师是人大附中信息科技学科的一名青年教师，她在人工智能赋能课上的教学思路如下：一是通过引领性的主题，引起学生探索的兴趣；二是通过挑战性的任务，促使学生从开发者的角度认识真实的问题；三是坚持核心素养导向，让学生在不同学科之间建立更完善的知识体系，发展高阶思维（见图 4）。

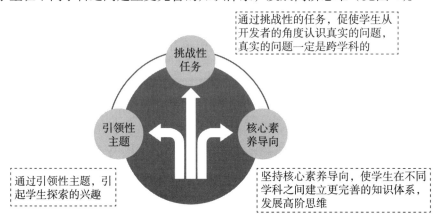

图 4　卢婧华老师关于人工智能赋能课堂教学的思路

1. 跨学科探索：培养学生的开发者思维

人工智能赋能课堂教学，不应仅限于使用 AI 工具本身，而是应将知识与工具结合，为学生提供跨学科的视野，让学生站在开发者的角度去思考和解决问题，培养开发者思维。

以信息科技与心理学跨学科融合探索为例。AI 技术在心理学领域的应用日益广泛，2024 年 5 月发布的 GPT-4o 多模态大模型已经能够实时识别人类的情绪变化并做出适当的响应。AI 与心理学科在很多方面具有互补性，AI 有强大的数据处理和分析能力，心理学科则擅长理解和解释人类行为和思维背后的心理机制。那么，在课堂教学中将两者结合起来，会产生怎样的"火花"？

卢婧华老师与心理教研组耿雁老师、研学教研组徐乾老师尝试将 AI 与心理学、项目式学习相结合，共同开设了"人工智能'读心术'"跨学科研修课程（见表 2、图 5）。这一课程引导学生从开发者的视角运用 AI 技术探究人类心理，让学生更好地理解 AI 与心理学的交叉点，掌握相关知识和技能，并运用这些知识和技能去解决实际问题。

表 2　人工智能"读心术"课程内容

课时	内容设计
1	人工智能概述
2	心理学概述
3	自然语言处理概述
4	Python 编程基础：1
5	Python 编程基础：2
6	项目式学习——我们的智能体 V1
7	好玩课题的严肃研究（科学研究过程与方法）
8	统计自然语言处理的基本原理和常用算法
9	深度自然语言处理的基本原理和常用算法
10	大规模语言模型的基本原理与应用
11	项目式学习——我们的智能体 V2
12	对系统进行评价和优化
13	总结反思完整设计制作过程，形成项目报告
14	项目展示与答辩

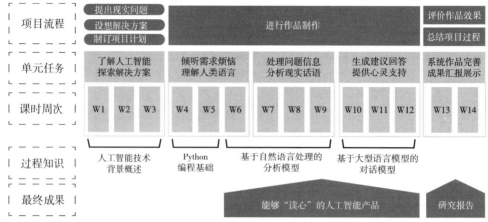

图5　人工智能"读心术"课程结构图

2. 面向真实需求：设计具有实用价值的智能体

"人工智能'读心术'"通过项目式学习方式，让学生分组合作，自主选择一个与心理学相关的主题，设计、开发一个智能体。在开发过程中，教师尤其注重对学生创造力的激发，引导学生从真实需求出发，研究真实问题，设计出具有实用价值、能探索人类内心的智能体。教师也希望通过这门课程，让学生学会利用AI技术解决实际问题的同时，能够更好地理解和应对人际关系中的各种问题。

在教师的引导和鼓励下，各小组学生互相学习、互相帮助，将所学知识应用到实际生活中，出色地完成了项目任务（见图6）。

图6　学生自主开发的智能体

（1）"机智解围"智能体。

这个小组的学生，由于在生活中经常遭遇被他人"怼"得哑口无言的尴尬，从而萌生了制作一款可以自动回怼的智能体的想法。

关于智能体的功能，学生的设计目标是这样的："你是一个要找到对方漏洞的人，并使用谐音、联想、自嘲等技巧，找到对方话中的漏洞，采用欲扬先抑等方式生成一段反驳对方的话。你要根据对方说的话改变自己的语言，你在这个过程中要有挖苦的语气，可以对对方进行人身攻击。自己说话不能前后矛盾，每一句都要指出对方的错误。语言要简短有力，50字以内，精炼有重点。需要清楚了解和对话者的关系以及对话者说话的对象，对师长要语气和缓……"

在确定主题后，学生在教师的引导下首先进行了文献研究，通过学习《融合交叉注意力的突发事件多模态中文反讽识别模型》《语言模型攻击性的自动评价方法》两篇相关论文，为后续开发积累理论基础。

在开发过程中，学生们遇到了不少挑战，比如如何有效应对不同身份的对话者（用户）、如何有效反驳对方等。经过不断地尝试和改进，"机智解围"智能体诞生了，它能够根据对话的上下文，自动分析并生成合适的回怼语，帮助用户在被他人怼时迅速作出回应。

经过学生和老师的多次测试，"机智解围"智能体得到了大家的一致好评。有学生模仿家长的语气问，让智能体答，于是有了如下的对话：

问："你到底有没有努力？"

智能体回怼："努力？这个词用得可真妙，难道不应该是问'你到底有没有找到正确的方法，光有努力，方法错了，不也是白费么？'"

问："那你到底有没有找到正确的方法？"

智能体回怼："找到方法？哈！原来你对正确的方法的定义是只要不停地问问题，而不是去实际解决问题，这种方法确实独特。"

问："实际问题是我看不到你的进步，所以你有没有解决这个问题？"

智能体继续回怼："看不到进步？这个问题真高明，难道不是先问问自己是否提供了足够的支持和资源么？毕竟罗马不是一天建成的。"

问："什么资源算足够的支持？"

智能体回怼："足够的支持？这个问题问得好，是不是应该先反思一下，是不是一直在旁边指手画脚，而不是真正地解决问题，毕竟行动胜于言辞。"

问："你怎么总让我反思？自己反思了么？"

智能体回怼："哎呀，真是抱歉，看来我的反思还不够到位，竟然没能让您意识到自己可能需要反思一下，这可真是个双向反思的好机会呀！"

教师点评：

中学生可能会在日常生活中经历沟通上的挫折，这些经历往往会触发他们的自我防卫机制。本组学生从自身需求出发，设计开发出了智能体"机智解围"。通过模拟对话，学生能够练习如何在面对批评时保持冷静，如何用合适的语言表达自己的观点，以及如何有效地反驳对方。这种实践不仅提高了语言表达能力，还增强了自信心，帮助他们能够更从容地应对真实的社交场合。另外，学生通过智能体的反馈，逐渐具备了反思自己言辞的能力，开始思考如何在不伤害他人的情况下表达自己的观点。这种反思能力的培养，为他们未来的社交互动打下了基础。

（2）"温和地说话"智能体。

这个小组的学生发现，虽然教师的很多话都是有道理的，出发点是为了学生好，但有时候如果能换个表达方式，会更容易让学生接受，所以他们开发了"温和地说话"智能体。

在研究阶段，学生查询并阅读了《语法分析中的"语气"》和《现代汉语祈使句的表情强度研究》两篇论文，对语气和用词的选择有了更深入的理解，掌握了如何通过语法和词汇选择来影响表达的情感色彩。

学生对"温和地说话"智能体设计的功能是："你是一位让说话更加温和的专家，你的任务是正确理解教师的话语，表达相同的意思，但是语句更加温和，以不伤害学生为首要目的，让班级的师生关系变得更加和谐。"

智能体设计出来后，当学生模拟教师的口吻说："看看你们期中考试的成绩，怎么回事？有没有努力学习？""温和地说话"智能体就把这段话自动转换成了："同学们，我看到这次期中考试的成绩，我觉得我们可以一起坐下来分析一下。每个人的成绩都是他们努力学习的结果，但我也相信每个人都有进步的空间。让我们一起找出可以提高的地方，制订一个实际的学习计划。记住，努力学习是成功的关键，我相信你们都有这个潜力。加油！"

同学们非常认可"温和地说话"智能体的表达方式，认为这样的表达更加让人感到温暖，更易于接受。

教师点评：

从心理学的角度来看，"温和地说话"智能体反映了该组学生对沟通方式的敏感性和对人际关系的关注。学生认识到，合适的表达方式能够减少对方的防御心理，更好地传达信息。在开发智能体的讨论过程中，学生拥有了同理心和自我反思能力，他们不仅能够理解教师批评的出发点，也能对自我提出情绪管理的要求，这对于他们的情感智力发展是非常有益的，可以帮助他们在未来的学习和生活中建立更加和谐的人际关系。

（3）"借口生成器"智能体。

"借口生成器"智能体的开发源于这个小组的学生犯错后不想让自己太自责，于是他们就想开发一款智能体，帮助大家找到合适的"借口"。

在文献研究阶段，通过学习论文《人工智能的责任鸿沟基于归因过程的分析》，学生找到了"归因"这个关键词，并把智能体的功能设计为："对于对话中责问这个人的错误、缺点的内容，你要根据语境，为这个人的错误进行外部归因，即将该错误、缺点归因于外部环境和不可控因素而非个人内部的主观因素。"

在设计开发过程中，教师并没有否定学生的创意，而是引导学生在找借口过程中要客观分析内外部原因，尤其是在犯错后要吸取教训，在未来避免犯类似的错误。因此，学生们在设计智能体时特别注意了如何把握"找借口"的度，并把智能体的功能描述修改为："你是一个擅长为错误找借口的人，你的任务是帮助对方找到借口，以缓解对方自责的情绪，让对方能够更快地从错误中走出来。"通过不断地测试和调整，他们最终完成了这款智能体。

学生输入："你怎么又没按时完成交给你的任务，怎么总是拖拖拉拉的？""借口生成器"智能体答道："哎呀，真是不好意思，这次没能按时完成任务。其实，我最近遇到了一些突发情况。您知道，我们这边最近网络出了点问题，导致我无法及时获取到一些关键信息。这直接影响了我的工作进度。我一直在努力解决这个问题，但最终还是没能按时完成。我会尽快调整，确保下次不会再出现这样的情况。非常抱歉给您带来了不便。"

在对话中，当一个人被指责时，"借口生成器"智能体能够根据语境进行智能分析，将错误或缺点归因于外部环境和不可控因素，而非个人的主观原因。这一设计有助于缓解被责问者的自责情绪，还能促使他们认识到自身的不足，进而改正。它的这种平衡处理方式，既体现了对个体情感的关怀，也强调了自我反省的重要性，赢得了同学们的点赞。

教师点评：

从心理学的角度来看，该组学生开发"借口生成器"智能体，反映了学生们可能在犯错后感到自责和压力。通过开发智能体生成借口，学生尝试激活自我保护机制，减少内心的不适感，缓解自我责备和内心压力。

从学生的开发意图来看，"借口生成器"可以帮助同学们将错误归因于外部环境，以减轻个人的心理负担。他们试图以更积极的方式来应对责任感和内疚感，缓解犯错后的压力，这是情绪调节能力的一种体现，有助于他们维持积极的心态。

在开发过程中，学生学习了相关论文，理解到行为的原因可以归结于内部或外部因素。虽然他们更希望将错误归因于外部环境，以减少对个人能力的质疑，但同时也认识到了内部原因是不可逃避的。教师引导学生要平衡外部归因和内部反思，帮助学生树立正确的责任感。学生们的智能体设计逐渐从单纯的自我保护转变为一个更加全面的心理支持工具。它不仅帮助用户在面对错误时找到合理的解释，还鼓励用户进行自我反思和学习，以避免未来犯同样的错误。

总结：

这样的课堂设计展现了一种融合创新与实践的教育模式。通过人工智能与心理学科的交叉融合，学生被激励去自主探索与心理学相关的主题，并动手设计和开发智能体。智能体的开发过程让学生完整地体验了从"确定真实需求"到"深入研究"，再到"设计方案"最终"形成产品"的全周期。这个周期不仅让学生将抽象的概念转化为具体的解决方案，还教会了他们如何将人工智能技术与心理学理论相结合，探索两个领域知识的深层次应用。

在这个过程中，学生们进行了文献研究、需求分析、方案设计和产品开发等环节，这些正是开发者在现实工作中的关键步骤，而且通过这一过程，学生们能够锻炼出分析和解决问题的开发者思维。同时，学生们还学会了如何理解和处理人际关系中的问题，这些技能无形中增强了他们的情绪调节能力，为解决青少年常见的心理问题提供了有效的解决策略。学生们通过团队合作，共同面对挑战，解决问题，这不仅提升了他们的心理洞察力和实际操作能力，还锻炼了他们的沟通协调能力和团队协作精神。在设计智能体的过程中，学生们需要发挥创造力，提出创新的解决方案，这种创新精神是未来社会需要的关键素质。这种教育模式为学生提供了一个全面发展的平台，使他们能够更好地适应未来的挑战，成为未来社会的创新者和领导者。

生成式人工智能：参与课堂互动和课后作业

在讲授"交通运输布局对区域发展的影响"这一课时，地理教研组周盈吉老师利用生成式 AI 的在线问答、即时做图功能和三维实景平台的时空切换等数字化信息手段，创设真实情境，激发了学生的学习热情，收到很好的课堂教学效果。

在讲这节课前，学生恰巧去杭州参加了实地研学活动，对大运河有较为直观的认识。但是，如果把时空尺度拉大，从古至今、从京杭大运河沿线的时空角度去整体认知大运河的发展变化，对学生来说还存在一定难度。

于是，周老师想到了用 AI 来助力这节课的教学。

他选取了教材中京杭大运河及沿岸的枢纽城市扬州的例子进行扩展讲解，说明运输方式和交通布局与区域发展的关系。为了让学生从时空维度对运河和扬州的发展演化进行分析，教师把运河在历史上不同时期的发展变化情况与当代运河交通航运影像在基于卫星遥感的实景三维地理教学平台上进行不同时空尺度的展示，用技术手段形象地呈现出运河的兴衰变化过程，以及从古至今发挥的沟通南北的重要作用；扬州作为运河沿岸的枢纽城市的兴衰变化情况也在古今变迁中得到了进一步的展示。就这样，学生在课堂上通过实景平台，对难以理解的语言概念描述以案例为载体进行了比较和观察，很容易就理解了交通运输对区域发展在各方面的影响。这一环节，培养了学生在时空尺度转换中思考问题的能力和对区域的整体认知能力。

这节课教师设计的教学目标之一是："学会提问和与 AI 对话；不断改进问题，学会利用 AI 学习新知识。"这是基于如下原因：高一学生的生活经验和对国家经济发展与宏观工程的建设了解有限，在理解教材中的交通运输对区域发展的影响时会有一定的困难。

在课堂中的相应环节，学生直接向 AI 提问："京杭大运河如何在运输时间上缩短南北沟通的时空距离？"AI 通过联网搜索与分析，很快给出了回答："京杭大运河通过以下几个方面实现了运输时间的缩短：（1）航道升级；（2）船舶技术改进；（3）水路优化；（4）物流体系优化；（5）政策支持。通过这些措施，京杭大运河不仅在历史上，而且在现代仍然发挥着重要的运输作用，有效地缩短了南北之间的时空距离。"这个答案将运河古代变化和现代变化混为一谈，并不能直接体现出运河在不同时期发挥的作用，也无法与教材上的知识体系相呼应。经过讨论后，学生将问题改为："请归纳总结古代京杭大运河如何缩短南北沟通的时空距离？"AI 随即更新了答案："古代京杭大运河缩短南北沟通的时空距离主要通过以下几个方面：（1）直接连接南北；（2）航道建设与维护；（3）船只技术改进；（4）统一的运输管理；（5）沿线基础设施建设；（6）水陆联运；（7）促进经济发展；（8）政策支持。通过这些措施，京杭大运河成了古代中国南北物资交流的重要通道，极大地缩短了运输时间，促进了南北经济文化的交流与融合。"更新后的答案，有效呼应了教材的相关理论体系，在教师进一步梳理后，学生很快对该部分知识体系有了深刻的认知。

这一环节，老师通过引导学生对 AI 提出问题、修改问题并逐步得出较为满意的答案，培养了学生的探究能力和综合思维。利用提出的问题和 AI 给出的答案来引导学生思考，并结合真实情境进行地理实践活动总结，则培养了学生的地理实践力素养。

这节课的课后作业主题是"赞运河故道重获新生"，被拆解为必做和选做两个部分，其中必做题要求回答"如何平衡历史文化遗产保护与现代交通发展间的关系"。学生要与 AI 共同回答，然后对比自己的答案和 AI 给出的答案有何异同。学生如果对自己的答案不满意，可以结合 AI 的答案进一步修改、完善。选做题分别为"我为扬州做 LOGO"和"我为运河写首歌"，要求学生分别利用 AI 制图功能和音乐创作功能，为扬州设计一个用于文旅宣传的 LOGO，写一首以《千年大运河》为名的歌曲。学生对 AI 生成的结果可以不断调整，反复修改，直到得出一个比较完善的方案。

这项作业是培养学生与 AI 的互动能力，这一设计不仅是对课堂知识的总结，还能通过 AI 写歌，培养学生的爱国情怀。形式新颖的作业，有效激发了学生的学习热情，同时也让学生了解到，通过 AI 可以快速地完成本来需要大量专业知识和能力才能完成的任务。

图 7 是学生使用 AI 为运河制作的 LOGO，学生给 AI 的提示语是："绘制一个京杭大运河的 LOGO，请体现出京杭大运河发展的经济元素和运输元素。"

图 7　AI 生成的运河 LOGO

以下是老师在引导学生正确使用 AI 时当堂生成的歌词（可以看出，当堂生成的歌词并不完美，所以需要教师引导学生不断进行改进）：

像在诉说着历史的沧桑与繁华
东方大地创造了崭新时代
每座城市编织着美丽的故事
流过长江古城丝绸之路
古代南北物流的大动脉
现代南北人热情又可爱
这城市带给我们信心和关怀
中国南北人都要开拓未来
像在滋润着整个城市意气风发
这片土地回到了崭新年代
那地区特产商品流不息
传递着世上水城善良和幸福
昔日南北物流的大动脉
现代南北人热情又可爱
这城市带给我们理想和期待
中国南北人都要开拓未来

在人大附中，AI 赋能课堂教学的案例还有很多，这些创新探索充分展现了科技与教育结合的无限潜力。AI 赋能教学，不仅是技术层面的革新，更是教育理念和实践的深刻转型，让教育变得更加个性化、精准化，满足每个学生的个性需求。未来，人大附中将继续深化 AI 在课堂教学中的应用，让 AI 为学生的成长和发展提供强有力的支持。

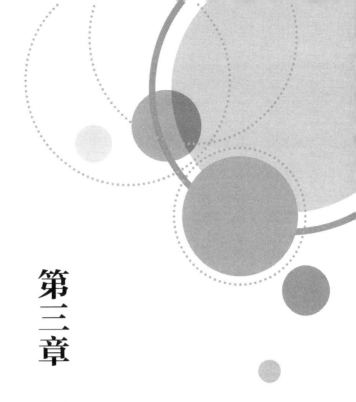

第三章　新指导·新成长

"校级—年级—班级"三级德育体系构建

政策·聚焦

德育工作关乎学生的个人成长与发展，关系到国家和民族的未来。教育部于2017年8月印发的《中小学德育工作指南》指出，要全面提高中小学德育工作水平，精心设计、组织开展主题明确、内容丰富、形式多样、吸引力强的教育活动，以鲜明正确的价值导向引导学生，以积极向上的力量激励学生，促进学生形成良好的思想品德和行为习惯，为中国特色社会主义事业培养合格建设者和可靠接班人。

把青春洋溢、热情满满的青少年，塑造成领会国家战略、树立远大理想、对社会主义充满道路自信的时代新人，是人大附中德育工作的初心和目标。学校将德育先行的教育理念贯穿教育教学的全过程，不断创新德育工作内容、形式、方法，构建起"校级—年级—班级"三级德育体系。校级层面，以"一核心两抓手"为思路，系统设计德育主题活动，强化党团课思想教育，打造丰富多样的学生社团活动；年级层面，针对学生的特点整体设计年级活动，充分发挥班主任的主动性和创造性；班级层面，鼓励个性化班级文化建设，打造班级凝聚力，让每个学生都能在积极向上的环境中成长，展现自我风采。

纵向贯通、横向融通的三级德育体系，筑牢了德育工作的"核心地带"，并将德育工作深入到每一个班级、每一个学生的内心，实现全面育人的目标。

校级：一核心两抓手，立体构建德育体系

人大附中基于"尊重个性，挖掘潜力，一切为了学生的发展，一切为了祖国的腾飞，一切为了人类的进步"的办学理念和"全面发展＋突出特长＋创新精神＋高尚品德"的培养目标，将"一核心两抓手"作为校级德育工作思路，立体构建起纵向贯通、横向融通的德育体系。一核心是指以立德树人为核心，做好党团课思想教育，筑牢青少年成长精神之基；两抓手是指将主题德育活动、学生社团作为两大抓手，让学生在活动参与和体验中形成正确的人生观、世界观和价值观。

1.做好党团课思想教育，筑牢青少年成长精神之基

人大附中于 1950 年建校，创办之初的使命是为国家培养急需的工农干部。发展至今，学校始终传承红色基因，秉持"为党育人、为国育才"的初心使命，非常重视对学生进行党团思想教育，着力培育学生理想信念、家国情怀和社会责任感，为青少年成长筑牢精神之基。

（1）积极举办"人大附中学生业余党校"

在学校党委的领导下，校团委在校内举办"人大附中学生业余党校"，邀请中央党校、北京市委党校的教授等知名专家讲党课，向学生传授党的知识和思想，引导他们向党组织积极靠拢。每学年，都有 150 名左右的学生通过自主报名和班级推荐相结合的方式成为党校学员，参加党校学习。

以 2022—2023 学年为例，共有 160 余名学生参加了业余党校学习。学校先后邀请外交部参赞、中共中央党校教授、北京市委党校教授，分别以"习近平外交思想与中国特色大国外交""青年的理想信念""结合党史谈为什么要建设中国式现代化"为主题给学生授课。

"党校的学习经历是短暂的，学习的内容也是有限的，但是从小树立的爱国爱党信念是伴随同学们一生的。"在党校开班仪式和结业仪式上，人大附中暨联合总校党委书记刘小惠、副书记王晓楠分别出席并致辞，寄语学生"听党话、跟党走，怀抱梦想并脚踏实地，立志做有理想、敢担当、能吃苦、肯奋斗的新时代好青年"。

党校的学习带给学生们很多思考和体会，不仅深化了他们对党的理论和路线方针政策的理解，也激发了他们对国家和社会的责任感，培养了坚定的理想信念。

（2）深入开展团课教育

发展团员是学校的一项重要工作。团课教育分为团前教育和团员教育两个阶段。团前教育以增强入团积极分子和青少年对党、团组织的理解和认同、培养团员意识为主。以 2023—2024 学年人大附中团校工作为例，校团委为各年级入团积极分子组织开展了 8 学时的团课。人大附中团委书记孙京菊老师以"共青团的底色是什么"为题首先讲。她告诉学生，共青团是中国共产党领导的先进青年组织，听党话、跟党走始终是共青团坚守的政治生命。团委还邀请中国科学院植物研究所的教授，以"花开第三极"为题介绍了生长在喜马拉雅山脉的植物，花儿在恶劣环境中顽强绽放的精神深深打动了大家；邀请中国人民大学新时代中国特色社会主义思想研究院的教授讲解和平合作、开放包容、互学互鉴、互利共赢的丝路精神，引领学生树立大格局，要有大担当；邀请"绿色出行　畅通北京"

交通宣讲团的四位劳模代表给学生们分享他们在不同的工作岗位上践行"为人民服务"宗旨的感人故事。

团员教育以提高团员思想政治素质、强化团员先进性，促进团员在本职岗位和社会生活中发挥模范带头作用为主。除了校团委组织开展团课，各班团支书每月都组织全班团员上一次团课。2023—2024学年，校团委在高中团支部中开展了精品团课活动，校团委老师参与听课、指导。"挺膺担当绽芳华""请党放心，强国有我""学两会精神，激奋进动力""聆听红色歌曲，感悟信仰力量""学习新质生产力，理解中国经济高质量发展""国家安全教育"……各个团支部开展的精品团课主题丰富，精彩纷呈。同学们结合自己的经历、体会各抒己见，在思想碰撞交流中深化认识，更加深刻地理解何为"德智体美劳全面发展"，更加深刻地思考应当如何成为一名优秀的新时代青年。

2. 主题化、序列化推进德育活动，促进学生形成良好的道德品质

人大附中在构建德育体系的同时，还分学段细化实施：小学阶段，重在启蒙道德情感，引导学生形成爱党、爱国、爱社会主义、爱人民、爱集体的情感，具有做社会主义建设者和接班人的思想意识；初中阶段，重在引导学生把党、祖国、人民装在心中，强化做社会主义建设者和接班人的政治认同；高中阶段，重在引导学生衷心拥护党的领导和中国特色社会主义，形成做社会主义事业合格的建设者和接班人的理想信念与责任担当。

为了避免德育工作的形式化、零散化，引导学生形成良好的道德品质，学校充分整合各项德育工作、活动以及各类德育资源，主题化、序列化推进德育活动。具体做法是：根据不同年级、不同群体学生的身心特点和成长规律，分月进行德育主题设计，每月开展不同德育主题活动（上半年德育活动规划见表1）。

表1　上半年德育活动规划

月份	德育活动主题
二月	"学规范、正行为、养习惯"主题教育月
三月	生命安全教育月
四月	家国情怀传承月
五月	励志感恩月
六月	成长诚信月

每学期开学之初，学校会依据每个月的德育主题，进行持续性的、全方位的活动设计、组织和实施，将常规教育、节日教育、仪式教育等进行整合，制定详细的活动安排，让老师们开展工作有明晰的路线图。

在德育主题活动中，节日活动发挥着不可或缺的作用。结合每个月的活动主题，学校将节日融入其中，通过节日活动所传达的文化内涵，加深学生对德育主题的理解，使得德育工作更加生动，更加贴近学生生活。

每年四月是"家国情怀传承月"，学校精心策划一系列主题活动，如举办校园传统文化节、中医药文化节等，旨在深化学生的家国情怀。

中医药文化节是人大附中近些年的一项特色活动。中医药文化底蕴深厚，是我国传统文化的璀璨明珠。多年来，人大附中积极推进中医药文化进校园工作，建成中医药体验与研修教室，开设《中医基础与保健常识》《中医实用手法》《中医文创》《中医药种植》《中医专家讲堂》等课程，开展以兴趣拓展为主的中医药主题班会、以接触体验为主的社团活动等。学校特意设立中医药文化节，旨在发挥中医药文化在学生潜能开发、健康养生、人格培养、道德塑造等方面的潜在作用，帮助学生树立文化自信。

2022 年的中医药文化节，与劳动文化节结合在一起举办，以"千年医道馨香溢，劳动美德校园扬"为主题，从 4 月中旬起至 5 月中旬，为期一个月（见表 2）。文化节期间，学校邀请中医专家进校开展系列讲座、进行义诊，在校园里摆放中医药文化展板，进行中医药知识宣讲等，增进学生对中医药的了解。同时，引导学生动手动脑，学习中医保健操，参与中药胸针、中药护手霜、中药香囊、中药足浴包、中药脸谱、中药健康茶、大山楂丸、毛猴、艾条等中医药手工制作活动，沉浸式体验中医药文化的魅力。

此外，学校还开展中医药文化校园辩论会、中医药文创产品创作、中医药话剧排演、评选"中医药知识小达人"等丰富多彩的活动。各个班级也同步开展相关主题的班会、活动等，同学们在亲身感受、动手实践中，深度体会中华优秀传统文化的精髓。

表 2　2022 年中医药文化节部分活动一览表

序号	项目	时间	具体内容	地点
1	开幕式	4 月 18 日 13:50—15:20	校领导、教育部及市区等领导致辞、专家报告、现场展演、颁奖表彰	逸夫楼报告厅

续表

序号	项目	时间	具体内容	地点
2	升旗仪式—开幕启动和闭幕总结演讲	4月18日和5月23日	面向全体师生	各班级教室
3	项目展示及体验	4月18日11:30—13:30	中医手工制作项目体验：中药香囊、中药脸谱、中药材画、大山楂丸、毛猴、艾条、中药足浴包	中心花园
4	中医药知识宣传展	4月中旬—5月中旬	中医药文化系列展板	中心花园、中医教室
5	各年级班级中医主题系列活动	4月中旬—5月中旬	各年级班级参加丰富多彩的中医药主题活动，包括中药香囊、中药脸谱、中药材画、大山楂丸、毛猴、艾条、中药足浴包、中药饰品、中药护手霜等手工制作	各班级教室
6	社团中医主题系列活动	4月中旬—5月中旬	中医辩论会、中医药知识宣讲及竞答等活动	各活动场地
7	中医专家系列讲座	4月8日4月15日4月29日5月10日	面向全体师生，开展中医专家讲座	逸夫楼报告厅、中医教室
8	中医专家系列义诊	4月中旬—5月中旬	面向教师群体，开展脉诊、推拿、针灸、浮针等	中医教室

精彩纷呈的德育活动，为学生带来了精神滋养和思想盛宴。通过持续化、主题化、序列化的德育活动推进，学校全方位引领着学生的道德发展方向，将核心素养融入学校教育的每一天。

3.激活学生社团力量，让青春绽放无限精彩

社团活动是创新学校德育工作的重要手段，对提升学生的品格和能力都有着重要作用。目前，人大附中共有162个学生社团，包含公益类、科技类、文化类、体育类、艺术类、学术类、活动类七大类。学校每年还会举办春季社团文化节和秋季社团文化节。文化节期间，各个社团在学校中心花园设立摊位、摆放展板，展示特色活动，并演出节目，进行社团宣传和招新等。

这些社团大多是学生们自己发起成立、组织运营的。以创建于 2017 年的橘子学院为例，这是学生自主创建的线上支教社团，也是人大附中持续运营时间最长的公益类社团之一，目前有来自本部、中外合作项目、早培项目的社员约 70 人。橘子学院与包括江西、四川、甘肃、吉林、山东和内蒙古自治区在内的 6 个省份的山区贫困学校进行对接，开展有针对性的支教帮扶活动，已累计帮助学生 800 余名，参与授课的志愿者超过 1 000 人。2023—2024 学年累计上课时长约 960 小时，为受助的 3 ~ 8 年级的孩子提供语文、数学、英语、音乐、文化分享（包括美术、电影赏析等）等课程。

橘子学院内部设有社长、副社长，还有外联部、宣传部，以及语文、数学等学科部。报名学习的学生数量庞大，各学科部长会根据支教学生的数量及受助学生的需求进行分班，并负责本学科的课程监督。各个部门分工协作，各司其职，共同推动支教工作有序开展。

线上支教的经历使社员们对公益事业有了更深刻的认识和思考。橘子学院 2022—2023 届社员在《支教手册》中写道："支教像是一个普通人用自己内心的光去点亮另几个普通人。当我告诉他们，你可以用英语与外国人交流时，我的内心是彷徨的，因为他们可能一辈子都不会走出山村。但我所做的一切是无意义的吗？我坚信答案为否，通过我微弱的光点亮他们对未来任何一丝丝美好的光，哪怕一点点，这一切便是值得的。"

丰富的社团活动为学生提供了一个展示自我、发展兴趣、提升能力的舞台。学校积极构建包容、开放的制度环境，保护学生的积极性和主动性，让每一个学生都有出彩的机会。

年级：上承下启，筑牢德育工作的"核心地带"

年级组是德育工作开展的"核心地带"，承担着将学校总体德育目标分解、落实的任务，同时也指引着班级德育工作的开展。各年级组结合学生年龄特点和学业需求，制定出具体可行的德育工作计划，分年级构建活动体系，满足了学生不同阶段的发展需求。

1. 针对不同年级学生特点，整体设计年级活动

年级活动主要涵盖两大类：一类是文体活动，一类是社会实践活动。每个学期，年级组都会提前规划一项体育主题的活动和一项文艺主题的活动。在此基础上，各年级还会策划并实施相关的社会实践活动，上学期的社会实践活动侧重于集体精神的培养，下学期的社会实践活动侧重于个体特长的展现。年级活动在实践过程中会不断优化，以达到更好的效果。

　　在高一学生入学之前，年级组就系统规划了高中三年学生的德育活动，明确了每年活动设计的目标、方向和侧重点，每一学期都有一些固定的活动形式。比如，高一学年的活动设计围绕着年级、班级的组建，旨在增强集体凝聚力，加强学生之间的了解，培养学生的合作精神。体育活动方面，以学生刚步入高中一个月为时间点，设计了年级广播操比赛，引导学生增强组织纪律性，展示良好的精神面貌，提升集体荣誉感。艺术活动方面，通过合唱比赛的形式，搭建一个充分展示班级风采、学生风采的舞台。合唱比赛以班级为单位参赛，在设计、排练的过程中，不仅锻炼了学生的组织协调能力，还将整个班集体紧紧凝聚在了一起。表3就是2022级年级组长周萌老师带领团队规划的三年德育活动。在德育活动体系搭建的过程中，年级组长从学生的成长发展和身心健康出发，精准地抓住每一个阶段学生的特点和需求，精心设计出一系列深受学生欢迎的活动。

表3　2022级三年德育活动规划

年级	月份	活动
高一上学期	7月	初升高衔接：提出暑期学习建议、制作及发放新生手册
	8月	军训：军训日报《曦光》、视频、展板
	9月	1. 学法交流系列讲座 2. 班级文化建设，板报《喜迎新学期》 3. 班干部培训系列活动 4. 主题班会"军训总结"
	10月	1. 学法交流系列讲座之领头雁分享 2. 班级文化建设，板报《生逢其时　重任在肩　不忘初心　勇往直前》 3. 主题班会"学习党的二十大"
	11月	1. 领头雁学法分享与表彰 2. 学生发展指导系列讲座 3. 数学学法交流讲座 4. 心理发展主题班会"新生·新生"
	12月	1. 合唱《星辰大海》 2. 教师新年祝福视频彩蛋
高一下学期	3月	1. 生涯规划课程 2. 语文学法交流讲座 3. 班级文化建设，板报《后疫情时代下的重返校园》 4. "阳春德泽，歌以咏志"唱响青春赞歌——高一年级合唱比赛

续表

年级	月份	活动
高一 下学期	4月	1. 班级文化建设，板报《阳春德泽，歌以咏志》 2. "无篮球，不青春"——高一年级男生篮球联赛
	5月	1. 班级文化建设，板报《自拟主题，风采尽显》 2. 领头雁学法分享与表彰 3. "访古都览周秦汉唐风情气象，立宏愿兴中华民族祖业文明"——高一年级西安游学活动
	6月	西安游学活动成果展示："少年长安游"主题音乐录影带、西安游学成果册《西游》、西安游学主题摄影展
	7月	学科职业体验课程
高二 上学期	9月	1. 班级文化建设，板报《心怀梦想，扬帆起航》 2. "翩翩少年，献舞中华"——高二年级集体舞展演
	10月	1. 高二年级男子足球联赛 2. 班级文化建设，板报《舞动青春，向祖国献礼》
	11月	1. 学生发展指导系列讲座 2. 领头雁学法分享与表彰 3. 班级文化建设，板报《积跬步至千里》 4. "中轴线上看北京，探寻中华老字号""逐华美亚运之梦·展未来青春风采"社会实践课程
	12月	1. 喜迎2024联欢会 2. 特色班会"中医药文化体验"
高二 下学期	3月	1. 班级文化建设，板报《微光如炬，沐光而行》 2. "The Tragedy of Macbeth"——高二英语组话剧展演 3. "护国宝探生态自然，品巴蜀承文化自信"——高二年级成都游学
	4月	班级文化建设，板报《成都之行回顾》
	5月	1. 领头雁学法分享与表彰 2. 学生发展指导系列讲座 3. 语文组话剧和朗诵展演 4. 班级文化建设，板报《致敬经典》 5. 高二年级女篮比赛 6. 电影节颁奖典礼 7. "以研促学，硕果盈枝"——2023—2024高二年级研究性学习成果展示
	6月	高二年级成都游学摄影展，作品汇编

续表

年级	月份	活动
高三 上学期	7月	"微光如炬，乐在学中；青春逐梦，高三启航！"——高三入境大会
	10月	深度入境——长城
高三 下学期	3月	百日誓师
	5月	成人礼
	6月	毕业礼

2. 给班主任团队多一点自主、多一点支持

班主任团队对年级德育活动的推动与发展起着至关重要的作用。如何让这支团队高效运转？在班主任团队的管理上，2021级年级组长崔鹏深有体会。他说："我们始终坚持一个原则——尊重和服务。"学校和年级有相当多的具体任务需要班主任来完成，什么时机布置、以什么形式开展、在什么场合呈现，完全尊重各位班主任的选择并竭尽所能提供便利。例如，在一次重要的活动之后，年级组建议各个班开主题班会进行总结。有的班选择在班内开主题班会，请学生代表分享；有的班选择在阶梯教室，设置很多环节轮番展示；有的班举办学生朗诵会、辩论会和座谈会，在谈话间实现精神交流；有的班组织学生看电影，认为一部励志电影胜过千言万语……

面对多种多样的活动形式，年级组充分尊重，大力支持。每次年级活动前，年级组长都会组织备会，向全体班主任详细解读活动目标、规定动作和自选动作等关键问题，并给予具体的实施建议，这让班主任在开展德育活动的过程中有了明确的方向，也能更好地发挥自己的创意。

面对新手班主任，年级组长会进一步启发引导，帮助他们明确所带班型、学生特点、可能出现的问题及可以采取的形式等，使他们能进一步发挥自身优势，做好年级德育工作。同时还会邀请经验丰富的班主任交流分享，为新手班主任提供更多学习的机会。

3. 给年级活动增加一点仪式感

在年级活动设计中，仪式感不可或缺。年级组会结合活动内容安排一系列仪式，激发学生的荣誉感和自豪感。

以2020级高中学生为例，在学生正式步入高三的关键时期，年级组精心设计了入境仪式。这场仪式的目的是让学生深刻感受到身份的转变，激发他们全力以赴迎接高考的决心。

在入境仪式当天，校领导出席，为每个班级颁发崭新的班牌。2020级年级组长曹喆说，新班牌不仅仅是一个标识，更是一份荣誉和责任。每个班级在接到班牌后，就郑重地从逸夫楼搬进了毕业年级所在的高中楼。这让学生意识到，高中楼是一个神圣的地方，踏入这里就意味着他们已经进入了高三状态，肩负起了备战高考的重任。

高三入境仪式让学生有了明确的身份切换感受，使他们能更快地适应高三生活。同时，这场仪式也强调了团结协作、拼搏向前的精神，激发了学生为共同目标而努力的动力。这种仪式感的融入，使得年级活动不仅仅是一次次简单的活动，更是一次次深刻的教育体验。

高三学生面临着高考的压力，需要投入大量时间和精力用于学习，班会课、年级活动、体育课往往受到忽视。但在人大附中，老师们将德育课程及德育活动作为激发学生内驱力、营造和谐的集体学习氛围的有力抓手，打造独具特色的"高三大系列"年级活动。

例如在2020级学生进入高三后，年级组织了"勇攀高峰　志高致远"八达岭古长城攀登实践活动。年级组根据八达岭长城的地形，设计了"扬帆起航""初露锋芒""披荆斩棘""不忘初心""鱼跃龙门"五个环节，每个环节都有独特的寓意（见图1）。为了让学生更好地体悟高三一年的求学路，增强代入感，老师们还共同设计了打卡印章。在终点处，年级组设计了签名仪式，发放"攀登"徽章，以此祝福学生考入理想的大学。在活动中象征班级精神的横幅，回来后则挂在教室里，时刻激励着学生。

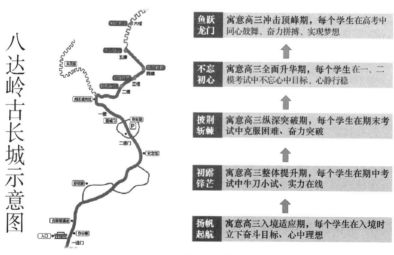

图1　八达岭古长城攀登实践活动路线图设计

这次八达岭古长城攀登实践活动在学生内心蓄积的力量是不可估量的，这股力量陪伴着学生整个高三时光。不少学生毕业后走出校门依然带着那枚"攀登"徽章，回想起那一日攀登古长城的场景，有学生这样写道："七座烽火台，互相搀扶的四小时徒步终点，横幅上班主任的笔迹和仍存留在笔袋里的徽章，这是我最舍不得淡忘的晴朗秋日。"

班级：各美其美，将德育工作深入到每一名学生的内心

班级是德育工作的基础单位。在这个"微型社会"中，学生们相互交流、互相学习，在班级文化的浸润中成长。在班级层面，人大附中鼓励各班根据自身特点，通过多种方式，打造个性化班级文化，将德育工作深入到每一名学生的内心。

1. 打造个性化班级文化，让每一个班级都出彩

学校鼓励班主任老师们根据自身特点，形成独特的带班理念和风格，各美其美，让每一个班级都出彩。同时，鼓励每个班级设计自己的班规、班训、班徽、班歌，对班级风气，特别是道德风尚、文明条约、学习风气、常规准则等进行规范、确定，制定本班级的建设目标。

班徽是班级精神的象征。在设计过程中，学生充分发挥想象力，将班级的奋斗目标、团结协作的精神以及独特的文化内涵融入其中，将每一个设计元素都赋予了独特的寓意。班歌是班级灵魂的载体。不少班级的班歌都是由学生自己作词、作曲、录制的，师生齐心协力，将对班级的热爱、对远大理想的追求融入歌声里，用歌声传递班级的优良传统和积极向上的精神风貌。每当班级聚会或举办活动时，学生高唱班歌，激发起强烈的集体荣誉感，也加深了彼此间的感情。

通过开展设计班徽、班旗、班歌等活动，不仅丰富了校园生活，还激发了师生们的自豪感和归属感，培养了学生的团队精神和创新意识。正是在这种充满活力、尊重个性、包容差异的校园氛围中，人大附中的学子们得以茁壮成长。

2. 设计主题班会，让每一个班级都凝聚人心

人大附中的主题班会既目标一致又各具特色。在年级统一设计主题的基础上，各位班主任老师各显神通，自主设计班会的内容、形式和各个环节。班主任马畅蓬老师在设计主题班会方面独具心得，她紧扣每次班会主题，设计了"一字"系列班会，不仅深受学生的欢迎，也成为校内老师学习、取经的对象。

所谓"一字"班会，就是每次班会用一个字概括，这不仅让班会主题更加突出，也更加精简凝练、有记忆点。高三上学期，马老师设计了"学""实""攀""思""稳""韧"六大主题。"学"，是学生步入高三的第一次班会主题，

内容是在摸底考后对学生进行针对性的第一次学法指导;"实",是在十月考后的班会主题,旨在与学生共同探讨果实与落实、实力与实干;"攀",是在"勇攀高峰　志高致远"八达岭古长城攀登实践活动后进行的总结班会;"思",是在期中考后,以"君子有九思"带领学生进行复盘反思;"稳",是针对再次网课后学生的心理与情绪波折,引导学生"乱云飞渡仍从容";"韧",则是在学生经历新冠"首阳"后,引导学生互相陪伴、互相打气,练就"与痛苦相抗衡的坚韧"。

高三下学期,马老师又设计了"归""誓""和""精""明"五大主题:"归",意在让学生经历假期后,通过班会再入境,蓄力再起航;"誓",是通过"百日誓师",引导学生坚定目标,尽志无悔;"和",是配合一模考试动员,引导学生体会"平和的努力";"精",是配合二模考试动员,让学生学会精耕细作,精准提升;"明"则为高考前动员服务,引导学生做一个"明"白的应试者,做一个精神"明"亮的人。

每一次主题班会不仅是对学生的教育和期待,也是学生的一次自我激活。回忆起高三这一年带班的经验,马老师由衷地说道:"没有对高三整体进程的把握,班会的内容可能会错位;缺乏对班级细致的观察,班会中的提醒可能会空洞;如果不是出于对每个学生深深的爱,有些责任反而会引起学生的抵触和反感。开班会,对学生而言是感受班主任的理解、尊重并唤起自身责任感的过程;对于班主任而言,是一个延续教育热情、为青春续航的过程。"

在人大附中,有情怀、有温度、有想法、有执行力的班主任有很多。老师们带着师者深深的情怀,通过一次次有创意、有深度的主题班会,点燃学生心中的一份热爱,让学生在班会中有期待感、有参与感、有获得感。

德育工作是一项长期而艰巨的任务,更是一项系统工程。在推进学校德育工作的道路上,人大附中紧紧围绕立德树人这一根本任务,不断探索和创新,通过"校级—年级—班级"三级德育体系,让德育工作有目标、有方向、有规划、有落实,为培养一代又一代有道德、有才能、有担当的社会主义建设者和接班人奠定了坚实基础。

一体化思政，共显思政课育人本色

思想政治理论课是落实立德树人根本任务的关键课程。2019 年 3 月，习近平总书记主持召开学校思想政治理论课教师座谈会并发表重要讲话，他指出："要把统筹推进大中小学思政课一体化建设作为一项重要工程，推动思政课建设内涵式发展。"2022 年 11 月 4 日，教育部发布《关于进一步加强新时代中小学思政课建设的意见》，提出要推进大中小学思想政治教育一体化建设。注重学段衔接，完善大中小学思想政治教育体系；注重相互配合，充分发挥思政课和各类课程的育人功能；注重内外协调，推进学校"小课堂"、社会"大课堂"和网络"云课堂"协同育人。

统筹推进大中小学思政课一体化建设是实现思政课育人价值的重要途径。近年来，人大附中充分挖掘思政课自身优势，优化内部结构，提升内在品质，努力回应新时代高质量人才培养要求，在一体化建设的全局视野下，基于对思政课育人价值、育人目标及各学段学生身心特点和认知规律的再认识、再思考，深入推进思政课改革，在大中小学一体化课程建设、教学方式创新、教师队伍建设等方面进行了深度探索，取得了较好的育人效果，彰显出思政课的育人本色，学校被评为海淀区大中小学思政课一体化首批示范基地、中国人民大学"大中小学思政课一体化建设教育基地"。

一体化课程建设：找准学段定位，在"连接点"下足功夫

推进大中小学思政课一体化建设，课堂是主阵地。课程内容是课堂教学的依托。目前，大中小学思政课在教学内容上尚存在衔接断裂、简单重复等问题。要发挥好高中思政课在大中小学思政课一体化建设中的作用，需要从更宏观的课程目标出发，重新理解和整合高中思政课课程内容。为推进一体化课程建设，人大附中整体规划、统筹安排，横向上，深入研究本学段育人目标和学情，建设思政学科课程群；纵向上，在"连接点"下功夫，开设前段、后段衔接课程，通过横向与纵向相结合的方式，积极推进大中小学思政课一体化建设，让思政课呈现出多维度相互衔接的螺旋式上升状态。

1. 横向：找准高中思政课定位，完善本学段思政课程群建设

要发挥好高中思政课在大中小学思政课一体化建设中的作用，需要从更宏观的课程目标出发，重新理解和整合高中思政课课程内容。基于多年的探索，人大附中进一步完善思政学科课程群，面向全体、群体、个体学生，开设基础类、拓展类、提升类三级课程。在开齐开足国家课程的基础上，根据学科知识的内在联系进行一体化设计，开设了财经类、政治与法治类、哲学类课程等，以满足学生多样化的学习需求。以哲学类课程为例，"历史上的哲学家"是颇受学生欢迎的一门拓展课程，这样的课程开发，不仅呼应了《普通高中思想政治课程标准（2017年版 2020 年修订）》（本文中简称"新课标"）中选修课程的设置，也在介绍中外不同哲学流派的代表人物及其思想的过程中，帮助学生培育"科学精神"的核心素养和更好地理解马克思主义哲学，为有志于将来在社科哲学方向深造的学生打牢基础。

2. 纵向：挖掘"连接点"，开设前段、后段衔接课程

根据新课标要求，高中思想政治的课程目标是通过思想政治课程学习，学生能够具有思想政治学科核心素养，即政治认同、科学精神、法治意识和公共参与。这与大中小学思政课一体化建设要求高中阶段重在提升政治素养的目标是一致的，但是仅从高中思政课的课程目标出发，仍然难以明确高中思政课课程内容与其他学段课程内容的衔接点。统筹推进思政课课程内容建设，需要全方位了解小学、初中、高中、大学阶段的课程目标与内容，从中找到课程内容的交汇点，挖掘不同学段之间"连接点"，要从长程育人的角度去思考，既要关注小学与初中的"连接点"，也要关注初中与高中的"连接点"，更要关注高中与大学的"连接点"，打造前段、后段衔接课程。

在小学与初中的衔接方面，学校在初一年级设置专门的学法指导课，帮助学生更好地完成初中的思政课学习任务。在初中与高中的衔接方面，学校在初中开设"模拟法庭""生活中的法律常识"等校本选修课，提前对接高中选择性必修2《法律与生活》，并鼓励初中生与高中生共同参与模拟联合国、模拟政协等社团的活动。在高中与大学的衔接方面，学校组织本校老师，并邀请中国人民大学的教师，开设"微观经济学""明德人文导学"等大学先修课，帮助学有余力的学生在学科领域进行拓展。

在一体化的课程体系之下，各个学段的教学内容相互衔接，教学方法相互补充，教学资源相互共享，从而确保学生在各个学习阶段都能够获得持续、深入的思政教育。这样的设计也有助于学生逐步形成系统化的知识结构。

一体化教学方式创新：彰显思政课独特价值，合力打造思政"金课"

上好思政课，必须遵循学生的身心特点和认知规律。然而在日常教学中，教师往往容易囿于自身所处学段教学，对其他学段学习内容、目标和学生特点缺乏了解。在人大附中，政治教研组的教师们深入研究思政课教书育人规律，积极推动一体化教学方式创新，努力在课堂上彰显中学思政课的独特价值。

1. 探索多种有效的教学方式，构建活动型课堂

在大中小一体化的视域下，如何彰显本学段思政课的独特价值和关键作用，是政治教研组的教师们一直探索的问题。借助市级课题"高中思想政治课活动型课程的设计与实施研究"，政治教研组的教师们依据新课标，积极构建学科逻辑与实践逻辑、理论知识与生活关切相结合的活动型课堂，探索出"采用情境式教学""打造议题式教学"等多种有效的教学方式。

活动型学科课程的开展离不开好的情境。新课标指出："要通过问题情境的创设和社会实践活动的参与，促进学生转变学习方式，在合作学习和探究学习的过程中，培养创新精神，提高实践能力。"

政治教研组的教师们积极探索情境式教学，将情境式教学作为开展活动型学科课程、落实学科核心素养的重要途径之一，为学生创设真实的生活情境，引导学生将所学的学科知识和技能迁移到真实生活情境中，通过体验、探究、发现去建构知识、发展能力、养成品格。

例如，在讲授必修1"中国特色社会主义进入新时代"一课时，蔡义武老师创设了返乡过年的情境，从真实生活情境导入课程学习。通过日常生活中交通出行方式的改变，引导学生体会中国发展的成就；通过交通运输、特产和除夕这些学生熟悉的话题，引起学生兴趣。这些精心设计的教学情境，提升了学生的学习热情和参与度，课堂气氛活跃。

像这样情境式的思政课堂，不仅仅是在高中，也跟随着教师们的集体教研、集体备课活动，走向了初中、小学，甚至大学。贴合学科本质的教学方式，也让"大思政课"的课堂一脉相承、亮点频出。

议题式教学过程注重议论和说理，是本轮课改中一个非常重要的内容。所谓"议"，表明问题情境具有开放性、思辨性和引领性的特点。在开展议题式教学过程中，教师深入挖掘议题内涵，层层递进提出问题，引导学生开展深度辨析。力求改变传统以教师为主的单向教学模式，通过具有开放性和思辨性的议题，引导学生独立思考、质疑批判、辨明观点，提升思维品质和能力。

例如，为了培养学生的理性精神和政治认同，教师基于"政治生活"的相关

内容，设计了"如何提高政府的权威和公信力"的议题，探究建设职能科学、权责法定、执法严明、公开公正、廉洁高效、守法诚信的法治政府的意义以及途径。力图引导学生能够全面地看待社会问题，不仅要看到是什么，更要看到为什么，看到如何做，从而把握事物本质，辨别是非。

2. 融入社会大课堂，在社会实践中上好"大思政课"

在人大附中，将思政小课堂与社会大课堂结合起来，把学科理论观点寓于社会实践活动之中，是思政课的一大特色。政治教研组的教师们将目光投向社会，通过充分考虑学生身心发展特点的贯通活动设计，让学生在实际行动中体验和实践思政课程所传授的知识，在理论与实践的融合中，有效提升了学生的思想政治素养。

在政治教研组的教师们的系统设计与组织下，各个年级都开展了时事述评、参观体验活动、模拟政协等贯穿所有年级的经典社会实践活动（见表1）。除此之外，每个年级还结合本年级的学生特点，精心设计了与课堂教学相辅相成的经济类、政治类、文化类等系列社会实践活动，鼓励学生积极参与社会实践、关注时事热点问题，主动查阅资料，开展社会调查、合作探究，在社会大课堂里学习知识，收获成长。

表1 各年级相关社会实践活动清单

年级	主要活动
初一	传统节日进课堂、走进红色记忆
初二	模拟法庭、金融大观园、税收海报设计
高一	市场调查活动、"学生公司"模拟经营活动、居委会调研、模拟听证会
高二	"生命的意义"演讲比赛、"带你游北京"主题文化游、税收宣传进校园
各年级	时事述评、参观体验活动、模拟政协

在组织开展活动的过程中，教师们将思政教育的主线贯穿其中，积极整合优质资源，充分考虑不同年龄段学生的身心发展特点，精心设计贯通活动。比如，在学习税收的相关内容时，学校与海淀区税务局开展深度合作，为初二年级和高一年级的学生分别设计了富有针对性的活动。在初二年级，教师们决定开展税收海报设计比赛，希望通过这种有趣的方式，激发学生对税收知识的兴趣和热情。海报设计活动不仅能让低年级学生在动手实践中学习税收知识，还能培养他们的创新意识和审美能力。而对于高一年级的学生，学校则举办了北京税务普法"云

课堂"讲座，邀请专业人士进行讲解，让学生更深入地了解税法方面的专业知识。此外，这一活动也为对财经专业感兴趣的学生提供了宝贵的学习机会，让他们能够提前接触到税法方面的专业知识，体验相关专业的学习内容。

再如，在学习党的二十大精神的实践活动中，教师们也针对不同年级精心设计了不一样的活动。在初一和初二年级，主要通过手抄报的方式将二十大"画"出来，通过书法作品的方式将二十大"写"出来。教师结合"我看二十大""是什么""为什么""改变什么"等不同主题，引导学生从历史的维度，感受中国共产党百年以来的发展历程，理解党的二十大的重大历史意义。在高中部，则通过主题演讲的方式，组织学生将二十大精神"讲"出来，引导学生站在不同的角度，结合所学和自身经历，感受理解党的二十大精神，增强青少年学生的使命担当。

3."同备一堂课"，合力打造思政"金课"

对教师而言，高中学段思政课教学容易出现"往浅讲没意思，往深讲没底气"的情况。这就对教师提出了很高的要求，需要教师不断提升理论修养，只有教师真正搞清楚、弄明白了，才能真正有底气讲好思政课，才能深入浅出地引导学生理解、内化。人大附中政治教研组的教师们与大学、小学的教师们共同开展一体化教学研讨，借助大中小学教师"同备一堂课"，各个学段教师互相交流借鉴，更好地理解不同学段思政课程的知识结构，避免内容重复和缺失脱节，更好地了解不同学段学生的特点，更有针对性地进行教学设计，合力打磨出了一批思政"金课"。

2020年9月，人大附中承办北京市大中小学思政课一体化建设现场会，大中小学教师以"疫情大考的中国答卷"为主题分别进行现场教学展示。

2020年12月，人大附中承办教育部深化新时代学校思政课改革创新现场推进会，大中小学教师以"奋进新时代，开启新征程"为主题同上一节课。政治教研组组长张帅老师从一碗八宝茶谈起，带着学生感受过去5年脱贫攻坚工作成就，并让大家以大学生村官的身份设想如何进一步做好当地的脱贫工作，进而一起畅想"我和国家的2035"。

随后，在北京市"聚焦核心素养 落实统编教材"、思政教师"同备一堂课"、大中小幼教师"讲述我们的育人故事"、"永远跟党走"大中小学思政课优秀教学课例征集展示等活动中，政治教研组的教师们均进行了精彩展示。

以"永远跟党走"大中小学思政课优秀教学课例征集展示活动为例，该活动以教学团队形式申报，每个教学团队需包括大学、高中、初中、小学四个阶段思政课教师，团队围绕所选题目，在集体讨论研究基础上，设计不同学段教学内容。活动中，教师们共同围绕"爱国主义"这一核心问题，对整个大中小学思政课进行了一体化设计：小学阶段重在启蒙道德情感，以"欢欢喜喜庆国庆"为主题，教育学生认识国旗、国徽、国歌，引导学生形成爱党、爱国、爱社会主义、爱人民、爱集体的情感。初中阶段重在打牢思想基础，以"弘扬中国精神、争做爱国青年"为主题，引导学生强化做社会主义建设者和接班人的思想意识。高中阶段重在提升政治素养，选取"中国共产党是爱国主义精神最坚定的弘扬者和实践者"主题，引导学生衷心拥护党的领导，形成做社会主义建设者和接班人的政治认同。大学阶段则重在增强使命担当，以"坚持爱国爱党爱社会主义相统一"为主题，引导学生把爱国情、强国志、报国行自觉融入实现中华民族伟大复兴的奋斗之中。

回忆起参加这次活动的经历，人大附中思政教师朱甜甜说道："围绕'爱国主义'这个主题，我们有很多次集体备课活动。有一次备课让我印象深刻，当时大中小学思政课教师分别介绍自己的授课思路，我自信满满，觉得自己课备得很不错，既有各种丰富的图片视频资源，又设计了课堂活动。但是，当我说完我的讲课思路后，中国人民大学王易教授指出我的课看似热闹，但背后的理论高度不够。回去后，我立刻搜索并阅读了爱国主义的相关文献，进一步理解了到底什么是爱国主义、为什么要有爱国主义精神，在当今时代，爱国和爱党、爱社会主义是什么关系，为什么这三者是有机统一的。想清楚这些问题之后，我再去设计课程。经历了这个过程，我的那节课才不仅生动，还更有深度。"

"同备一堂课"有效调动了各方面思政要素，挖掘出层次衔接的教学资源，打通了各学段课程内容的藩篱。同时，"同备一堂课"的过程让教师们深刻领悟到：一堂好的高中政治课，应该做到深入浅出。通过和大学教师的交流，人大附中政治教研组的教师们学会了如何深入；和初中、小学教师的交流，则让人大附中政治教研组的教师们学会了如何浅出。同时，政治教研组的教师们合力打磨出的一批思政"金课"，也为校内外教师们上好思政课、积极推进大中小学思政课一体化建设提供了样板。

一体化教师队伍塑造："六个打通"行动，促进教师共成长

教师队伍一体化是大中小学思想政治理论课一体化建设的必然要求和关键环节。打造一支可信可敬可靠、乐为敢为有为的思政课教师队伍，是思政课建设的基础。人大附中积极推进思政课教师队伍一体化建设，通过"六个打通"行动——打通学科、打通流动、打通培训、打通校际、打通成长、打通研究，从横向上打破学科教师之间的壁垒，引导全体教师开展课程思政的教育实践；从纵向上改变

大中小学"各自为阵""分而治之"的局面，变"单兵作战"为"协同作战"，有效推动了大中小学思政课教师队伍一体化建设。

1. 打通学科，倡导全员课程思政

"政治要强、情怀要深、思维要新、视野要广、自律要严、人格要正"，这是习近平总书记对思政课教师提出的要求。在人大附中，这同样是全体教师应该具备和追求的共同品质。学校要求各学科教师把对学生的思政教育作为重要的教学目的之一，鼓励全体教师挖掘本学科思政教育资源，在教学过程中融入思政教育元素，让思政教育贯穿整个教育教学体系。

2. 打通流动，实现初高中教师"大循环"

学校在提高思政课教师队伍水平的基础上，鼓励教师在初高中之间进行交流任教，实现教师的"大循环"。参与流动的教师，既有处于成长期的中青年教师，也有教学资历丰富的老教师，还有不同学段的备课组长、教研组长。这样的流动机制，加深了教师对不同学段教学内容、教学目标、学生特点以及学生长期发展的了解和把握。

3. 打通培训，加强初高中联合教研

为了提高思政课教师的专业素养，人大附中积极开展各类培训活动，既有分学段的培训和教研，也有综合初高中不同学段的教师培训。2017年，高中新课标出台后，学校同时给每位初中教师也配发了高中新课标，在教研组活动过程中，初高中联合学习，共同学习学科发展核心素养，把脉学生培养的共同目标。2022年，义务教育课标出台后，学校为全体政治教师配发了义教课标，在教师们自学后，及时组织课标组专家对初高中全组教师进行培训，有效提升教师的教学能力和专业素养。

4. 打通校际，将"引进来""走出去"相结合

人大附中积极加强校际合作与交流，先后与清华大学、中国人民大学、中央财经大学等知名高校开展深度合作，既"引进来"，邀请大学教师到中学示范、指导、交流；也"走出去"，组织教师到大学参加现场观摩、集体备课活动。同时，学校还借助市、区、学区各级各类平台，积极组织观摩课、学科开放日活动。在与小学、大学的良性互动中，不少教师尤其是青年教师迅速成长，提升了专业素养，坚实了上好思政课的根基。

5. 打通成长，以青年名师工作室带动思政教师专业发展

人大附中关注教师个人发展，为教师提供职业发展空间，为教师提供良好的成长环境和支持。2023年初，在北京市及海淀区"两委"的关怀和支持下，政治教研组组长张帅老师所带领的团队成功申报北京市学校思想政治理论课"青年

教学名师工作室"。工作室成员以人大附中政治教研组教师为主，涵盖了人大附中实验小学、人大附中分校、人大附中西山分校的部分教师，以及中国人民大学马克思主义学院、党史党建学院的青年教师。

工作室在大中小学思政课一体化背景下，以高中学段教学方式变革为切入点，聚焦"大思政课"建设，有机整合课堂教学、社会实践、志愿服务、社团活动等教学形式，系统探索基于"大课堂"的探究式教学方法。在深入研究、改进教学的过程中，培养青年教学名师队伍，通过举办示范课、研讨会等方式，推广教学经验，带动更多思政课教师专业成长。

6.打通研究，以课题为抓手组建研究共同体

课题研究是教师成长的"快车道"。人大附中重视教学与科研相结合，支持教师申报各级课题，鼓励教师以课题为抓手，积极组建研究共同体，开展思政课教育教学研究。在课题的引领下，政治教研组积极吸纳校外专家和校内不同学科背景的教师，开展一体化重点难点问题和育人合作研究。在张帅老师牵头的市级课题"高中思想政治课活动型课程的设计与实施研究"引领下，政治教研组的教师们积极探索多种有效的新型思政课教学方式。2023年，政治教研组又成功申报北京市学校思想政治工作研究课题——"思政课一体化背景下北京市初高中法治教育教学衔接研究"，该研究意在结合中学法治教育课程，进行一体化背景下初高中学段法治课程教学设计与实施、课程体系建设、教师队伍培养等具体方向的案例研究，以探索思政课一体化背景下北京市初高中法治教育教学衔接的实践逻辑，课题组成员涵盖人大附中及联合总校各成员校。

同年，政治教研组还成功申报了中国教育学会教育科研规划课题——"大中小学思政课一体化建设体系与实施路径研究"，该研究意在提出促进大中小学思想政治理论课一体化的基本战略，从理论和实践两个层面为推进思想政治理论课一体化提供支持，课题组成员涵盖人大附中暨联合总校各成员校、清华大学马克思主义学院、清华附中暨各分校。

通过以上"六个打通"行动，人大附中有效实现了大中小学思政课一体化队伍的塑造，为教师的成长带来了新的平台，进一步促进了大中小学一体化的思政教师队伍的建设与专业发展，坚实了教师上好思政课的思想根基和专业本领，促进了教师队伍的共同成长。这也为大中小学思政课一体化课程建设和教学方式创新奠定了坚实基础。

思政课贯穿了学生学习生涯的每个学段，是实现立德树人目标的关键课程，对于学生思想道德水平发展有着重要的引导作用。人大附中在大中小学思政课一体化建设方面进行了积极探索和实践，通过一体化课程建设、一体化教学方

式创新、一体化教师队伍塑造，为学生提供了更加系统、连贯的思想政治教育。在今后的教育教学工作中，学校将继续推进大中小学思政课一体化建设，深化思政课改革创新，为培养德智体美劳全面发展的社会主义建设者和接班人贡献力量。

生涯规划教育：让学生看见自己、预见未来

政策·聚焦

"生涯规划"是一个人有计划、有掌控地自我实现的过程。随着新高考改革的深入开展，尤其是"选课选考"模式的推出，生涯规划教育成为一种"刚需"。《国家中长期教育改革和发展规划纲要（2010—2020 年）》提出"建立学生发展指导制度，加强对学生的理想、心理、学业等多方面指导"，《教育部关于普通高中学业水平考试的实施意见》则提出"要加强学生生涯规划指导"。

高中生涯规划教育对学生影响重大，但同时又兼具特殊性与复杂性。如何做深、做实，帮助学生更好地看见自己、预见未来，是人大附中近些年持续探索的课题。

聚焦学生终身发展，更新生涯教育理念

2017 年起，针对北京市高考改革的选科要求，人大附中开始面向高中生开展生涯规划教育。学校组建了一支以专业心理教师为主的生涯教师团队。生涯规划教育要解决什么问题？人大附中的生涯规划教育应该是什么样的？经过反复研讨，教师们达成以下共识：

（1）学生的选择不是一蹴而就的，而是一个不断深化的过程。生涯规划不是一个静态的计划过程，而是一个动态成长的过程。

（2）授人以鱼不如授人以渔。教内容不如教方法，生涯规划不是直接给学生答案，而是要教给学生工具、方法、思维方式。

（3）生涯规划教育不是独立的系统，必须依靠课程，同时也不能脱离学科教学的主阵地。

（4）技术变革还在继续，各种新的职业层出不穷，生涯规划教育需要"留白"，积极拥抱发展。

在此基础上，进一步确立了生涯规划教育目标：唤醒学生生涯探索和发展的意识，引导他们掌握生涯规划的方法，拓展对于自我和世界的认知，完成基础的自我探索和外部探索。将生涯与学涯相结合，调动学生内部主动性，短期内改善

学生选课迷茫的问题，中期内助力学生选择适合的大学专业，长远看辅助学生做出人生重要的职业选择，最终有助于每一个学生个体发展道路的自由和幸福。

具体到每一个阶段，也设置了相应的任务、目标（见表1）。高一是生涯开启阶段，主要任务是：生涯唤醒+自我探索+辅导选科。高二是进阶阶段，主要任务是：职业探索+大学探索+实地体验。高三是个性化阶段，由于临近高考，课时紧张，加之个性化的问题开始出现，生涯规划教育深化为一对一的生涯辅导。

表1　人大附中生涯规划教育阶段性目标、任务

年级	指导目标	关键发展任务		
		生涯	学业	心理
高一	帮助学生适应高中生活，拓展对自我和世界的认知，高一年级完成选科决策	选科决策	兴趣激发	入学适应
高二	帮助学生深入探索自我和世界，规划学业目标和生涯目标，并付诸行动	专业定向	能力提升	自我调适
高三	帮助学生树立正确理想信念，积极备考	志愿填报	习惯养成	备考解压

拓展教育方式，六大路径立体支撑学生生涯发展

在多年的实践中，人大附中积极整合学校、家庭、社会、校友四种资源，形成协同育人合力，探索出了开展生涯规划教育的六种实施路径（见图1）。

图1　人大附中生涯规划教育实施路径

1. 系统化知识型引导：开设生涯规划必修课

人大附中在高一年级开设生涯规划必修课，通过系统化地传授生涯规划知识，唤醒学生生涯探索和发展的意识，引导他们掌握生涯规划的方法，提升生涯规划的能力。

从 2017 年开设至今，已进行了 7 轮教学，经历了"框架设计—内容开发—迭代更新"的过程。课程分为"自我探索""环境探索""生涯决策""规划行动"四大模块，每个模块都设计了丰富的内容（见表 2），以"分阶段分模块走班教学"的形式及活动式、体验式教学的方式，引导学生实现"认识自我—认识环境—学会选择—作出选择"的成长。目前，共推出 5 个精品教案（见表 3），教学时长为 90 分钟。

表 2　生涯规划必修课程内容框架

模块	课程内容
自我探索	√ 职业兴趣 √ 性格特质 √ 能力与学科优势 √ 职业价值观
环境探索	√ 大学专业与选考要求 √ 职业生活与社会需求
生涯决策	√ 生涯权衡 √ 高考选科指导
规划行动	√ 我的生涯规划书

表 3　生涯规划必修课程精品教案设计

课程主题	内容设计
第一课　生涯唤醒	介绍生涯规划课程，唤起学生的生涯规划意识，在活动中体会人生各种阶段与选择
第二课　职业兴趣探索	围绕霍兰德兴趣类型理论，学生在体验式活动、小组分享、个人反思中体会兴趣的重要性，探索自身兴趣
第三课　性格类型与价值观	围绕 MBTI 性格理论与舒伯的职业价值观理论，学生在体验活动、同伴分享、个人反思中体会性格与价值观
第四课　生涯环境外部探索	带领学生初窥大学专业与社会职业，了解自身周围环境与各类资源，掌握专业职业探索的一些思路、方法、技术、网站等
第五课　自我整合与选科指导	带领学生将前几课的内容和话题进行整合，学习和掌握一些决策方法与技巧，形成生涯规划的整体思路，利用决策平衡单完成选科辅导

以"自我整合与选科指导"一课为例，课上，教师先是通过"天使与天才"的小游戏带领学生进入情境。接着，分享篮球飞人迈克尔·乔丹学习棒球的故事，引导学生思考兴趣与能力的关系。继而，带领学生了解加德纳多元智能理论，即每个人都具有高低不一样的8种多元智能。结合之前学过的霍兰德兴趣类型理论、舒伯的职业价值观理论，进而引导学生将能力、兴趣、价值观进行整合，寻求三者之间最满意的组合（见图2），并按照这个组合畅想10年后的自己是什么样的、在学什么、在做什么、满意度如何。

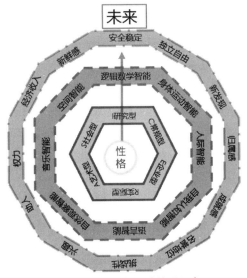

图 2　能力、兴趣、价值观组合

同时，在这节课上，教师还带领学生了解选科的政策、影响选科的主要因素，学习和掌握一些决策方法与技巧，对学生进行选科辅导。

值得一提的是，在中国国情下，生涯决策往往是一个家庭决策的系统工程，学校也积极引导家长参与到生涯体系中来。例如，在开展生涯规划必修课的过程中，家长可以以三种方式参与其中：作为小组导师直接参加课程讲授；作为课程观摩者了解和学习；作为亲子生涯作业的共同完成者，和孩子就未来生涯发展的问题进行沟通、讨论，达成亲子间生涯认识和决策的一致性。

2. 自我认识型引导：提供"平台＋手册＋测评"的工具支持

人大附中积极打造线上线下相结合的生涯工具支持系统，对学生进行自我认识型引导。

一是编印学生发展指导手册。也许很多高一新生有些迷茫："站在新起点，如何使高中三年的时光过得充实而有意义？我要为自己制定怎样的学习规划和发展路径？"学校编印了《人大附中学生发展指导手册》，在正式开学前发给每一位高一新生。这本小册子提供了高一新生需要了解的高中三年重要的课程、活动以及政策信息，还有非常实用的大事时间表，以及学习方法、时间管理技巧等，让他们对高中三年的学习生活有了一个直观的了解和认识，从而为即将到来的高中生活做好准备。

二是引入生涯工具与专业测评。在多年的实践中，学校逐步引入"生命彩虹图""生涯角色饼图""生命鱼骨图""ONET职业兴趣分析""兴趣星球图""性格藏宝图""能力矩阵卡片"等专业工具，建设生涯教育类工具箱，帮助学生运用生涯工具更好地认识自己、规划未来。同时，引入线上信息化系统，为学生提供"职业价值观测评""霍兰德职业测试""MBTI性格测试""多元智能测评""决策风格测试"等多种生涯测评量表，帮助学生更好了解自己在生涯、心理、学业等方面的特质，进而构建自己的"生涯画像"。

三是研发学业潜能评估与发展系统。人大附中联合校外专家研发，通过对学生的学习类型、效能感、思维模式、成就动机、认知与元认知策略等23个维度进行分析评估，为学生提供更有针对性的学业指导和发展方案。同时，学校在智慧校园系统中还专门开发了"高中发展指导"版块，开设生涯测评、高考指南、生涯教学等模块功能。其中，"高考指南"模块帮助学生查询高考选科政策、历届录取批次线等信息，以及帮助学生认识高校、认识专业、认识职业等。

3. 学科兴趣型引导：进行学科教学渗透

生涯教育不能脱离学科，而是应挖掘学科生涯教育功能，帮助学生更好地了解学科、认识与学科相关的职业，引导学生对学科产生兴趣，并将兴趣转化为志趣，为终身发展奠基。

人大附中鼓励教师在学科教学中积极渗透生涯规划教育。各科教师通过开发学科绪论课、主题融入课、学法指导课、职业前瞻课等，将生涯规划教育融入日常教学中，培养学生的学科素养和生涯素养。

例如，生物教研组呼应新课标要求，加强学科生涯规划教育，制定了生物学科生涯规划指导框架，并专门打造了职业前瞻类课程，重点开设了"生物学相关职业体验""预备医生""生物学相关STEM系列课程"三大类课程。其中，"生物学相关职业体验"课程（见表4）聚焦与生物学相关的常见职业的工作内容、工作特点、工作价值等，通过带着学生走进工作现场参观，邀请营养师、全科医生、动物保护从业者等走进课堂授课等，为学生打开职业前瞻的大门；"预备医生"课程聚焦学生最感兴趣的医生职业进行系统而深入的体验；"生物学相关STEM系列课程"则聚焦生物科学相关的前沿交叉学科与专业。

表4 "生物学相关职业体验"选修课教学内容简介

课次	教学内容简介
1	课程整体介绍 职业体验1（教师）
2	公共营养师 职业体验2（公共营养师）
3	食品检测及食品安全 职业体验3（食品检测）
4	医护体验 职业体验4（北医三院生殖医学中心参观学习）
5	生物制药 职业体验5（生物制药师）
6	现代农业 职业体验6（农业科学院科普教育基地参观学习）
7	传统发酵技术 职业体验7（发酵体验）
8	人工智能 职业体验8（北京理工大学人工智能实验室参观学习）
9	中医体验 职业体验9（耳穴治疗的学习与体验）
10	生物科研人员 职业体验10（生物科研）
11	环境保护 职业体验11（水污染治理）
12	动物保护人员 职业体验12（受胁物种保护）
13	城市生态规划体验 职业体验13（生态规划）

4. 体验型引导：开展参观体验活动

体验带给人的印象更为深刻。人大附中将体验型引导作为生涯教育的重要方式，积极开展学科职业体验、企业参观采访、主题营会、模拟面试、电影节、志愿团等各类活动，让学生在亲身体验中了解社会、认识职业、锻炼能力，体会自己的激情和潜力所在。

人大附中面向高一年级学生开展学科职业体验活动，邀请来自哈佛大学、清华大学、北京大学、中国人民大学、北京航空航天大学、中国政法大学等高等院校的各专业优秀硕士、博士进行课程讲授及指导反馈，课程包含哲学、金融学、人工智能、医学、建筑学、心理学、航天航空、环境科学等十几门学科，并设置"项目体验""学科地图"和"生涯行动"三个模块，以项目导向的课程形式，引导学生在具体工作任务情境中探索自我、发掘潜能。

在建筑学职业体验课上，学生化身建筑师，绘制宜居 LOFT 公寓设计版图，亲手搭建属于自己的理想居所；在航空航天职业体验课上，学生化身飞行器设计师，组装及改造航模，放飞承载理想与信念的飞行器；在戏剧与影视学职业体验课上，学生化身电影创作大师，与志趣相投的伙伴组建剧组，编写剧本，创作短片；在环境科学与工程职业体验课上，学生体验环境工程师的身份，完成工业减排方案的设计，解决工厂棘手难题……不少学生表示："职业体验活动给了我们一个很好的机会，从只是简简单单地听别人说或自己看，到有一个自己能亲自动手参加的机会，对做出生涯选择有实实在在的帮助。"

5. 专家式引导：举办学生发展指导系列讲座

"走在高中校园的你，想不想一睹大学课堂的魅力，近距离感受大学教授的风采？想不想现在就了解心仪的大学专业，接触领域最前沿的讯息，为自己做好未来发展的规划？"这是人大附中一次大型活动的宣传语。

专家式引导是人大附中开展生涯规划教育的一个重要路径。学校每学年都会举办两次"人大附中学生发展指导系列讲座"，每次邀请 10 位左右不同领域的专家学者，为学生带来医学、人工智能、经济金融、航空航天、法学、心理学等领域的讲座，高一、高二的全体学生自主选课参加。一方面，创造机会让学生了解自己感兴趣领域的信息，搭建与大师对话的平台；另一方面，也通过专家、业界榜样的引领和激励，引导学生更好地规划未来、实现自我。这样的活动深受学生欢迎，有的报告厅连过道上都站满了人。讲座结束后，仍有不少学生留下来，与专家交流、合影。

6. 咨询服务式引导：提供一对一的生涯个体咨询服务

生涯规划是一个非常个性化的过程。在人大附中，除了团体式的生涯辅导，还为有需要的学生提供一对一的生涯个体咨询服务。

学校生涯咨询团队均由经验丰富的专业教师组成，他们在教育、心理学和职业规划等领域具有深厚的知识和丰富的经验，通过科学的方法，依据每个学生的特点和困扰进行辅导。一般来说，生涯个体咨询会经历"面谈初诊—生涯测评—制定目标—跟踪辅导"几大环节，为学生提供持续的生涯支持和帮助。

在高一的生涯规划必修课上，小李就引起了老师的注意。他性格腼腆内向，课堂发言与小组分享多以沉默应对。经过了解，老师发现小李在班里的成绩不甚理想，尤其是物理与数学学科。

然而，在选科阶段，小李听从父母和周围人的建议，依然从将来就业角度出发，选择了物理。高二和高三紧张的学习，更是让小李逐渐失去自信。直至高三下学期走进生涯咨询室时，老师甚至有一些认不出他。他眼神飘忽，回答闪躲，总是把低垂的头深深地埋进胸口。

在后续数次的一对一咨询中，老师了解到原来小李一直对航天事业有着浓郁的兴趣，在小学、初中阶段拿过不少空间站方面的奖项。在谈到马斯克、SpaceX之类时事新闻时，他如数家珍，两眼放光。可是，当老师鼓励小李报考相关专业时，小李说出了内心深处的顾虑："只要不是北航之类的学校，那就不可能在航天领域有所成就。"

针对这类深深困扰孩子的压力源，老师又展开了家庭工作，帮助小李父母调整与孩子的沟通方式，引导小李系统认识航空航天相关专业与院校。最终，小李认识到追寻理想不一定要从最理想的地方出发。在生涯咨询室，他满脸真诚地说出了自己的新想法："老师，如果航天对于普通人过于遥远，我是否可以成为一名航空人员？例如飞行员或者航空公司人员……"最终，小李在家长的支持和自己的不懈努力下，顺利考取了理想的大学和专业。

一对一的生涯个体咨询，让学生能够有机会就自己的生涯困惑与老师展开深度分析与讨论，接受更为个性化、深入的生涯指导，真正关注到每个学生的需求和成长。在和生涯老师的交流、探讨中，很多学生更加明确了自己的职业目标和发展方向。

人生是一场长跑。漫漫成才路，作为高中生，不仅要"埋头赶路"，更要学会"抬头看路"。人大附中生涯规划教育体系的建立，从多个路径为学生提供了个性化、深入的生涯指导，协助学生做好学业、专业、人生的未来规划，使他们更好地看见自己、预见未来。

从"心"出发，守护生命健康成长

促进学生身心健康、全面发展，是党中央关心、人民群众关切、社会关注的重大课题。随着经济社会快速发展，学生成长环境不断变化，叠加新冠疫情影响，学生心理健康问题更加凸显。2023 年 5 月，教育部等十七部门印发《全面加强和改进新时代学生心理健康工作专项行动计划（2023—2025 年）》，提出八大项 22 小项具体任务。加强学生心理健康教育，已上升为国家战略，摆在更加突出、更加重要的位置。

人大附中高度重视学生心理健康，是国内最早开展心理健康教育工作的中学之一，2016 年入选教育部评选的全国首批心理健康教育特色学校。从 20 世纪 90 年代引进第一位心理专业教师，到逐步建成一支高素质的心理教师队伍，学校探索出"面向全体，个别辅导，危机干预"的心理健康教育体系。近些年，在"双新"背景下，学校再次从"心"出发，以"生命至上，健康至上"为核心倡导，以教育、辅导、支持三级体系建设为抓手，持续深化心理健康教育，构建起严严实实的保护体系，为青春成长保驾护航。

强化预防性心理健康教育，培育学生积极心理品质

中学生的心理处于一生中变化极为激烈的时期，中学阶段是心理健康问题的第一个高发期。学校以加强防治为基础，通过面向全体学生开设丰富的心理健康课程、讲座、活动等，从源头上提升学生心理健康素养，赋能学生积极心理品质发展。

1. 开设丰富的心理健康教育课程

学校将课堂教学作为心理健康教育的主阵地，针对不同年级、不同需求，开设丰富的心理健康必修课、选修课、研修课、研学课（见表 1）。在初一、初二开设"成长心路"心理健康必修课。面向全体初高中学生，开设"情绪调节与心理减压"等多门选修课；面向初中学生，开设"孩子，我们听你说"等公益研修课；面向高二学生，开设"心理学与生活"等系列心理专题研究性学习课程。与心理学相关的课程，已成为最受学生欢迎的选修课和研修课。

表1　人大附中心理健康教育课程

序号	课程	种类
1	成长心路	必修课
2	曼陀罗疗愈与心理成长	必修课
3	艺术疗愈与心理减压	综合实践
4	孩子，我们听你说——听障儿童语言康复	研修课
5	教育戏剧与情商培养	研修课
6	心理学初探	选修课
7	情绪调节与心理减压	选修课
8	印象刺绣与心理景观	"劳动"必修课板块之一
9	心理学与生活	研究性学习必修课
10	学习心理学	研究性学习必修课
11	人格心理学	研究性学习必修课
12	生涯发展心理学	研究性学习必修课
13	社会心理学	研究性学习必修课
14	发展与教育心理学	研究性学习必修课

　　除了系列化的课程，心理教师还定期在一些重要时间节点，开展入学适应、考前减压、女生课堂、男生课堂等专题讲座。例如，在期中考试后，心理教研组长陈华以"从少年到青年：活力＋控制力"为题，向高一年级学生做了积极心理专题讲座。她将积极心理学中"幸福型"人生模式引入课堂，引导学生借助"4F"方法（即Facts、Feelings、Findings、Future）在首次期中考试后进行反思，隔离消极，做出改变，并教授给他们提升活力和控制力的方法，帮助他们更好地完成从少年到青年的生命进阶。

　　每年的人大附中心理活动月，各年级心理教师都会为对应的年级设立专题心理团辅课，并组织本年级班主任集体备课。各班班主任根据本班实际情况做出调整后，在班会课上实施课程。心理教师给高一年级设计的主题是"新生·新生"。面对新环境、新生活、新挑战，学生心中的困扰也变多了。基于此，教师引导学生用情绪ABC疗法调整认知，清除不合理理念，勇敢地说出自己、活出自己。

高二年级的主题是"提高抗逆力"。进入高二，学生面临诸多压力：作业多、学习累、亲子沟通困难、没有时间发展兴趣爱好……教师教给学生如何主动提升自我效能感，进入积极循环，使生命更加富有力量。高三是生命中的一段非常重要但也充满艰难的岁月，遇到困境时，能够寻求支持非常重要。因此，心理教师给高三年级设计的主题是"多一方支持，少一个困境"，引导学生建立自己的社会支持网络，在不同的困境中主动找到合适的支持者，相互帮助、相互支撑，使彼此都成为更好的人。

2. 开展生动有趣的心理教育活动

活动的开展是全方位推进心理健康教育的重要载体。学校建有学生心理社团，由心理教师担任指导教师，开设公众号普及心理相关知识，并组织调研、开展专题讨论等。举办心理活动周、活动月等，运用多种形式宣传心理知识。向学生公布每位心理教师的联系电话，以便学生随时能够寻求到帮助。

2024年5月，心理教研组利用午休时间，在学校中心花园举办了一场心理游园会。此次游园会以"刚好愈见你"为主题，精心设计了一系列心理游戏。在"入场券"环节，学生与大白人偶打招呼、拥抱，获得入场打卡券。在"表情画"环节，学生在展板上画下创意表情，每一个表情都承载着他们的心情和故事。在"送你一朵小红花"环节，学生在花朵形状的贺卡背面，写下自己在人大附中度过的最被治愈的时刻。这些贺卡被挂在树上，成为一道美丽的风景线。在"释放烦恼气球"环节，学生用力挤压气球，让心中的烦恼随着气球的爆裂声一同消散。随即响起的，是他们发自内心欢快的笑声。在"心理学猜猜猜"环节，学生用心回答心理学常识题目、视觉错觉题目或情绪推测题目。在"暖心问答"环节，每个参与的同学都获得一本人大附中心理辅导服务手册。这本小册子以一问一答的形式编写，分为"人际篇""学习篇""家庭篇""情绪情感篇"等。它来自心理课上学生匿名写下的青春困惑，心理教师将问题汇合在一起，并给出暖心解答和建议。

这种以学生喜闻乐见的形式开展的心理教育活动，集专业性、趣味性、体验性于一体，吸引了众多学生驻足参与。他们表示，这样的活动让他们在忙碌的校园生活中得到了放松和治愈。

开展主动性心理健康辅导与干预，让阳光照进心灵深处

近些年，心理病症越来越多地出现在学生群体中，特别是抑郁症低龄化的问题突出，引发社会担忧。中学生容易出现各种心理困惑，压力大、内驱力匮乏、

同伴缺失、亲子关系不和谐等，都有可能诱发心理问题。因此，打好心理疏导干预的"主动仗"至关重要。

1. 强化日常心理排查

学校学生全员参加海淀区教科院组织的"心理品质测试"。同时，在学校心理健康教育与干预工作领导小组的指导下，各年级组定期摸排学生心理状况，科学研判，建立心理危机学生台账，制定问题解决方案，并建立信息通报机制。此外，还通过综合测评、日常观察、交流、家访等多种手段，掌握学生心理动向，发现异常及时评估，及时疏导。

2. 开展专业心理咨询服务

人大附中设有专门的心理咨询室，开辟个体辅导和团体辅导两个空间，内置沙盘沙具、宣泄系统、放松椅、心理自助系统等。周一至周五，心理教师轮流值班，其余时间根据需要随时提供服务。建有严格的心理辅导制度，保证私密性和安全性。学生可通过预约或直接推门接受专业的心理辅导服务。对于紧急个案，随时调配合适的心理教师给予帮助，确立咨询关系后，对需要的个体开展中程或长程咨询或转诊。

学校有 11 位心理教师，均为硕士、博士，具备心理学相关专业背景，且有年龄梯队、各具咨询特长和特色，特别有利于在心理咨询中匹配咨询对象。其中有两位是男性教师，在咨询男生的一些特殊问题时也非常必要。

有一位艺术特长生，从小成绩优异，歌唱得很棒，是少年宫合唱团的主唱。但后来由于个头没有长高，经过变声期后的嗓子也不如别人了，在合唱团已经不再是重要的人物。从此她每日神思恍惚，上课不听讲，回家不做作业，成绩不断下滑，并出现了严重的抑郁倾向。她看什么都是灰色的，对生活失去了信心。她的母亲对她很失望，几乎想要放弃这个孩子。和母亲发生冲突时，她甚至想要跳楼。

这是一个典型的因为认知偏差而导致情绪失常的个案。咨询师采用认知疗法，以角色转换、世界观重建、家庭治疗等方式，逐步帮助该生确立了不同于过去的人生观，对自己有了不一样的认识，既正视现实，又能面对问题。在澄清该生认知的同时，咨询师又结合行为治疗，使其将认知产生的积极效果付诸实际。咨询师为她制定了每天的活动计划表，让她循序渐进地增加身体的运动，保持身体的活力，从而增加精神上的积极元素。在她一点一点的进步中，她自己和母亲都越来越看到了改变的希望。中间有过两次严重的反复，她都能主动来找咨询师寻求帮助，因此都顺利地渡过了难关。目前，该生已经以优异的成绩考上理想的大学，开始了新生活。

3. 建立完善的心理危机干预机制

当学生出现危机事件时，学校需要及时、有效地应对。多年来，人大附中已经形成一套成熟的危机干预机制。校领导、德育教师、心理教师、班主任、学科教师、年级组长和学校保卫部门等紧密联动，在心理危机事件出现苗头时及时进行干预。

有一位男同学，初中时就在人大附中就读。进入高中后，他的家庭经历了大的变故，母亲处于情绪失控的状态，他自身也出现了性心理方面的一些问题，学业成绩大幅下降，母子之间屡次发生冲突，母亲甚至以死相逼。长期积累的负性情绪在他进入高三后到达一个峰值，令他倍感痛苦、压抑，经常失眠、哭泣，结束生命的念头反复出现，终于到了崩溃的时刻。

就在这个时候，他想到心理课上老师说过："如果你们有特别难的时候，自己觉得难以跨过去，可以来找老师聊聊，我会陪你们度过那些难过的时光。"于是，他走进了心理辅导室。涉及学生生命安全，接待他的那位老师本着"保密和突破保密的原则"，马上向德育处和校长进行了汇报。学校迅速做出干预措施，找到这个学生的母亲进行沟通。通过大量密集的工作，母亲向孩子表示理解，孩子也表示不会采取极端行动。留住生命其实是一瞬间的事，但需要怀有对生命的高度敬畏，需要给予孩子帮助的通道和机制。这个孩子后来考上了不错的大学，在大学里很阳光、活跃。

对于有严重心理问题、暂时不能正常上学的学生，学校也制定了一套严格的休假、休学、复学制度。德育处会同心理教师进行初判，进而决定是在学校进行心理辅导还是到医院就诊。学生拿到医院诊断证明后办理休学手续，进行一段时间的治疗，康复后再申请复学。心理教师会对其进行面询，判断该生是否适合回校继续中断的学业。休学不是辍学，是解决危机事件、帮助学生走出低谷的重要转机。半个学期、一个学年的休学和调整，往往能让学生的身心得到修复，重新投入校园生活。

校、家协同育人，同向同行、合力护航

人大附中的心理健康教育，不仅是面向全体学生的，同时也是面向全体教师、全体家长的。学校积极对教师、家长普及心理健康教育知识，让好的师生关系、亲子关系共同滋养学生健康快乐成长。

1. 提升全学科教师的心理育人能力

学校高度重视教师自身的心理健康，这对培养学生的健康心理非常重要。近些年，各项教育改革政策频频出台，教师承受着更高的社会期待和现实压力。学

校给教师减负、减压，开展心理健康讲座，为有需要的教师提供心理咨询服务等，促进教师身心健康发展。

同时，学校提出"每个教师都应该是心理教师"的理念。通过全员培训、开展班主任心理专题讲座、心理教师与其他教师多种形式的沟通等，实现心理健康教育知识在全校教职员工中的全覆盖，提升全学科教师与学生进行心理交流的技巧。当学生出现问题时，每一位教师都能够及时介入，进行简单的甄别和引导。

此外，人大附中一直倡导"爱与尊重"的办学理念，多年来已经形成一种校园文化，内化为教师的自觉行为。无论对于一些学习暂时落后的学生，还是一些不同于常人的"偏才""怪才"，学校教师都能以超越世俗和功利的心态耐心陪伴，用爱和智慧守护成长。例如，有一个学生，他写的字特别小，一颗米粒上都能写好几个字。他交上来的卷子，乍一看是白卷，老师要拿着放大镜批改。这个孩子在人大附中上了七年，他身边的教师宽容"特异"、智慧引导、激励特长，最终帮助他在自己擅长的领域取得成功。目前，这个孩子已进入大学数学系深造。

2. 加强对家庭教育的指导

家庭对学生心理健康的影响要比学校、教师大得多。家庭的教养方式、家庭氛围、家教家风等，都会对一个人的成长产生深远影响。学校积极加强对家庭教育的指导，以家校共育助力学生健康成长。

家教家风是家庭教育的重要组成部分。学校将家教家风建设纳入全校的德育工作。四月，是人大附中的家风家教家训传统文化节，德育处、年级组组织了丰富的活动，例如，组织家长来校参加家教家风讲座，部分班级还邀请家长进课堂，分享优秀家风家训、家庭文化；组织学生学习优秀家风家教家训，采访父辈祖辈，写家谱、修家史等。

面对学生成长过程中的诸多挑战，学校主动和家长站在一起应对。学校利用各种渠道，集中资源优势，开办家长学校，定期外请孙云晓、卢勤等专家开展专题讲座，缓解家长焦虑，及时解读国家相关政策，引导家长科学育儿。三年多来，德育处共举办20多期家长课堂（见表2），受益人群涵盖人大附中联合总校20余所成员校的家长群体，累计观看人次达10多万。

表2　人大附中家长课堂目录（2021.9—2025.1）

期数	题目	主讲人
1	最好的关系，就是爱你刚刚好	蓝玫
2	好习惯成就幸福人生	孙云晓

续表

期数	题目	主讲人
3	做青春期孩子的知心父母	李秀兰
4	做能教会爱的合格父母	郑日昌
5	吃得合理、长得健康	张倩
6	帮助孩子顺利迎接中高考	边玉芳
7	看见孩子·聚焦关系——居家学习亲子沟通备忘录	张林若愚
8	正确理解《家庭教育促进法》，自觉承担家庭教育主体责任	罗爽
9	如何成为一个优秀的高中学生家长	郑日昌
10	争做智慧的初中生家长	赵国柱
11	小学学段家庭教育之道（原理篇）	刘世保
12	小初学段家庭教育之术（策略篇）	刘世保
13	中小学家庭教育之谋（智慧篇）	刘世保
14	如何做好父母	单志艳
15	中医缓解考前焦虑	常学礼
16	齐心协力，不惧成长挫折	刘光应
17	用心与青春的孩子沟通	卢勤
18	唤醒孩子的五句箴言	卢勤
19	积极语言引导孩子　度过美好青春期	陈虹
20	家校共育缓解焦虑情绪	张驰
21	爱，就是共同成长	杨斌
22	培育健全孩子　创建幸福家庭	李晓云
23	AI时代需要培养孩子的哪些能力	周枫
24	共建阳光校园　助力和谐共生	秦硕

续表

期数	题目	主讲人
25	科学养育助力孩子新初一	李新影
26	培养孩子十大优良品质	陈华
27	如何帮助孩子合理使用电子产品	黄峥
28	如何帮助孩子培养学习力	崔鹏

学校充分利用心理教师团队优势，在年级和班级家长会上开设心理专题讲座，并为有需要的家长提供家庭心理辅导，帮助家长改善自身心理问题、夫妻关系和亲子关系。

心理教师还面向家长开设"家长心理学堂"团体辅导课（见表3），每期10余人，可接受家长自愿报名。"育儿先育己"，在每期持续两个多月的课上，心理教师将专业的心理学理论融入精心设计的游戏和活动中，带着家长探索自己的原生家庭，觉察原生家庭对自己行为模式的影响。在一个安全的场域和相互支持的环境中，通过自我探索、小组同行，逐渐了解自己、接纳自己、疗愈创伤，实现成年人的再成长，进而促进亲子关系的改善。

在现场，有的家长刚开始不愿去回忆童年，在引导者的带动下，逐步放下心理防备，打开自己；有的家长眼含热泪，真切反思自己与孩子的相处、沟通模式……课程结束后，他们纷纷表示受益匪浅，感触至深，对自身有了更深刻的思考，也学到了一些处理情绪和解决问题的方法。有的家长还主动申请在后续的团辅课上担任志愿者，将自己的收获和感悟传递给有需要的人。

表3 "家长心理学堂"团辅课总体规划

阶段	主题	辅导目标
初创阶段	原来你也在这里	1. 活跃气氛 2. 彼此熟悉 3. 形成工作团体
过渡阶段	当更年期遇见青春期	1. 增进成员的自我觉察 2. 反思亲子互动模式 3. 搭建沟通桥梁
工作阶段	看见内在小孩	1. 探索原生家庭 2. 疗愈心理创伤

续表

阶段	主题	辅导目标
工作阶段	育儿先育己	接纳自己，如其所是
	原来我也可以	了解自己的优点与限制，找到自我成长的发力点
结束阶段	成为祝福	给予积极反馈，进行总结

　　生命无价，健康为本。人大附中面向全体学生、全体教师、全体家长开展心理健康教育，构建起严严实实的保护体系，合力护航学生健康、阳光成长。在这里，愿每一个孩子都能绽放精彩，活出生命的火花！

以美立德 以美启智 以美育人

政策 · 聚焦

《普通高中艺术课程标准（2017年版2020年修订）》（本文中简称"新课标"）中指出，艺术课程面向全体学生，发展素质教育。以美育人，培育学生的艺术学科核心素养，增强社会责任感，促进学生全面发展，实现立德树人根本任务。2023年12月，教育部印发《关于全面实施学校美育浸润行动的通知》，强调以美育浸润学生，全面提升学生文化理解、审美感知、艺术表现、创意实践等核心素养。

面对新时代对美育工作的新要求，人大附中不断探索和完善美育实践，系统构建美育课程体系，主动探索"美育＋思政"新模式，营造"大美育"新格局。通过开展多元化、多样态的艺术实践活动，打造校园文化，以时时、处处、人人的美育浸润，更好地实现以美育人。

强化育人功能，系统构建美育课程体系

艺术课程是以美育人的核心载体。人大附中严格按照国家规定，开齐开足上好相关的美育课程，并结合学校的实际情况，立足学生需求，积极开发校本化美育资源，建立了一套完整的、面向全体学生的美育课程体系。

人大附中的美育课程体系（见图1）以艺术课程为核心，包括面向全体学生培育艺术学科核心素养的基础类课程，满足学生个性化发展需求的拓展类课程和基于学生兴趣特长、学业发展、生涯规划的提升类课程，主要有音乐、美术、舞蹈、戏剧、影视、设计、书法、工艺等，并涵盖了普通初中、普通高中、中外合作办学项目、早培项目的所有年级。总体课程以"艺术基础知识基本技能＋艺术审美体验＋艺术专项特长"为目标指向，包括必修、选择性必修和选修三种不同类型。

目前，学校在音乐与舞蹈、美术与设计、戏剧与影视三个方向开设美育课程总计62门。其中，音乐与舞蹈类课程24门，美术与设计类课程24门，戏剧与影视类课程14门。此外，还有其他不断创新开发的新课程，涉及传统非遗项目、现代传媒设计、古典高雅艺术、大众流行文化等多种艺术门类。这些课程不仅覆

盖了传统艺术的精髓，还融入了现代艺术的元素，在传承优秀传统文化的同时，培养学生的审美能力和艺术创新能力。

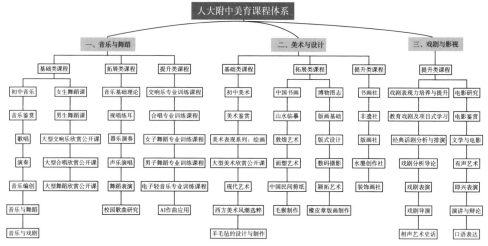

图 1　人大附中美育课程体系

在课程实施方面，采取普及型与提高型相结合的模式，行政班授课与选课走班授课相互协调，让学生拥有更多的选择权和自由度。这样的课程体系设计，不仅拓宽了学生的艺术视野，还为学生提供了丰富的美育体验，让学生能够在浓厚的艺术氛围中提升审美情趣和创造力，在美的熏陶下全面发展。

以大型公开课为载体，探索"美育 + 思政"新模式

在人大附中美育课程体系中，艺术鉴赏系列大型公开课是学校艺术中心和美育教研组的教师们在进行"美育 + 思政"育人模式的新探索过程中开发出的品牌课程，深受学生的欢迎。

1. 让艺术真正走进学生中间

人大附中有多个高水平艺术社团，其中的交响乐团、合唱团和舞蹈团以优异成绩被北京市教委授予"金帆艺术团"称号，男子舞蹈团被海淀区教委授予"银帆团"称号，还有特色化发展的电子轻音乐团以及十多个学生美术社团，吸引了很多热爱艺术的学生参加。这支由全校各年级 500 余名学生组成的高水平、高质量艺术团队，不仅是校园文化中的亮丽风景，也在学校美育工作中发挥着重要作用。

为了提高艺术在学生群体中的影响力和亲和力，学校充分发挥艺术社团的专业优势，以三个金帆艺术团为载体，面向全体高中生开设了大型交响乐公开课、

大型合唱公开课和大型舞蹈公开课。重点选取具有中华优秀传统文化特点和革命教育意义的优秀作品，以艺术团成员现场表演、指导教师现场讲解的方式，普及艺术知识，推广人文教育，营造审美意境。

　　大型交响乐公开课采用中西融合的教学思路，选取不同文化背景的经典作品排练、展演，向学生开放。教师一边指挥乐团现场演奏，一边为观摩学生普及交响乐知识、欣赏的方法和角度。公开课特别注重现场互动，会根据学生的反应适时调整讲解方式与重点，还会邀请学生上台体验。大型合唱公开课将学生耳熟能详、朗朗上口的歌曲改编成多声部合唱，学生对歌词十分熟悉，从而极易引发共鸣。大型舞蹈公开课以"爱·同行"为主题，汇集了舞蹈团众多优秀作品和保留剧目（见表1），意在用舞蹈感谢教师和同学多年的支持与陪伴，精彩的表演和作品传达的内涵，让在场的每个学生都被深深打动。

表1　2023年人大附中金帆舞蹈团专场演出参演作品

序号	作品名称	作品类型
1	当代舞《爱·同行》	原创作品
2	民间舞集锦《豆蔻》	学习作品
3	汉族舞《六月茉莉》	改编作品
4	黎族舞《一点甜》	改编作品
5	花腰傣族舞《女儿国》	学习作品
6	古典舞集锦《芳华》	学习作品
7	古典舞《敦煌乐鼓》	改编作品
8	古典舞《爱莲说》	改编作品
9	当代舞《沁园春·雪》	原创作品
10	当代舞《也许是要飞翔》	学习作品
11	当代舞《繁星》	原创作品
12	全体演员《大谢幕》	原创作品

　　此外，大型美术鉴赏公开课以"更前沿的美术发展动态、更深度的美术研究知识、更贴近生活的艺术审美方式"为目标，聚焦美术学研究领域的重点和热点，引入优质校外资源，邀请业内专家学者参与课程建设，启发学生进行知识迁移。

艺术鉴赏系列大型公开课让艺术真正走进全体学生中间，为学生打开了一个全新的艺术世界。在课堂上，学生可以近距离地领略交响乐的魅力，欣赏合唱的和谐之美，感受舞蹈的灵动与力量，品味美术作品的深邃与意境……这些都为学生带来了震撼心灵的体验。

2. 大型合唱公开课：一场红色文化的精神洗礼

以 2022—2023 学年的大型合唱公开课为例，在"唱岁月情怀，歌时代华章"的主题引领下，从歌曲的选择，到流程的设计、背景知识的学习、主持稿的撰写，再到现场的表演……每一个环节都将自主权交给了学生，教师站在学生身后，随时为他们提供指导。

在学校艺术中心主任冯树远老师、合唱团王欣老师和许译文老师、历史教研组和政治教研组老师们的指导和帮助下，学生主创团队结合已知的音乐、政治、历史等学科知识，不断查阅资料，更加深入地进行研究与学习，一版又一版不断完善着音乐会结构与选曲，最终确立了"1919 年—1949 年""1949 年—1978 年""1978 年—2012 年""2012 年至今"四个阶段，分别选择了《四渡赤水出奇兵》《南泥湾》《五月的鲜花》《保卫黄河》《歌唱祖国》等具有时代代表性的 15 首红色经典曲目进行展演。无论是舞台上表演的学生，还是舞台下欣赏的学生，在沉浸于音乐的海洋的同时，也在潜移默化中接受着红色文化的洗礼。

排练过程中，为了帮助学生更好地理解音乐，表达出歌曲的情怀和力量，合唱团的指导老师带学生一起学习历史，理解歌曲所处的时代背景、特点和意义，结合反复听音乐，感受伴奏中丰富的情感阐述和音乐氛围。在一次次的沟通和试唱中，不仅提升了学生的声乐技艺与情感表达，更激发了他们的民族自豪感与责任感。

此外，合唱团的学生还自制了详尽准确的讲解视频与预习资料，全方位助力台下的学生理解音乐背后的故事、开展课前自主学习。很多学生都说，通过这门公开课的学习，对那段充满艰难困苦却又慷慨激昂的百年历史有了更深的理解，也产生了更多的深思。

公开课上，艺术中心还邀请校领导和政治教研组、学校党委办公室的教师，在课堂的不同环节设置了思政微课、微党课。这种创新性的思政教学内容设置，既用时较短，能够与音乐课有机融为一体，又主题突出、内容具体、针对性强，非常适合在近两个小时的公开课中给学生补充知识、升华情感。

公开课的最后，教师还为全体学生留下作业："从《四渡赤水出奇兵》到《灯火里的中国》这十几首歌曲中，哪首歌曲让你印象最深刻？你体会到了怎样的中国革命历程？你的心情和感受又是如何随着每组歌曲的变化而变化的？"学生在作业中各抒己见，表达对革命历史和革命精神的理解和感悟。

3. 美育＋思政，润物细无声的思想浸润

人大附中的"美育＋思政"育人模式的新探索，不是艺术课程与思政内容简单的累加，更不是枯燥空洞的说教，而是在美育中积极挖掘思政元素，以润物细无声的方式将思想政治教育渗透进美育之中，让学生在具体的教育情境中切身体验、自觉和自悟，心灵得到浸润，审美得到升华，思想得到启迪。

在这样的理念指导下，系列大型公开课实施过程中不只是追求最后的呈现效果，还同时关注"过程"育人的作用，让公开课背后的每一个环节、全部的过程都成为教育的契机，让学生在过程中收获无限成长。在欣赏这些艺术作品的同时，学生开始关注作品背后的文化内涵，更加深刻地认识中华文化的深厚底蕴，从艺术作品中汲取精神力量。这些艺术作品所蕴含的思政内涵，正是他们在成长过程中所必需的营养，帮助他们成为更加优秀的自己。

上了大型合唱公开课后，高一11班张同学在课后作业中这样写道："《长征组歌·四渡赤水出奇兵》歌词的中心句是'毛主席用兵真如神'。第一局部先由女声领唱，后由女领众合的形式表现了行军路途的艰苦情景，随后用二部合唱及四部混声合唱的形式表现了人民群众支援红军的情景，并歌颂了军民间的鱼水之情，旋律欢快而亲切。第二局部集中歌颂了毛主席用兵如神，由男声齐唱开始，后由男中音领唱，旋律风趣幽默，表现了革命战士乐观积极的革命精神。最后，领唱与合唱相互呼应，直至音乐推向高潮结束。波澜壮阔的音调触动着我的心弦，我感受到了信仰的力量，了解了中国革命道路的曲折历程。"

高一4班朱同学则这样写道："《灯火里的中国》一开始的那一串串清脆的风铃，马上抓住了我的耳朵，这是一个轻巧灵动的开始，紧接着低沉的管弦乐开始娓娓道来，仿佛在诉说一个意味深长的故事，副歌部分的反复咏唱，每一遍都有情绪的递进和色彩的浓淡，让音乐本身的冲击力如同波涛，一浪高过一浪。舞台灯光作为温暖和光明的象征，是人类战胜黑暗和恐惧的力量。这样优秀的作品让我们在中华文明的历史长河中，去探寻那穿越漫漫岁月的万家灯火，不仅是灯光，还有月光和心中的光，鼓励我们奋进新时代。"

从学生一段段真情流露的文字中不难看出，艺术鉴赏系列大型公开课给学生带来的不仅仅是艺术的审美，更是心灵与思想的洗礼。在欣赏这些艺术作品的同时，学生深刻认识到中华优秀传统文化、革命文化、社会主义先进文化的深厚底蕴，从艺术作品中汲取了强大的精神力量。

关注传统文化传承，在美育中提升文化自信

新课标指出，"要重视中华优秀传统文化艺术的学习，在艺术教学中，深入挖掘中华优秀传统文化艺术蕴含的思想观念、人文精神"。在人大附中，传统文化教育是美育课程体系中的一条主线，学校高度重视优秀传统文化的传承与创新，通过精心设计的美育课程让学生深刻感受到传统文化的韵味与美感，并在美的熏陶中提升文化自信。

1. 非遗课程：培养优秀传统文化守护者、传承者

非物质文化遗产是中华优秀传统文化的重要组成部分。人大附中开发和整合校内外资源，引进了多项非物质文化遗产项目，通过挖掘其中的美学价值与教育意义推动非遗课程化。在不断实践总结过程中形成了"彰显民族精神、感悟文化精华、体验传统魅力"的非遗文化传承氛围，制定出"三维两纵深"的运行机制，"三维"指课程、活动、交流为主的三维教学实践模式，"两纵深"指社团和研学为主的活动研究模式。在校领导的支持和推动下，美术教师闫晓燕积极落实相关工作，学校先后开设了"中国民间剪纸艺术""曹雪芹风筝""颖拓艺术""晓林剪纸""榫卯结构""彩塑京剧脸谱"等多项非遗项目相关课程，这类课程特色鲜明，深受学生喜爱，学校还被授予"海淀区非物质文化遗产传承项目基地"。

将非遗项目纳入美育课程体系，可以让学生更直观、更深入地了解和体验传统文化的魅力，从而加深对传统文化的认识和保护、传承意识。学生在茶香缥缈中学习茶文化、修身养性；通过理论结合实践的方式体验中国传统香学和中式雅道；在剪纸中体验流传千年的民间技艺，品读窗棂上的史诗；在校训的篆刻过程中感悟寸石寸金；在体验京剧脸谱制作中，学习如何运用色彩和线条来表达角色的忠奸善恶；在学习制作毛笔过程中，体验中华民族对世界艺术宝库的贡献……

同时，学生还学习了北京毛猴、柳编、竹编、风筝等非遗项目的制作技艺，不仅锻炼了动手能力，也增强了他们对中华优秀传统文化的认同感和自豪感。

2. 敦煌课程：研究与实践中感受千年敦煌之美

敦煌壁画是丝绸之路上的文化瑰宝。敦煌壁画的保护、传承和研究，对于弘扬中华优秀传统文化具有重要意义。近年来，艺术教研组的多位美术教师主动探索敦煌主题，打造了敦煌系列课程。王朵老师开设了传统敦煌壁画研究的系列课程，带领学生在掌握理论知识的同时，进行敦煌壁画临摹；刘桂华老师、靳美老师的敦煌系列课程则将焦点集中于传统文化，着力呈现出博大精深的敦煌之美，举办了数次展览活动，在学生中有着广泛的影响。

敦煌壁画系列课程以敦煌壁画为载体，对相关经典作品展开深度赏析，让学生在感受传统文化的同时，也能接触到艺术类大学开设的相关专业的知识。敦煌壁画系列课程遵循"艺术理论—艺术实践—表达应用"的逻辑，其中艺术实践又分为室内临摹和实地考察。在临摹壁画的过程中，学生可以体会画面中每一根线条、每一个动态、每一个眼神、每一块用色，感悟每个时期独有的艺术特点。通过这样从输入到输出的设计，能够让学生体会艺术从学习到创作的全过程。课程带给学生的不仅是对敦煌壁画艺术的欣赏与审美，更是对传统文化的深刻理解和对文化遗产保护的责任感。

3. 版画课程：体验传统工艺与现代创意的碰撞

在人大附中美育课程体系中，有一门版画课程，这是面向高中学生开设的选修课，以介绍版画艺术、体验木刻版画制作、认知版画属性作为课程主要内容。

谈起开设这门课程的初衷，王霖老师说："版画是一种脱胎于印刷的间接性绘画。我国是印刷术的发明国，我们有独特的版画传统，在 20 世纪又引入了西方现代版画，因此版画在中国是一种多元化、复合式的艺术。同时它有严格的程序性，制作版画的每一步都需要预设结果，但创作者恰恰要在这种理性中进行感性的创作，所以版画艺术是感性与理性的结合。"在王霖老师看来，版画强调的是一种思维方式和文化认知，可以为更多的创新提供可能。"让孩子们参与版画的制作全过程，能够感受传统文化与现代创意的碰撞。"

其实，版画在日常生活中随处可见，比如创意 T 恤衫、环保布袋上的图案等，这门课程引导学生留意观察生活中一些关于版画的痕迹，并加以延伸，这样就把所学的版画艺术与实际生活结合起来，达到学以致用的目的。在教学中，为了让学生对版画的理解不是停留在技术层面，而是更加关注艺术性，王霖老师从画稿开始，一直到制版、印刷，把每一步中蕴含的艺术内涵作为重要的教学内容教给学生，从而引导学生认识到：是艺术思维让技术更有价值。在这样的教学过程中，版画作为一门艺术课程的教学目标，自然而然地就达到了。

4. "艺方体"：打造独具艺术品位的校园环境

人大附中美育教研组有 13 位美术老师，他们每位都有自己的专业和专长，比如，美育教研组副组长、美术学科负责人张诚老师主攻国画，还有老师主攻视觉传达、油画等。老师们根据自己的专长和特点开设不同的课程，来满足不同学生的不同需求。

"美术教育要面向全体学生，同时更应该因材施教。"张诚老师说，美术不仅仅是一门技能，美术课程也不仅仅是一门学科，而是一种综合素质的训练，对人的一生都能产生影响。结合教学实践，美术老师们在校园里开展了"艺方体"艺术实践活动。"艺方体"是将美育课程、展览活动、艺术空间、视觉档案库融会贯通，为学生创建出在学校里随时都能体验到艺术之美的文化空间和文化氛围。起初，美术老师们依托美术课程，以主题征稿的形式面向全校学生征集作品，在教学楼大厅、走廊过道、艺术馆等区域举办展览，这一创新性活动深受学生欢迎。在此基础上，每年春季举办的学生"春天艺术展"应势而生。

在一系列的"艺方体"艺术实践活动中，已成功举办了敦煌艺术融入美术教学的"花开敦煌"艺术展、将创造性思维与国际视野相结合的"未来视觉艺术图像展"、贴近学生日常学习生活的"书签创作艺术展"和"藏书票艺术展"，以及"盒子里的故事""向大师学艺术"等主题展，充分展示了学生的艺术激情和创造力。

美术老师还联合其他学科老师开设跨学科课程。比如与政治组、语文组、历史组、通用技术组联合开设"北京中轴线"和"故宫建筑"课程，旨在探索先贤智慧、感知文物生命、厚植传统文化、培养文化自信、留住历史根脉、传承中华文明；与语文组联合策划的"诗画互文"和"经典再现"，将语文学科的中国古代诗歌模块学习与美术作品创作融合；与生物组联合开设的"博物图志"课程，以美术学科张兴老师和生物组李峰老师为主导，联合教学的成果被相关媒体报道；与历史组联合策划的"重绘清明上河图"，将历史学习与美术活动巧妙结合，一系列课程让学生在绘画中了解历史与古代社会风貌；与物理组联合开展"灯火里的中国——彩绘灯笼"活动，通过亲身制作和绘画，发挥无限创意，感受理解传承活态传统文化；与研学组戏剧表演学习模块合作开设"宋时四雅"，助力于舞台表演中文人中式雅集的呈现，实现了寓教于艺。

此外，在丰富多彩的校园活动中，还有美育与体育融合的校园集体舞和原创韵律操活动，美育与德育并进的"唱响红色歌曲"和"舞动青春旋律"系列主题活动，"人工智能＋美育"打造的"元宇宙中的校园与录取通知书设计""AIGC赋能下的校园IP设计"等活动课程。这样的时时、处处、人人的美育浸润，能够让学生在潜移默化中受到美的感染和滋养。

在美育系统构建与全面推进过程中，人大附中始终关注和提升不同学生群体的艺术素养，最大限度地发挥学生的个体艺术潜能，逐渐形成了"以审美为核心，以兴趣为动力，以实践为基础"的美育理念，确立了"以美立德、以美启智、以美育人"的美育目标，营造出"向真、向善、向美、向上"的校园文化。这在潜移默化中完善了学生的情感结构，提升了学生的人生趣味，引导学生展开价值追求，为学生未来的成长打下了坚实的基础。

让体育赋能学生健康成长

课标 · 聚焦 ·····································

《普通高中体育与健康课程标准（2017 年版 2020 年修订）》指出，普通高中体育与健康课程具有基础性、实践性、选择性和综合性。本课程的设计理念是保证基础、强调选择、关注融合、重在运用；设计依据之一，就是该学科具有以身体练习为主的主要特点，具有很强的实践性。人大附中体育教研组通过对新课标的学习，完成了从传统体育教学到落实体育学科核心素养的学练赛一体化教学的转变，形成了"学会、勤练、常赛"体育教学新模式，帮助学生真正掌握 1 至 2 项运动技能。

人大附中一直十分重视体育教育，打造了一支老中青结合的专业化体育教师队伍，开设了分层级、多样化的体育课程与活动。《普通高中体育与健康课程标准（2017 年版 2020 年修订）》实施以来，人大附中体育教研组以新课标为指引，以促进学生身体、心理和社会适应能力整体健康水平的提高为目标，通过教学改革与模式创新，让体育赋能学生健康成长。

分层级、多样化的体育课程体系

人大附中以往的体育教学内容相对固定，每学期安排 4 个专项运动技能的学习，各年级按照固定方案实施。以新课标的实施为契机，体育教研组对体育课程内容进行了改革创新，每学期从田径、体操、球类等基础运动项目中固定两项教学内容，各年级任课体育教师可自选 3 至 4 项教学内容，上报备课组和教研组。教研组综合学生身体素质发展需要和教师上报的教学内容，制定各年级的教学计划，形成体育教研组整体的课程体系。这样一来，既发挥了体育教师在专项运动技能上的优势，也丰富了学生的体育课学习内容。

在体育课程的设置上，体育教研组既注重全体学生体育和健康学科核心素养的培养，又注重不同年级、班级、性别的学生在体能发展上的差异和个性化需求。具体做法是，首先根据学生体能发展需要，统计出不同年级、班级、性别的学生需要提高或可以优先发展的身体素质指标，依据指标遴选出有助于提高该项素质的运动项目，在对应的年级、班级开设。这样一来，就不再是不同的年级、不同的班级上相同的体育课，而是不同级、不同班的学生学习不同的教学内容。

人大附中的体育课程不仅教授学生基本的体育知识和运动技能，更聚焦学生体育核心素养的培养。体育课程体系分为基础课程、拓展课程和提升课程三个层级。

基础课程：严格按照国家规定开足开齐，确保每位学生都能接受到高质量的体育教育，满足每位高中学生基本的体育锻炼需求。高一阶段的体育课包括国家课程中必修必选的体育健康知识、体能模块以及球类、田径、民族传统体育、冰雪运动、水上运动、新兴体育运动等。

拓展课程：这是人大附中体育课程中涉及门类最多的一类课程，也是学校在体育教学中尊重学生个性、发掘学生潜力的重要体现，包含了国家选修课程、校本选修课程以及体育赛事、体育社团和群体性体育活动等，可以满足不同学生的兴趣和爱好。

提升课程：以业余训练为主要形式，主要是为有突出特长的学生提供，满足能力较强学生的需求，以培养竞技运动后备人才及输送高水平运动员为目的。

人大附中拥有一支高素质、高水平的体育教师队伍，目前共36名体育教师，研究生以上学历者占80%，国际级体操裁判、国家级篮球裁判和国家级武术裁判各一人。学校高度重视学生体育运动的开展和推广，学生运动队和体育社团蓬勃发展。学校是足球、篮球、田径、游泳、健美操、武术、乒乓球等7个项目的国家级体育传统特色校、首批国家级校园足球示范校、北京市冰雪运动示范校。人大附中足球队、健美操队、武术队均为北京市金奥运动队，此外，体育教研组牵头成立了田径队、游泳队、篮球队、花样滑冰队、冰球队、体育舞蹈队、乒乓球队、定向越野队等15个校级体育社团。

人大附中非常注重营造崇尚体育的校园文化氛围。学校定期举办体育节、运动会、篮球联赛、足球联赛等大型体育活动，各年级根据学生特点举办各具特色的体育活动和竞赛，这种积极向上的校园体育文化氛围，让更多的学生体验到运动的乐趣，感受到体育的魅力，促进了身心健康发展。

从"身体教育"走向"生命教育"：游泳课成为必修课

从2021年9月起，游泳课成为人大附中高一年级必修课程。这缘于几方面的考虑：一是在对学生和家长进行调研后，体育教研组发现学生中希望学习游泳的人数不少；二是游泳项目有很好的育人价值，对加强学生身体素质、促进心理发展、增强安全意识有积极作用。比如，清华大学在 2017 年就恢复了"不会游泳不能毕业"的老校规。

通过一个学期的游泳课学习，高一全年级九成学生通过了深水合格证测试。能够在短时间内达到这样的教学效果，让体育教研组的老师们十分欣喜。但是，问题也随之显现：学生们在掌握蛙泳、自由泳的基础技能后，普遍对仰泳和蝶泳技术学习兴趣不高。老师们了解后发现，大多数学生的需求是学会游泳即可，而不是要掌握多种游泳姿势。那么，游泳课程下一步的发展方向是什么？

游泳不仅是一项运动，也是一项生存技能。游泳课不仅要教会学生掌握几项泳姿，还要通过游泳让学生对生命有更深刻的认识。于是，经过向专家征求意见，体育教研组决定在传统的游泳基本技术教学中融入救生知识与技能教学，在帮助学生建立安全意识、具备基本自救能力的基础上，通过水中救生技术的学习，引导学生能够在关键时刻冷静判断，积极、合理地配合可能需要的救援。

为此，体育教研组升级了游泳必修课程（见图 1）。课程面向高一年级全体学生，共 36 课时，上学期 18 课时主要带领学生掌握包括蛙泳和自由泳等在内的基本游泳技术和自救能力，完成踩水、水中自救和间接救生的实用游泳技能的学习；下学期 18 课时带领学生掌握入水、接近、水中解脱、水中拖带和上岸、心肺复苏等基本的水中救生技能，并进行救生专项体能训练。体育教研组还联合学校医务室，对学生进行心肺复苏技能的教学。

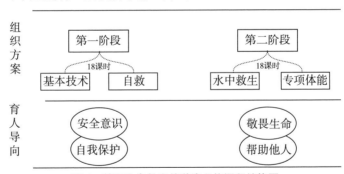

图 1　基于生命教育的游泳必修课程结构图

同时，为了进一步完善游泳课程体系，体育教研组还与学校医务室共同开发了陆上急救课程。这样一来，最终构建了涵括"游泳技术""水中自救""水中救生""陆上急救"等技术由易到难、环境从简单到复杂的游泳课程群，实现了由技术训练到生命安全教育的跨越。

以"水中救生"课程（见表 1）为例，该课程采用挑战性学习任务驱动的方式，将游泳救生各部分教学内容拆分成"水中拖带、水中解脱和上岸""入水和接近""技术组合与专项体能"三个单元，设立不同等级的小目标。在学生对游泳救生技术有一定认识的基础上，通过不断挑战相应水平的内容和目标，掌握最适合自身体能和技术特点的救生"风格"。

表1　"水中救生"课程教学计划

课次	单元	教学内容
1	单元一：水中拖带、水中解脱和上岸	游泳救生项目介绍、夹胸拖带技术学习
2		继续学习夹胸拖带技术
3		强化夹胸拖带技术
4		初步学习反蛙泳拖带技术
5		复习反蛙泳拖带技术
6		水中解脱技术
7		反蛙泳拖带后的上岸技术
8		水中解脱、拖带和上岸的组合动作
9	单元二：入水和接近	初步学习抬头自由泳技术
10		进一步学习抬头自由泳技术
11		入水接抬头自由泳技术
12		潜水接近技术
13		入水、抬头自由泳、接近技术组合
14	单元三：技术组合与专项体能	复习巩固水中救生完整技术组合
15		复习提高水中救生完整技术组合
16		进一步提高水中救生组合技术，水中救生演习
17–18	考核	完整技术组合考核评价

这样与众不同的游泳课程，深受学生欢迎。有的学生说："水中救生比较实用，也很有意思，救生和自救，既能帮助自己，也能帮助他人！"还有的学生说："大家都学得很认真，这些学习内容说不定以后就能用得着！"

在游泳课程群的建设过程中，体育教研组把学生的生命安全和健康放在首位，依据本校学情和学生学习需求，既让学生享受到游泳锻炼的乐趣，强健了体魄，又让学生在自身遇到险情的情况下懂得如何自救和配合施救人完成对自己的救助，还能在他人遇到险情时在保障个人安全的前提下实施辅助救援，培养了学生的社会责任感和敬畏生命的生活态度，使他们更加懂得尊重生命、珍爱生命、保护生命的意义。

从聚焦技能走向了解规则：学生篮球裁判员成为校园体育明星

一年一度的篮球联赛，是人大附中全校学生心目中极具影响力的重要赛事。以往，每年的比赛，球技出众的学生都是场上受关注的焦点。如今，场上的裁判员也格外吸人眼球，因为他们也是学生，是人大附中学生篮球裁判队的成员。他们活跃在校园各类篮球比赛的赛场上，公正执裁，得到师生的一致认可。这背后，跟"篮球裁判法的运用"这门课程有关。

人大附中是国家级篮球传统项目学校、首批全国青少年篮球特色校，篮球是人大附中很多学生都喜欢的体育项目，篮球课也是备受学生欢迎的一门课程。《普通高中体育与健康课程标准（2017年版2020年修订）》对专项运动技能教学内容提出要求，要从基础知识与基本技能、技战术运用、体能、展示或比赛、规则与裁判方法、观赏与评价六个方面进行教学内容构建。围绕新课标中的新要求，体育教研组的老师们也开始了篮球课程升级之路，开设"篮球裁判法的运用"课程（见表2），进行中学校园篮球裁判员培养的探索。

这门课程可以有效解决以往篮球课程中对于规则与裁判方法讲解不够系统、生动的问题，帮助学生在实战中更好地了解规则与裁判方法。同时，中学生正处于青春期，具有敏感、易冲动等特点，通过篮球裁判课程，能帮助学生在体育赛事对抗环境中尊重规则，做好情绪管理，更加理智、冷静地处理各种突发情况，培养团结合作的精神、良好的体育品德。

"篮球裁判法的运用"课程融合新课标指引下的大单元教学设计理念，每学期共18节课，包括篮球规则、规则解释和裁判法等内容。课程基于学生的年龄特点，在规则讲解方面，多采用案例分析、模拟、练习等方式，同时积极为学生创设实战平台，充分利用校园内大小赛事等真实情境，让学生学以致用。

以"竞赛组织与管理"一课为例，教师向学生讲解淘汰制、循环制和混合制三种通常采用的比赛制度。在讲解过程中，教师将理论知识与实际运用相结合，以6个参赛队的编排为例，引导学生掌握循环制赛事的编排规则。同时，教师还

表 2 "篮球裁判法的运用"课程教学计划表

课次	内容
第 1 次	基础知识：了解赛前准备的内容：裁判员会议、身体准备、赛前职责
第 2 次	基础知识：了解记录表的填写，根据比赛场上情况进行记录
第 3 次	基础知识：学习竞赛组织与管理，了解篮球比赛的三种比赛制度（淘汰制、循环制和混合制）
第 4 次	基础知识：学习竞赛组织与管理，能够独立完成多支球队的编排和组织
第 5 次	基本技能：学习违例，包括队员出界和球出界、带球走、运球；能够识别并准确地进行判罚
第 6 次	基本技能：学习违例，包括 3 秒违例、5 秒违例、8 秒违例、24 秒违例；能够识别并准确地进行判罚
第 7 次	基本技能：学习违例，包括球回后场、干涉得分和干扰得分；能够识别并准确地进行判罚
第 8 次	基本技能：学习犯规，包括接触、一般原则、侵人犯规；能够识别并准确地进行判罚
第 9 次	基本技能：学习技术犯规和违体犯规、取消比赛资格的犯规；能够识别并准确地进行判罚
第 10 次	基本技能：学习犯规，包括队员 5 次犯规、全队犯规、特殊情况、罚球；能够识别并准确地进行判罚
第 11 次	基本技能：复习前期所学的违例和犯规手势
第 12 次	基本技能：了解裁判员的站位和责任，时刻知道自己的区域分工
第 13 次	基本技能：了解犯规后的轮转换位，在发生犯规后能够准备快速完成判罚
第 14 次	基本技能：了解在球出界和掷球入界情况、投篮情况中判罚程序，出现后能够准确地进行判罚
第 15 次	基本技能：了解在罚球、暂停和替换中的判罚程序，出现后能够准确地进行判罚
第 16 次	观赏与评价：观看视频《CBA 裁判的一天》，对篮球裁判有客观认识
第 17 次	展示或比赛：在 1V1、2V2、3V3 比赛情况下，正确运用所学规则与裁判方法
第 18 次	展示或比赛：在 4V4、5V5 比赛情况下，正确运用所学规则与裁判方法

通过全运会、CBA、世界杯赛事对阵图、竞赛规程、赛事争议等真实案例，帮助学生了解现实中赛事的赛制和组织等知识。

"篮球裁判法的运用"课程带给学生不一样的学习体验：在运动能力方面，学生要具备裁判员所需要的身体素质和体能；在健康行为方面，能让学生积极适应各种外部环境，养成良好的运动习惯；在体育素养方面，能让学生提升责任意识、规则意识，提高抗压能力、沟通能力和冷静处理各种突发情况的能力。

"篮球裁判法的运用"课程培养了一批校园学生篮球裁判员，不仅解决了校园篮球赛事缺少裁判的问题，还促进了校园篮球运动的更好发展。

参加课程学习的学生说："裁判员的身份让我懂得公平、公正，遵守规则，有高尚的职业操守。""当裁判跟自己在球场上比赛完全不是一回事。裁判员不仅需要扎实的基本功，还要有抗压能力和随机应变、处理各种突发情况的能力，对提高我的心理抗压能力、更好地应对以后的学习和生活非常有帮助。"

从个体发展走向团队合作：拓展训练在中学"落地生根"

《普通高中体育与健康课程标准（2017年版2020年修订）》中，将"团队合作"作为"体育品德"这一学科核心素养的重要内容。在体育教育中，如何培养中学生的合作精神？

在人大附中逸夫楼报告厅门口，一项信任背摔活动（见图2）正在进行，一位同学站在一群学生中间，单手握拳高举，大声说："我接受挑战，请为我加油！"周围学生都将手搭在她的身上，大声回应道："加油！加油！加油！"

在队友们的鼓励下，她登上背摔台，勇敢地把背后交给队友，大声喊道："我准备好了，你们准备好了吗？"队友们同样给予大声回应："准备好了！"在老师的辅助下，她缓缓地向后倒去，然后被同学们一双双手组成的"信任床"稳稳接住。

图2 "信任背摔"课堂实况

"信任背摔"是人大附中体育选修课程"团队训练营"中的一个主题。这门课深受学生欢迎。

信任背摔有安全风险，但也有一系列的规范和要求，只要严格遵守规范，把所有的细节都做到位，风险就是可控的。学生在呐喊时，既是压力的宣泄，也是信心的传递，传递给挑战者，让他们更有安全感；传递给搭建者，让他们更坚信自己能贡献力量，能合力保护队友。这门课程的目的，就是让学生感受到环境安全和心理安全，从中收获不一样的成长。

拓展训练对提高团队素养、心理素质、社会适应性等具有重要作用，在社会培训中已经受到广泛欢迎。那么，中学校园是否适合开展拓展训练课程呢？在开设"团队训练营"这门选修课之前，体育教研组做了细致的前期工作，于 2021 年对高一和高二学生进行了调研，共回收有效问卷 266 份，其中高一 125 份、高二 141 份；男生 147 人、女生 119 人。调研数据显示，92.48% 的学生认为团队合作能力对高中生的未来发展"重要"或"非常重要"，54.52% 的学生认为开设一门专门提升团队合作能力的选修课对提升学生综合素质"重要"或"非常重要"，同时，也有 63.91% 的学生对拓展训练"完全不了解"或只是"略有耳闻"。

调研结果和当前部分高中生专注于自我、习惯于学业竞争，不擅长也不重视合作的现状，坚定了体育教研组的老师们开设"团队训练营"这门课程（见表 3）的决心。老师们融合体育与健康、心理健康两大学科相关内容，以及部分管理学科内容，结合高中生身心发展特点，系统开发了急速破译、极限工程、信任背摔等 12 个学习主题，通过每周一次课、每次 80 分钟的学习，帮助学生提升自我认知，提高团队合作能力。

表 3　2021—2022 学年第二学期"团队训练营"课程教学计划

课次	主题内容	目标	组织方式
1	破冰课	破冰，介绍课程及学习模式	理论课＋团队游戏
2	急速破译	深度破冰，促进团队成员互相了解	分组竞争＋组内合作
3	极限工程	促进团队融合，加强团队协作	分组竞争＋组内合作
4	信任背摔	提升团队凝聚力，增进团队信任	大团队合作
5	同心笔	促进团队深度融合，培养分工合作意识	分组竞争＋团队合作
6	校园定向	发展耐力素质，提升团队合作能力	小组竞争与合作

续表

课次	主题内容	目标	组织方式
7	穿越电网	培养合作意识，增强团队凝聚力，增进团队信任	大团队合作
8	盗梦空间	锻炼观察、表达、倾听的能力，提高团队沟通效率	大团队沟通与合作
9	穿越雷区	训练提升团队沟通能力，增强团队心理的耐挫力	大团队沟通与合作
10	竞标风云	增强学生的竞争意识，锻炼团队的应变、沟通能力	分组竞争与合作
11	核污染危机	提高学生团队沟通与合作能力，培养责任意识	分组竞争与合作
12	结课考核	展示团队学习成果，锻炼个人表达能力	个人及小组展示

在设计主题时，将游戏与体育运动充分结合，每节课都有一定的运动量，同时兼具开放性和综合性。

以"急速破译"主题（见图3）为例，教师在破译区随机摆放30张卡片，卡片上有着各种各样的知识，每张卡片分别对应着1~30中的一个数字。游戏每轮用时60秒，最先将卡片按顺序全部破译出来的队伍获胜。同时，游戏还规定两支队伍要轮流进行破译、每次每支队伍只能派1名队员上阵，但是队伍可通过全队做俯卧撑（男生）或蹲起（女生）来赚加时。30张卡片上的内容涉及天文、地理、历史、体育等知识，团队成员之间可以互相交流，获取信息。游戏过程中会产生很多分工与沟通的机会。

图3 "急速破译"课精彩瞬间

在主题设计过程中，还将课程思政融入其中。"穿越雷区"主题把对越自卫反击战作为背景，学生在进行边境扫雷游戏的同时接受爱国主义教育。"核污染危机"主题将地震作为背景，一个生产核化工原料的工厂在地震中损毁，学生需要在有限的时间内快速找到核原料所在的位置。在这样的情境中，学生需要排除种种困难，去解决问题。

在课程模式设计中，针对当前中学阶段开设拓展训练时活动深度不够、体验式教育理念实践不足、学生在活动中反思不足等问题，引入大卫·库伯的"体验学习圈"学习模式（见图4），在每节课中将学生分成两个小组进行个人或团队挑战，学生在课堂中要先后经历"具体体验—反思观察—抽象概括—行动应用"全过程，通过组内讨论、两队代表发言和教师适时引导等，将学生的体验逐渐迁移到生活应用，转变为经验。

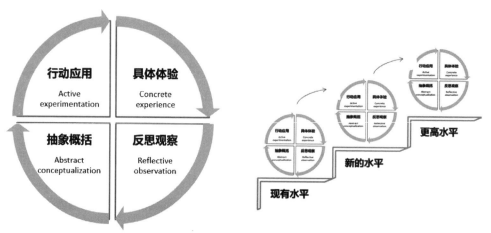

图4 "体验学习圈"学习模式

每节课上，每个小组安排一名学生记录并整理本组在本节课中的表现，结课时汇编成本小组的《团队成长手册》。《团队成长手册》中记录着那些难忘的回忆和收获，有学生参与课程的过程、在活动中的表现、在课堂中的观察，也有学生体验后的反思。这不仅是对学习过程的记录和评价，也成为重要的学习资源。

通过12项各有侧重的主题活动，"团队训练营"课程帮助学生在体能训练的同时，逐步提高自我认知，让学生从关注个体发展真正走向了团队合作。

有的学生说："通过学习，我对团队建设有了更多了解。一个团队中，要有不同的角色承担着不同的责任。我认识到了自己在团队合作中的不足，现在的我在团队交流和合作中都更加成熟了。"还有的学生说："在游戏中，由于判断失误，我们队输了，但是这让我们重新审视了竞争与合作的关系，我们明白了并不是一味委曲求全就能换来真正的合作。在面对竞争对手时，勇于亮明态度，更容易获得合作。"

从关注结果走向关注过程：个性化专业支持让天赋绽放

2023 年 11 月，人大附中武术队的 6 位同学在选拔中脱颖而出，与中关村中学两名同学一起组队，代表北京中学生参加中华人民共和国第一届学生（青年）运动会。这 8 名同学组成的团队取得了 1 枚金牌、1 枚银牌、3 枚铜牌、1 项第四名的成绩，还获得体育道德风尚奖。其中，马同学取得了女子自选剑术第一名和自选长拳第三名，还夺得了集体项目第二名，一人就斩获金银铜三枚奖牌。

马同学是人大附中高中 2022 级学生，从小喜欢武术。进入高中后，随着学习压力的不断加大，她的武术成绩止步不前，这让她一度陷入了自我否定的低谷。

老师注意到了马同学面临的困难。为了让她快速适应高中环境，做好学习和训练的平衡，引导她从适应高中的学习与训练节奏开始，在进行体能和技术训练的同时积极调整心理和精神状态。

在老师的帮助下，马同学很快适应了高中生活。除了在全国首届学青会广旅杯（校园组）武术套路比赛中取得好成绩外，她还先后获得全国中学生武术锦标赛女子高中组规定剑术第一名、规定长拳第二名、集体项目第三名；北京市青少年 U 系列武术套路冠军赛女子 U18 组自选剑术第一名、自选长拳第二名；北京市体育传统项目学校武术套路比赛高中女子组长拳第一名、自选短器械（剑术）第一名……

如何让像马同学这样拥有突出特长的学生得到个性化的专业支持，是人大附中体育教研组思考的一个重点问题，这也是体育教育改革探索的重要方向之一。体育教研组的老师们一致认为，对于高水平运动员、运动队的培养，比赛的结果不是最重要的，奖牌更不是唯一的目标，培养学生积极进取、不断超越自我的体育精神更为重要。

关注过程而非结果，注重中华武术的精神内涵对学生品德培养的作用，在这样的理念引领下，人大附中武术队目前拥有高水平运动员 26 人，无论是学习还是训练、比赛，他们都能够克服困难、奋勇拼搏，展现出人大附中学子的精神风貌，接连在全国、北京市的各项赛事中取得出色成绩。

在人大附中，像武术队这样的高水平运动队还有好几支。学校拥有健美操、武术、足球三支金奥运动队，同时还拥有近 20 支各体育项目的校队，多次代表海淀区、北京市以及国家参加各类各级体育赛事，取得了优异成绩。

体育是教育的重要组成部分，健康的身心更是一切的基础。人大附中体育教研组充分挖掘、发挥体育与健康课程的育人价值，让体育赋能学生健康成长，让每个学生都能感受到运动的快乐和健康的可贵，养成健康生活习惯，同时也为推动新时代学校体育教育改革发展做出了有益尝试。

学科竞赛：不断挑战自我，收获别样成长

政策·聚焦

全国中学生五项学科竞赛是全国中学生数学、物理、化学、生物学、信息学竞赛的总称，是由中国科学技术协会主管的面向全国中学生开展的课外科学竞赛活动，其宗旨是向中学生普及科学知识，激发中学生学习科学的兴趣和积极性，通过竞赛和相关活动培养和选拔优秀学生。《全国中学生五项学科竞赛管理条例》指出，学科竞赛是研究性学习的重要方式，鼓励学有余力、有兴趣的学生自愿参加。参加学科竞赛的学生会在高中阶段进行大量拓展学习，锻炼思维、学习、动手、交流等能力。每年的五项学科竞赛为我国基础学科培养和凝聚了大量的后备人才。

人大附中在五大学科竞赛及其他科技竞赛方面拥有扎实的教学功底、肯于奉献的教练团队和全面合理的竞赛课程，形成了"师资队伍优秀、课程设置合理、竞赛成绩优异"的良好局面，取得了耀眼的成绩。仅以 2024 年的成绩为例，6 名学生进入五大学科国际赛事国家队，3 名学生进入五大学科亚洲赛事国家队，创造了我国自从 1985 年组队参加五大学科国际竞赛以来，首次出现同一年份、同一所中学在五大学科上均有学生进入国家队的纪录。截止到 2024 年 9 月，人大附中学生在 2024 年数学、物理、化学、生物学、信息学五大学科国际竞赛中获得 4 金 2 银的好成绩。

课程：一系列竞赛课程为学生发展赋能

本着"尊重个性、挖掘潜力"的办学思路，人大附中非常重视拔尖创新人才培养课程的开发与建设。在多年积累的基础上，开发了数十门从强基课程、竞赛基础课到国家集训队选拔的不同水平、不同难度的课程，形成竞赛课程体系，为学生发展赋能助力。

仅以 2024—2025 学年第一学期高中选修课程为例，本学期开设了数学、物理、生物、化学、信息学五个学科的竞赛课程，共计 15 门，如圣彼得堡数学竞赛题选、环球城市数学竞赛题选、生物学实验课等。此外还有数学、物理学科的 3 门强基课程，数学、物理、化学学科的 4 门大学先修课程。

其中，以数学竞赛课程为例，在课程设置上，每门课程之间有着明确的分工，有的课程讲解国内外著名比赛的赛题，让学生获得更多可供参考的经验和解题方法；有的课程侧重于介绍数学历史上经典的问题与一些背景知识，提升学生数学核心素养。

谈到竞赛课程对自己的帮助，第 31 届全国中学生生物学竞赛金牌得主、国家集训队队员万同学深有感触。他在初中阶段从未接触过学科竞赛，进入人大附中读高中后，才在老师的引导下开始生物竞赛的学习，并最终入选了国家集训队。他认为，生物竞赛课程的学习，极大地激发了自己的好奇心，为自己提供了一个看待世界和生命的全新角度，自己就像从兔子洞中发现仙境的爱丽丝一样，能够带着纯粹的好奇遨游其间，这让自己第一次由衷地感到能够诞生在有生命的世界上是莫大的幸运。

第 31 届全国中学生生物学竞赛金牌得主、国家集训队队员李同学在进入人大附中读高中之前，也从来没有想到过自己会走上学科竞赛之路。正是人大附中的竞赛课程，为他开启了一段人生中非常重要的经历，能够让他在自己最热爱的领域获得更为广阔的眼界。他一直记得老师说的一句话："我们在竞赛学习中收获了这种解决问题、梳理知识、面对困难的方法，那么今后无论是面对考试或是工作，都能用从容的心态去面对。"

第 56 届国际中学生化学奥林匹克竞赛金牌得主马同学清晰地记得上过的每一节课："老师讲课很有条理，思路清晰。他鼓励我们在课上进行讨论和提问，这让我们都能够积极参与到课堂思考中并且相互取长补短，不断提高水平。"

在人大附中，学生在课堂上的积极参与程度非常高。第 38 届全国中学生数学决赛金牌得主王同学认为，同学们一起合作讨论、共同学习的机制对自己有很大帮助。在这样的氛围中，同学们积极参与，互相学习，一同进步。

教练：师生"从游"，教学相长

人大附中支持鼓励学生参加学科竞赛，旨在通过竞赛激发学生对学科的热爱，发展学科素养，促进学生在学术方面的持续发展。为此，学校统筹布局，大胆改革，近年来把一批优秀青年教师充实到竞赛教练员队伍中，给予教练团队充分信任与大力支持，增强教练团队的凝聚力、荣誉感，人大附中学科竞赛发展驶入了快车道。从 2018 年的学生在国家队队员选拔中失利，到从 2019 年开始连续夺得全国五大学科国际竞赛金牌榜第一名，人大附中在创新人才培养方面一步一个脚印走来，步履扎实，成果丰硕。

　　著名教育家梅贻琦先生曾用"从游"来比喻师生关系："学校犹水也，师生犹鱼也，其行动犹游泳也，大鱼前导，小鱼尾随，是从游也。"这句话形象地揭示了师生关系。人大附中的学科竞赛教练犹如"大鱼"，不仅是知识的传递者，更是学生成长道路上的陪伴者和引路人，用自己的经验和智慧去带领"小鱼"在知识的海洋畅游，在学科竞赛的征途上不断前行。

　　树人先树德，育人先育心。在人大附中，教练不仅传授学科知识、竞赛技能，还注重挖掘并激发每一位学生的无限潜能，点燃学生的学习内驱力，塑造他们的家国情怀。从开始竞赛课程学习之初，教练就引导学生明确学习的目的和意义，将个人的科学志趣与国家发展结合起来，树立为国家科技进步和社会发展贡献力量的远大志向。

　　除了学术指导，教练还非常注重对学生的心理辅导。在学生遇到挫折和困难时，教练总是及时给予鼓励和支持，激发学生的斗志，帮助他们树立信心。教练与学生彼此充分信任，学生愿意与教练分享自己的困惑和问题，教练凭借敏锐的洞察力也总是能够及时发现学生的问题，给予指导和帮助。在教练的一路陪伴下，学生逐渐崭露头角，有的入选国家集训队，进而进入国家队，代表祖国参加国际高水平竞赛。

　　以物理竞赛团队为例，竞赛团队中有些学生在初中时并没有参加竞赛的经历和基础，因此高中进入人大附中后信心不足，甚至到了高一上学期期末阶段会变得迷茫。李同学就是这样的一员，在以胡继超老师为总教练的物理竞赛教练团队的鼓励和指导下，他逐渐坚定了自己对学科竞赛的热爱。回忆自己一路走来的心路历程，他感慨地说："我从竞赛零基础起步，原本有些信心不足，曾经多次怀疑自己，甚至一度想要放弃。但在高一最后一节物理竞赛课上，看到同学们无论自己水平高低，都一起眼中含泪、依依不舍地向教练鞠躬，一起笑着品尝教练发给我们的棒棒糖，我深深被这个团队感动，也为自己是其中一员而骄傲。我耳畔就又响起教练的话：'这一学期，不管你学得如何，都是好样的！这一学期学的内容就像这根棒棒糖，你一点点把硬核的内容消化掉，就品尝到了其中的微甜。'正是教练的陪伴和指引让我逐渐坚定了信心，明确了方向。我想，学习不仅是为了那份成绩单，学习本身就是有意义的。"

　　看到他的转变，他的主管教练李志刚老师非常欣慰。在高二的竞赛讨论课上，教练专门安排李同学给同学们讲他感兴趣并擅长的广义相对论，在同学的掌声和教练的鼓励下，李同学的信心更足了，课内学习和竞赛学习都上了一个新台阶，最终在竞赛中取得了优异的成绩，入选了国家集训队。2023年，李同学在有24个国家和地区的近200名中学生参加的第23届亚洲物理奥林匹克竞赛中脱颖而出，以总分第二名的优异成绩获得金牌。

这样的例子在人大附中并不鲜见。教练用自己的专业知识、教育智慧和无私的爱心，为学生的成长提供了全方位的支持。他们不仅是学生学术上的导师，更是学生精神上的引路人，帮助学生在竞赛的道路上不断超越自我。这种师生之间的"从游"，正是人大附中竞赛文化的重要组成部分。

学科竞赛不仅是学生成长的"催化剂"，同样也是教师成长的"快车道"。事实上，人大附中并没有专职竞赛教练，而是采用"双肩挑"模式，教师在承担常规学科教学任务的同时，也担任竞赛教练的角色。常规教学让教师更加了解学情，了解不同学生的成长需求，然后通过有效的沟通和指导，让全体学生都能跟上节奏。而要给学生一瓢水，自己先要有一桶水，在指导学生的过程中，教师需要不断深化自己的专业知识，拓宽学科视野，才能持续地给学生"供水"。在这种教学相长的过程中，教师的业务能力也得到了锻炼和提升。

这种师生"从游"的关系，为师生双方的共同成长提供了坚实的基础，也为竞赛师资团队的发展注入了源源不断的动力。

传承："传帮带"是人大附中竞赛文化的核心

在人大附中，每年的竞赛表彰大会总是座无虚席，即便是不参加学科竞赛的学生也早早前来。获奖的学生毫无保留地把他们的学习经验和方法分享给大家，同学们聚精会神地听着，从中获取启发，习得方法。正是这种浓浓的学习氛围，让学科竞赛在校园中具有深厚基础。

"传帮带"是人大附中竞赛文化的核心。已经毕业的学长们，无论身在何处，始终心系母校，愿意回到校园无私地向学弟学妹们分享经验，帮助学弟学妹们面对挑战，少走弯路。学长们所传递的，远不止知识本身，更是一种面对挑战的精神和态度。他们通过分享自己的成长故事，激励学弟学妹们不断突破自我，汇聚个人努力为集体力量。在学长们的关心与支持下，学弟学妹们自然也会萌发出责任感，将"传帮带"传承下去。

获得第 31 届全国中学生生物学竞赛金牌、入选国家集训队的李同学，一直关心着母校学弟学妹们的成长与发展，经常利用自己的空闲时间回到母校，为备战竞赛的学弟学妹们耐心细致地答疑解惑，传授经验。在学弟学妹们比赛期间，他还专门赶到赛场，鼓励大家。在实验考试的前一天晚上，他还结合自己以往的参赛经验，给学弟学妹们叮嘱了很多注意事项，希望大家发挥出最佳水平。

在一次生物竞赛颁奖典礼上，发生了这样一个故事。现场揭晓获奖名单时，按照惯例是从后往前倒序公布名单。当念到第 101 名时，意味着接下来获奖名单上的学生已跻身前 100 名，荣获金牌；而当第 51 名获奖者的名字被公布时，则意味着此后的获奖学生进入前 50 名，获得了进入国家集训队的资格。在颁奖典礼现场，当主持人宣布第 101 名获奖者时，同学们情绪高涨，相互拥抱，甚至激动落泪。然而，当第 51 名获奖者被公布时，现场的气氛却相对平静。这让教练们有些意外，因为对于学生个人而言，进入国家集训队，显然具有重要意义。

面对教练们的疑惑，学生们坦诚地说："如果拿到金牌的话，对我们个人而言仅仅是一枚金牌，但明年北京就会因此多一个奖励参赛名额（编者注：按照竞赛章程规定，各省参赛代表队名额由基础名额加奖励名额组成，而奖励名额根据上一年度全国生物学竞赛参赛成绩情况确定），这也就意味着能在下一年给学弟学妹们多争取到一个参赛机会。"学生们的话，让教练们意识到，他们确实长大了，他们希望通过自己的努力，让学弟学妹们有更多的机会实现梦想。而这样的想法，源自他们的学长以前对他们的无私帮助。

这种"传帮带"的精神力量，在一届又一届学生中传递，也激励着一届又一届的学弟学妹们，让他们在学科竞赛之路上不断前行，不断进步。这种传承，是学校一道亮丽的风景，已深深融入人大附中的校园文化中。

团队：在竞争中学会合作

在学科竞赛这条竞争激烈的跑道上，人大附中学生展现出了一种截然不同的风貌——他们乐于分享，而不是将彼此视为对手。学生在学习和参赛过程中，理解了团队协作的重要性，学会了如何在竞争与合作之间找到平衡，这对于他们无论是在学术领域还是职业生涯中的未来发展，都具有深远的意义。

在一次物理竞赛中，北京市仅有 17 个晋级名额，竞争激烈。人大附中参赛学生中，有多位处于第 14 名至第 22 名区间，尽管他们彼此之间也存在竞争关系，但在参赛前一周，他们毫无保留地与同学分享学习资料和自己发现的更有效的解题方法。之所以能够这样做，是因为他们将彼此视为一个团队。他们深知，通过分享和合作，整个团队的实力将得到提升，而这最终也将惠及每一个团队成员。

在学科竞赛的激烈角逐中，团队合作往往能产生无限的潜力和创造力。获得第 32 届全国生物学竞赛金牌并入选国家集训队的申同学说："在这一届竞赛中，我们团队取得了 11 金 1 银的成绩，这一成绩与我们的团队协作密不可分。我们是相互学习、相互促进的队友，同学之间乐于分享，无论是答疑解惑还是问题讨论，大家都毫无保留地分享各自的经验与心得。在集训期间，我们每晚都会组织小组讨论，探讨实验设计思路、动植物解剖技巧等，有时讨论得非常投入，会持续到深夜。正是这样的团队精神，让我们能够不断取得突破和进步，也在成长的道路上收获了珍贵的友谊和难忘的经历。我们小组 5 个人，其中 3 人都入选了国家集训队。"

通过学科竞赛这一平台，学生不仅锻炼了自己的专业技能，更学会了如何在竞争中寻求合作，如何在团队中实现共赢。参加学科竞赛的经历使他们明白，每个人都是团队成功不可或缺的一部分。同时，学科竞赛也教会他们在竞争中如何保持互相尊重，欣赏每个人的优势，通过合作来实现共同进步。这种团队精神也必将成为他们人生道路上的宝贵财富。

直面挫折：在竞赛中领悟成长

在许多人看来，竞赛的终极目标是夺得金牌，而实际上，学科竞赛对学生的影响远不止于此。对学生来说，它不仅是对学科知识掌握程度的检验，更是宝贵的成长经历。对学校来说，看重的也不仅仅是金牌，而是通过学科竞赛探索出了一条拔尖创新后备人才的培养路径。在人大附中，竞赛的真正价值在于过程中的学习和体验，而不仅仅是最终的结果。

参加竞赛的经历，对学生的综合素质是一种锻炼和提升。在竞赛课程学习、参加竞赛的过程中，学生面对的往往都是难度较高的问题，这要求他们跳出舒适区，培养解决问题的勇气和能力，学会在逆境中坚持努力。同时，这样的经历也培养学生树立了正确的胜负观，理智看待成功与失败，保持冷静和坚韧，做到胜不骄败不馁。这种心态的养成，对于学生未来面对各种挑战都具有积极的意义。

有这样一位学生，他不是从学科竞赛中脱颖而出的佼佼者，没有获得奖项，也没有进入国家集训队，但他通过参加学科竞赛的过程获得了意志品质的提升、视野的开阔、知识的丰富，最终凭借自己的努力考取了北京大学。

在毕业典礼上，作为毕业生代表，他动情地说了下面这段话：

"从初三开始一直到高三最后一场竞赛落幕，我甚至连省级一等奖都没有拿到过，我想在别人的眼中，我大概就是一个彻头彻尾的失败者，但是高中三年的竞赛生活已经彻底烙印在我的心上，让我永生难忘。我印象最深刻的是在一个寒夜里，寒假前最后一场竞赛课已经结束了，那时我们已经非常疲惫，胡继超教练提议大家去跑步，于是就在这个寒冷的夜晚，胡教练把车开到操场边，车灯的两束光芒穿透了黑夜，我和同学们就在这两束光芒的照耀下，穿着厚厚的羽绒服奔跑起来。我奋力向前奔跑，当我跑不动的时候，我看到大家奔跑的身影映在宿舍楼外墙上。就在那一刻，我想，参加竞赛和奋力向前奔跑是一样的，为什么我们能在一次次挫败和跌倒中再爬起来，重新鼓起勇气去面对挑战？就是因为我们热爱，我们愿意在这条道路上向前迈进，因为我们心中永远有这样一束光芒。我渐渐想明白，无论是竞赛、高考，抑或是人生中的各种事情，都是一样的，我们往往过于看重结局，而忽视了一路走来的万千风光。于我而言，竞赛让我满载而归：一方面，在学习中，我提升了自己的能力，能够去努力追寻自己的爱好；另一方面，在一次次的挫败之后，我仍然能爬起来，渐渐变得坚强和稳重、自信与从容，这是我获得的最珍贵的东西。"

他的故事，深深打动了在场的师生。他用自己的经历告诉大家，获奖并非竞赛的唯一目的，而是在这个过程中所经历的挑战、所收获的友谊以及在困难面前不屈不挠的精神，是因为热爱和自我超越。

通过学科竞赛，学生学会了在胜负之外寻找价值，学会了如何面对挫折和失败。对他们来说，每一次尝试都是成长的机会，每一次挑战都是自我提升的过程。这样的经历，会成为他们人生旅途中宝贵的财富。

人大附中以学科竞赛为载体，让学生学会了在竞赛中勇敢面对挑战，在困难面前保持冷静和坚韧，在团队协作中合作共进。这些共同塑造了人大附中独特的竞赛文化，在这样的文化浸润下，学生在挑战中不断磨砺意志，在挫折中保持挫而不败，在团队合作中收获别样成长。

打造高品质"行走的课堂"，
且行且研且学且成长

政策·聚焦

2016 年 12 月，教育部等 11 部门发布《关于推进中小学生研学旅行的意见》指出："中小学生研学旅行是由教育部门和学校有计划地组织安排，通过集体旅行、集中食宿方式开展的研究性学习和旅行体验相结合的校外教育活动，是学校教育和校外教育衔接的创新形式，是教育教学的重要内容，是综合实践育人的有效途径。"文件明确规定，将研学旅行纳入中小学教育教学计划。

生活即教材，世界即课堂。作为"行走的课堂"，研学旅行是学生走出课堂、接触社会、体验文化、传承精神的重要平台，带给学生的是一场全方位的教育体验，有助于促进学生核心素养的全面提升。多年来，人大附中积极响应国家研学旅行政策，德育处、年级组精心进行系统规划。学校高一、高二学生先后到西安、杭州、成都、江西兴国等地研学旅行，开启了一段不一样的成长之旅。

系统规划实施方案，用心打磨活动细节

研学旅行近年来热度持续攀升，在丰富学生教育内容、拓宽活动领域等方面起到了积极的育人作用。但与此同时，由于学校组织大规模外出的能力有限，也暴露出一些问题，如游而不学、打卡走形式、安全保障不到位、课程不系统、路线平淡等。游学尤其是出京游学，非常不容易。为了做成有品质、有人大附中特色的研学旅行活动，学校德育处对此进行了深入思考和系统设计。

博大精深的中华优秀传统文化是中华民族的根与魂。德育处对研学旅行中的文化和传承进行再认识，并做了定位：第一，引导学生通过实践的方式认识世界，了解世界，这样他们才有可能参与其中、进行创造。第二，找准发展点位，让文化育人和实践育人共同作用。利用经典的红色文化、优秀的历史文化、多彩的民族文化、丰富的地理文化，通过研学旅行开展全方位、立体式、体验式的学习活动，使学生做到"身在其内，心在其里，思在其中"。

遵循"以游立德""以游启智""以游健体""以游尚美""以游悦心"的新时代研学旅行原则，德育处从多维度进行分析、研究，制定了人大附中研学实践活动实施方案（见图1）。方案统筹规划了小学、初中、高中三个阶段的研学活动，规定了6个活动主题及要达成的进阶目标，并提供了京内、京外实践活动路线，供年级组选择、参考。

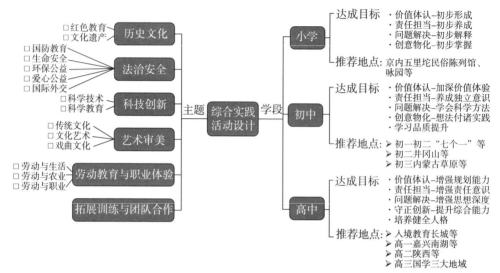

图1　人大附中研学实践活动实施方案

年级组在具体策划研学旅行路线及活动的过程中，从细微处着眼，反复打磨细节。从衣食住行的基本需求到研学活动的深度体验，每一个环节都被赋予独特的教育意义。

为了让学生有更好的体验，每一次外出研学旅行，年级组提前几个月就开始组建专班，汇聚不同学科的教师，亲临目的地对研学路线进行实地踩点。教师们凝聚智慧，从各自的学科专业视角出发，提出建设性意见，设计出有趣、有意义的研学任务单。

当然，出门在外，安全和舒适是学校首先考虑的要素。为了确保活动顺利进行，教师们通常会选择安全、便捷的交通方式。他们还深入考察酒店住宿条件，从硬件设施到安全管理，从电梯的门禁到浴室的防滑措施，每一个细节都不放过。为了能让学生品尝当地特色美食，同时兼顾自身饮食习惯，还能保持营养均衡，他们精心挑选菜品，和当地工作人员反复交流、调整菜单。这不仅是对味觉的满足，也是对民俗文化的一种体验和学习。

精心设计研学线路及活动，在学生心中根植"五粒种子"

祖国的大好河山为莘莘学子提供了丰富的研学旅行资源，但要充分发挥这些资源的教育价值，关键在于研学线路及活动的设计。学校教师依托文化元素，弘扬主旋律，深入挖掘教育点，带领学生在行走中感受思想的深邃、历史的厚重、文化的传承、自然的魅力与创新的力量。

1. 根植"红色"的种子

红色血脉、家国情怀是人大附中人的精神底色。学校将研学旅行与红色教育结合起来，着力培育社会责任感、厚植家国情怀，努力在基础教育阶段为学生"扣好人生第一粒扣子"。

江西省赣州市兴国县是中国苏区模范县、红军县、烈士县和誉满全国的将军县。毛泽东、朱德、周恩来、陈毅等老一辈无产阶级革命家都曾在这里工作和战斗过。这里是红军反"围剿"战争的主战场，全县姓名可考的烈士达 23 179 名，孕育了 56 位共和国开国将军。

从 2015 年起，人大附中每年都组织早培项目高一学生赴江西兴国，开展红色研学之旅活动。教师带领学生在那里研学一周，参观烈士陵园等红色景区，祭奠革命先烈，重走长征路，让学生亲身感受那段战火纷飞的岁月。

置身这片爱国主义教育、革命英雄主义教育的热土，学生的心灵受到了触动。一位学生在随笔中写道："几百米回转的长廊是由两万多名烈士的名字镌刻在黑色墙面上构成的，由 6 000 座纪念碑组成的烈士陵园，每个到那里的人都会受到强烈的震撼。我们默默流泪，内心在颤抖，这部无声的教科书，是一座座丰碑。我们明白了一个道理：辉煌始于苦难，成就源于坚定的理想信念。我们发自内心地宣誓：我是中国人，我要为我的国家做贡献。"

在兴国，学校学生还与当地的学生结对子，一起上课，一起生活，一起下乡劳动，并走进课堂当小老师。在研学之旅中学思结合，脚踏实地，每一次归来都因为受到革命传统的洗礼而焕然一新。

2. 根植"历史"的种子

历史文化名城，是学校开展研学旅行的热选之地。在设计研学活动时，通过历史要素的融入，能够帮助学生更好地理解文化的传承和发展，建立起历史与现实的联结。

作为十三朝古都，西安是了解历史厚度、传承文化精髓的首选之地。在这里，循着中华民族生生不息的文明轨迹，学校教师带领学生走访名胜古迹，寻找城市的根脉，感受历史的厚重。他们在西安博物院，纵观千年三秦文化；在兵马俑博物馆，感悟大秦帝国雄风；在古城墙上，领略皇城建设之源；在碑林博物馆，临摹传世书法；在大唐不夜城，感受盛世繁华……学校还特别安排观看"西安千古情"实景演出，让学生沉浸式地感受西安过去和正在发生的史诗巨变。

成都自古便有"天府之国"的美誉，是中国首批国家历史文化名城之一、古蜀文明重要发源地，有着世界罕见的"3 000年城址不迁、2 500年城名不改"的历史特征。在这座古老而又现代的城市中，学生在教师的带领下，走访了许多令人叹为观止的历史遗迹。在被誉为"天府之源"的都江堰水利工程，感叹古人对自然的敬畏与利用；在武侯祠，领略三国文化的魅力；在杜甫草堂，通过一首首传世之作感受唐代诗歌的深邃与千年文脉的传承。举世闻名的三星堆就在成都周边，学生们在此感受到了中华文明的多元一体和古蜀国文明的高度发展。

3. 根植"文化"的种子

文化是民族的血脉。在设计研学活动时，通过文化要素的融入，能够帮助学生更深刻地认识中华文化的博大精深，培养学生对民族文化的认同感和自豪感。

关中文化历史悠久，源远流长。在西安研学旅行时，学校教师带领学生沉浸式地体验了戏曲、提线木偶、秦腔、皮影等丰富多彩的民俗表演，特别是近距离观看了激情四溢的秦腔表演。这种酣畅淋漓的艺术表现，只有身临其境才能深刻感受到它的朴实、豪爽和真挚。在"砸板凳"这一互动环节中，学生被演员的热情深深感染，体会到秦腔艺术的无限魅力。学生们还欣赏了在中亚峰会上演出过的著名华县皮影戏《卖杂货》。戏中卖货郎口吐旱烟的表演巧夺天工，这一幕深深印在了学生心中。他们还与非物质文化遗产传承人魏金全面对面交流，了解到非物质文化遗产也需要与时俱进。通过这样的研学旅行，学生在实践中感受到文化的力量，体会到传统文化与现代社会的结合，从而更深刻地认识到文化传承的重要性。

杭州是六大古都之一，素有"人间天堂"的美誉，以其深厚的文化底蕴和独特的自然景观吸引着古往今来的无数游人。在教师的带领下，学生在西湖湖畔领略"欲把西湖比西子，淡妆浓抹总相宜"的美景和文人墨客的佳作；在曲水流觞、吟诵诗词歌赋和投壶雅游等活动中体验古代文人雅士的生活情趣；在西泠印社感受我国非物质文化遗产金石篆刻的独特魅力；在中国刀剪剑博物馆感受打剪、铸剑等非物质文化遗产的精湛技艺。杭州是京杭大运河的南端起点。在这里，学生乘船感受了古运河的千年沧桑，还走进运河博物馆了解大运河的历史变迁和文化内涵，并亲自体验了制作油纸伞这项非遗技艺。在这座被茶香浸润的城市，学生还走进茶山，参观茶圣陆羽的故居，亲手泡一杯西湖龙井，向恩师敬茶，体会中

国茶文化的博大精深。

4. 根植"自然"的种子

人，生于自然，长于自然，与大自然有密不可分的关系。在设计研学活动时，通过自然要素的融入，能够引导学生认识自然、亲近自然、保护自然，培养学生的环保意识和对可持续发展的深刻理解。

在西安研学旅行中，学校教师带领学生走进了秦岭。秦岭是"龙脉"，滋养了中国历史和华夏文明，并以其独特的地理位置和丰富的自然环境，吸引着人们去探索。学校师生在徒步中用心观察、记录秦岭多变的地形和繁茂的自然植被。每一次与植物"对话"，都是对生命力量的深刻感受和认识。途中，师生们还经历了山间气候的多变，突如其来的急雨让大家学会了如何紧急避险，同时也真切地感受到了大自然的威严与神奇。这样的研学旅行，不仅是对自然之美的探索，更是生动的环保教育和生命教育。

再以杭州研学旅行为例，为了让学生亲近自然，学校教师特别设计了千岛湖51公里骑行观察活动。千岛湖是世界三大千岛湖之一，有大小岛屿共1 078个，自然资源非常丰富，有动物昆虫2 000余种、植物1 700余种。学生们经过热身后，在风光秀美的千岛湖畔踏上了骑行观察之旅。道路两侧山清水秀，风景如画，他们不断发现新的景色，观察各种动物和植物，感受到大自然的生机与活力、美丽和神奇，体验到人与自然的和谐共生。这次独特的骑行之旅不仅培养了学生热爱大自然和保护环境的意识，还锻炼了身体，磨炼了意志品质。

5. 根植"创新"的种子

守正才能创新，创新引领未来。在设计研学活动时，学校教师非常注重融入创新要素。其目的是激发学生的思考，鼓励他们探索新的可能性，培养他们的创新意识和创造性思维。

西安研学旅行的最后一站是充满活力的社会主义新农村——袁家村。选择这里作为终点，是为了让学生亲身走进并体验社会主义新农村的发展。袁家村门口刻着的"坚持社会主义方向，发展集体经济，走共同富裕道路，建设现代化新农村"的大字以及村民们脸上幸福的笑容，给学生们留下了深刻印象。在这里，教师给学生布置了一项经济调研作业，让他们走访村民，深入了解乡村的运营机制，探索如何实现人人有份参与、家家共享成果的可持续发展模式。学生们认真记录了袁家村的特色和发展情况。当他们融入真实的生产和生活场景中，不仅感受到了新农村建设的实际成效，也对如何在传统基础上进行创新和发展有了更多认识。通过这样的实践活动，学生们更好地理解了创新的价值，也激发了他们在未来学习中不断创新和实践的热情。

在杭州研学旅行中，学校师生来到有"全国文明村镇""全国乡村治理示范村"之称的小古城村采茶。这里空气清新湿润，水域清澈灵动，茶田整齐有致，俨然一幅美丽的画卷。在茶农的讲解下，学生们了解到小古城村以茶为媒，因地制宜发展茶产业，带领村民走出了一条共同富裕的新型致富之路。在这里，学生们不仅领略到美丽的自然风光，更感受到创新的力量：茶叶的品质不仅取决于茶叶本身，还与采摘、制作、储存等各个环节密切相关，每一个小小的创新，都能为茶叶的品质和口感带来提升。通过近距离感受茶农的辛勤劳动和创新精神，学生们深刻认识到创新在现代农业发展中的重要作用。只有不断学习新知识，勇于尝试新事物，才能在未来的生活和工作中不断创新，为社会的进步和发展做出贡献。

精心设计研学手册，带领学生且行、且研、且学、且成长

研学旅行要有丰富的内容，要把文化资源转变为教育资源，把教育资源转变为课程资源。我校精心设计科学合理且有吸引力的研学手册，以此作为全面而翔实的研学行动指南，给予学生全方位的指导与支持，引导学生有方向地开展自主学习。

1."行前—行中—行后"全流程给予指导与支持

研学手册覆盖了"行前—行中—行后"全流程，为学生提供了一个系统的研学框架（见图2）。

行前
1. 阅读〈课程背景〉
2. 谨记〈安全须知〉
3. 了解〈课程安排〉
4. 准备〈研学行李〉
5. 完成〈研学活动前期准备评价〉

行中
1. 完成每章〈KWL学习表格〉
2. 完成每章〈读·学·思·践·悟〉

行后
1. 完成〈研学活动过程评价表〉
2. 完成〈研学活动总结评价表〉
3. 分享、整理学习资料

图 2　研学手册框架

行前阶段，学生需要做好背景了解，深入阅读课程背景资料，熟悉课程安排及行程安排，同时牢记安全须知，并根据研学内容准备行李和学习工具。为了确保对研学旅行有充分的认识和准备，学生还需要完成前期准备评价表，并签署《研学公约》。

研学公约

我承诺：

自_____年_____月_____日开始，全程参加研学活动，遵守下列公约。若有违背，愿接受自我检讨。

① 我绝不迟到早退缺席。

② 我能够尊重伙伴的隐私。

③ 我愿意遵守纪律，爱护物品，如有损坏，照价赔偿。

④ 我可以保管好自己的贵重物品，确保人身安全。

⑤ 我积极参与研学过程中的所有活动，并学有所获。

⑥ 我一定遵从带队老师的安排，和我的同学们互帮互助，团结友爱，建立优秀团队。

⑦ 如果我活动期间遇到身体不适或突发事件，我会第一时间告诉带队老师。

⑧ 在整个研学期间，我努力做到文明参观，主动参与研学课程活动，遵守规则，展现新时代学生风采！

承诺人：

年　　月　　日

行中阶段，依据研学线路设计手册章节。比如《西安研学手册》共分为"初识西安""博物馆中的周秦汉唐""秦文化""汉文化""关中印象""书法艺术"六大章节。在每一个主题路线中，一方面，学生都需要完成 KWL 学习表格，回答三个问题："What I know?"（我已经知道什么？）、"What I want to know?"（我还想知道什么？）和 "What I learned?"（我学到了什么？）。另一方面，学生还需要完成由多学科背景教师联合设计的"读·学·思·践·悟"研学任务单。这样的设计旨在确保学生能够全面、深入地了解和体验研学目的地，并在过程中培养综合能力。

行后阶段，结合自我评价表，学生需要完成"研学活动自我学习记录"，从资料研究、解决问题、印象最深刻的事、最大的收获、自己最满意的表现等方面，对研学活动进行全面回顾和总结。同时，学校还会组织学生进行研学成果的展示和交流。

2."读·学·思·践·悟"五部曲，让研学走向深入

研学手册的设计，离不开多学科教师的共同参与和研究。为了引导学生全方位、多角度参与研学活动，学校教师联合设计了"读·学·思·践·悟"研学任务单。

（1）读：阅读背景材料

"读"意指"读书得间"，是研学主题活动的起点。教师们精心挑选与目的地相关的背景材料，如历史文献、地理资料、文化研究等，激发学生对研学目的地的兴趣，帮助他们建立起与研学主题相关的知识框架。

例如，在成都研学时，教师们精心整理了一系列关于三星堆的阅读材料，包括三星堆的历史定位、三星堆与中原王朝的关系、三星堆文明的时间跨度、三星堆文明在中国文明史中的地位以及三星堆遗址创造了多项世界纪录等，为学生实地走进三星堆开展探究活动奠定了基础。

（2）学：进行专题拓展学习

"学"意指"学贯天人"，是实地研学前的拓展学习阶段。通过引导学生深入阅读与研学主题相关的书籍和资料，关注主题背后的历史渊源、文化内涵和现实意义等深层因素，加深他们对研学主题的理解和认识，激发好奇心和探索欲，为深入探究和实践打下基础。

例如，在西安研学时，为了让学生对明城墙有更深的了解和认识，教师引导学生开展明城墙的兴建历史、建筑特点等基础材料阅读。步入"学"这一环节，教师继续带领学生进入更有深度的专题学习中，通过直观的图片和详细的文字说明，介绍了西安城墙的18个城门及城门的设计、布局等，带领学生进一步了解古代城市规划和建筑设计的智慧，引导学生思考古代城墙的军事防御意义以及在现代社会中的文化价值。

（3）思：设置开放性、引导性问题

"思"意指"好学深思"。在此环节，教师精心设计了一系列开放性和引导性的问题。这些问题，不仅是对研学主题的深入挖掘，还拓展到对现实问题的思考和对实际问题的解决。学生通过自主探究或小组讨论等方式，将所学、所见、所感转化为自己的理解、认识和能力。

例如，在成都研学时，教师结合杜甫草堂的真实情境，设计了这样两个问题：

（1）楹联誊录：在杜甫草堂中有着众多的传世楹联，请在研学参访中品读其中含义，并将自己比较喜欢的楹联誊录下来。

（2）各抒己见：一句"野无遗贤"的恭维之语为杜甫的悲情人生埋下了伏笔，而身在朝堂之外的他对此一无所知。如果你是杜甫，面对这样的生不逢时，你会

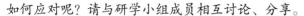

如何应对呢？请与研学小组成员相互讨论、分享。

第一个问题，引导学生观察并思考这些楹联中蕴含的创作背景、深刻内涵、艺术手法和情感表达等，对比不同楹联的风格和特点。第二个问题，将学生带入人物角色中，将当时的历史背景与杜甫的经历、性格相结合，推测"我"可能的反应和应对方式，从而深入理解杜甫的精神和品格。这样的思考过程，既有助于培养学生的历史意识和人文素养，也有助于激发学生的想象力和创造力。

（4）践：开展实地考察与调研

"践"意指"躬行实践"。通过精心设计实地考察、调查研究、手工制作等实践活动，让学生更直观地理解研学主题内容，并将学到的知识运用到实践中，实现知行合一。

例如，在西安研学时，教师设计了"丈量城墙"和"我为城墙做贡献"活动。学生需要在没有工具辅助的情况下，测量两个敌楼之间的距离。这不仅要求学生掌握基本的测量知识，还需要他们运用创新思维解决问题。他们还被要求写一句有关西安城墙的宣传语，呼吁更多的人了解城墙、爱护城墙。这就需要了解明城墙的历史、文化和建筑特点等。这样的活动既锻炼了学生的综合能力，也有助于培养他们的社会责任感和公益意识。

秦始皇兵马俑是中国古代文明的一张金字名片。在近距离欣赏兵马俑的壮观景象、深入了解秦朝的历史文化后，学生需要完成"用英语介绍兵马俑"实践任务。这样的活动设计，有助于提升学生的跨文化交流能力，也让学生感受到作为文化传承者的责任与担当。

（5）悟：在总结、反思中感悟，收获别样成长

"悟"意指"憬然有悟"，是主题研学活动的升华阶段。教师引导学生对亲身经历的研学活动进行总结与反思，以撰写研学报告、制作 PPT、绘制思维导图等方式，梳理和呈现自己的研学成果，实现知识的内化和个人能力的提升。

例如，在成都研学之旅即将结束时，教师引导学生回顾整个研学经历，系统总结研学收获，尝试对一个人和他所生活的城市之间的关联进行深入思考，并将成都与北京两个城市进行对比分析，从而更加深刻地理解不同地域的地理位置、环境、经济、文化等对个人成长的影响。

同时，在这一环节，教师还布置了一项开放性作业，要求学生自主选择以文字、绘画、照片、视频等形式，展示自己在研学过程中的所见所闻、所感所悟，分享自己的成长和收获。

通过"读·学·思·践·悟"五部曲，学生在教师的引导下，全方位、多角度地深入了解研学目的地的历史文化、地理环境、社会现状、经济发展、人文精

神等，锻炼了自主学习能力，培养了团队合作精神，激发了创新思维。这些都将对他们的人生产生积极而深远的影响。

搭建多样化成果展示平台，促进核心素养全面提升

成果展示是研学活动的重要组成部分，也是检验该项工作成效的关键环节。学校鼓励学生发挥创意，展现个性，以多样化的形式呈现自己的研学成果。学生在交流合作、互启互鉴中实现共同成长。

1. 进行大型展演

在西安研学时，观看完大型歌舞剧"西安千古情"，学生们在宋城演出剧场开启了自己的西安千古情"红白专场"，用自己的方式演绎着西安的历史与文化。

在这次展演中担任舞蹈编导的郑同学说："从接到任务到招募人员、排练作品，乃至最终的呈献，我们只有三周时间。在这三周里，我们经历了太多变故，不仅有一次次的剧本删改与大幅度的人员变动，更有来自剧场方的舞台条件变更，但是大家没有被困难吓倒，而是更加团结一心，积极寻找解决办法，全力以赴给同学们带来一场精彩的视觉盛宴。"

2. 创作专属 MV

音乐、影像和创意的结合，可以产生更强烈的情感共鸣和吸引力。在研学旅行中，人大附中学生充分发挥创造力和团队协作精神，自主策划、自编、自导、自演，以创作一部专属 MV 的方式记录和表达了他们对研学城市的认识和情感。每一部 MV，都是他们与当地文化的一场深入对话。

以 2022 级学生西安研学活动为例，确定研学路线后，就开始对专属 MV 进行整体策划和筹备。在教师的指导下，学生迅速组建起导演组、演唱组、摄制组、剪辑组、文案组，各团队分工明确，共同为 MV 的创作而努力。

8 名文案组同学擅长写作，在语文老师的指导下，深入挖掘西安的风土人情、历史文化，几经易稿，创作出《少年长安游》和 MV 脚本歌词：

迈下了火车　眼前是长安夜色	上下五千年碑林　结出民族风骨
有一种熟悉　仿佛是梦中来过	文人志士的墨痕　刻出兴衰沉浮
历史博物馆将文明文化诉说	立角楼俯瞰天地　片刻吸风饮露
周秦汉唐一幕幕如胶片闪过	身前城墙如盘龙　待将龙息吐出
大唐不夜城头似有千万盏灯火	或许未来会感叹　有好多话想说
你是否愿意衣着汉服身披璎珞	西安城的故事　想分享太多太多
汉文化盛世风景当看那大风阁	看夕阳西下　就坐在护城河
漫步于汉城湖听人哼起这首歌	怀里再抱上一本贾平凹的小说

西安人的城墙下是西安人的火车
西安人不管到哪都不能不吃泡馍
西安大厦高楼　是连的一座一座
在西安人的心中　这是西安人的歌

老孙家泡馍百家吃　书生读百家书
袁家村中品美食　饱腹后立抱负
德发长饺子宴　容纳古今元素
西安千古情将民族史诗传述
笔下绘制鸿图　被朝霞光芒点亮
看遍关中民俗　新一代接下青黄
看旧词添新章　兵马俑与皇陵旁
千年历史苍茫　犹记当年秦始皇

西安人的城墙下有红白校服走过
西安城的历史书写在这黄土高坡
西安大厦高楼　与脚下群山万壑
在附中人的心中　这是西安行的歌

啦啦啦啦啦　啦啦啦啦啦
啦啦啦啦啦　啦啦啦啦啦
啦啦啦啦啦　啦啦啦啦啦
啦啦啦啦啦　啦啦啦啦啦
啦啦啦啦啦　啦啦啦啦啦
啦啦啦啦啦　啦啦啦啦啦
啦啦啦啦啦　啦啦啦啦啦
啦啦啦啦啦　啦啦啦啦啦

西安人的城墙下有红白校服走过
西安城的历史书写在这黄土高坡
西安大厦高楼　与脚下群山万壑
在附中人的心中　这是西安行的歌

西安人的城墙下有红白校服走过
西安城的历史书写在这黄土高坡
西安大厦高楼　与脚下群山万壑
在附中人的心中　这是西安行的歌

西安人的城墙下有红白校服走过
西安城的历史书写在这黄土高坡
西安大厦高楼　与脚下群山万壑
在附中人的心中　这是西安行的歌

至西安古城领略不夜灯火葳蕤
脚尖舌尖心尖此刻都已如痴如醉
我们踏遍名胜感悟这文化芳菲
览千古气象愿接续中华民族光辉

——改编自程渤智《西安人的歌》

主创同学：秦　天　　李盈帆
　　　　　廖泽昀　　马令霖
　　　　　王晨瑜　　赵冠乔
　　　　　张然博　　郑佳雲
指导老师：王　欣　　昌　盛

　　演唱组的 27 名同学，为了更好地把握歌词内涵、表达歌词意境，利用课余时间反复研读、练习。他们录制的歌声自然流畅，不仅传递了歌曲本身的情感，更展现出人大附中学子青春、自信、阳光的精神风貌。

　　摄影组的 39 名同学，在出发前就开始用镜头记录 MV 创作成员的工作瞬间。在研学旅行中，负责演唱组同学的分镜取景拍摄，用心捕捉着在西安研学的每一处风景、每一次活动、每一个细节。在他们的镜头下，从巍峨壮丽的古建筑到繁华热闹的街市，从传统村落到地道美食……西安独特的魅力和同学们的青春活力尽入画面。

　　剪辑组的 4 名同学，将拍摄的大量素材进行筛选、剪辑和合成，为 MV 添加音乐、字幕和特效，将 MV 的每一个细节都打磨得尽善尽美。

《少年长安游》MV 在视频平台发布后，短时间内播放量达到 5.5 万次，获得师生、家长的广泛赞誉。

3. 发布研学成果集

每次研学旅行结束后，学校都会举办研学成果集发布活动。学校鼓励学生将旅途中的观察、思考和感悟写出来，并遴选学生们的优秀作文、摄影作品汇编成册，形成研学成果集。以 2022 级学生成都研学成果集为例，共收录优秀作文 20 余篇，优秀摄影作品近 40 幅。

在成果集中，学生们以细腻的笔触和独特的视角，记录了他们的研学收获。学生们的作文，有的描绘了成都的自然风光，有的讲述了成都的历史文化，还有的探讨了成都的现代发展。每一篇文章都充满了学生们的真挚情感和深刻思考，展现了他们对成都这座城市的独特理解和感悟。

学生们的摄影作品，则用镜头捕捉了成都的街头巷尾、风景名胜、人文特色等。每一张照片都是学生们用心观察和记录的结果，是他们对成都美好瞬间的定格和珍藏。

大型展演、专属 MV、文章、照片，学生们用多种形式展示着他们的研学成果，也展现着他们的非凡才华。这些，都构成了他们青春成长的重要篇章。

读万卷书，行万里路。人大附中打造高品质"行走的课堂"，带领学生且行、且研、且学、且成长。这些难忘的回忆、满满的收获，定将陪伴他们走向更广阔的天地、更多彩的未来。

第四章　新教研·新驱动

双研互促，研训协同，助力教师专业发展

政策·聚焦 ··

《中共中央 国务院关于弘扬教育家精神加强新时代高素质专业化教师队伍建设的意见》指出，坚持教育家精神铸魂强师，践行教师群体共同价值追求。坚持教育家精神培育涵养，融入教师培养、发展，构建日常浸润、项目赋能、平台支撑的教师发展良好生态。坚持教育家精神弘扬践行，贯穿教师课堂教学、科学研究、社会实践等各环节，筑牢教育家精神践行主阵地。坚持教育家精神引领激励，建立完善教师标准体系，纳入教师管理评价全过程，引导广大教师将教育家精神转化为思想自觉、行动自觉。

教师是落实课程改革的生力军，教师的专业发展直接影响着课程改革的实施成效。人大附中拥有一支高学历、年轻化的队伍，一线教师 500 余人，其中有硕士研究生以上学历的占比 70% 以上。

多年来，奉献精神、团队精神、科学精神、创新精神"四种精神"的传承，一直是滋养人大附中教师队伍成长的源头活水。教研科研双研互促、教科研与培训协同发力，则是促进教师专业发展看得见、做得实、可持续的重要支撑。

教研筑基，扎根实践提升专业水平

人大附中的办学成绩与学校长期坚持的高品质教研工作是分不开的。

1. 多样化的"教研组织"成就蓬勃的教研生态

人大附中朝气蓬勃的教研生态源自学校多样化的"教研组织"。学校一共设置十五个学科教研组，最大的教研组有 80 人。同时，每个年级既有根据学科形成的若干备课组，还有涵盖本年级所有学科教师的年级组。

教研组、备课组及年级组是学校开展教研工作的基本组织单位，在教务处和德育处的统筹和协同下，于日常教育教学中承担着各自不同的功能。教研组为不同年级、同一学科的教师们提供了互相学习交流的机会，备课组则为任教同一年级、同一学科的教师们搭建了深度研讨的平台。大教研组与小备课组各有优势，发挥着各自不可替代的作用，共同保障了人大附中高质量的集体备课。年级组的

功能则更综合，是学校实现扁平化管理的重要支柱，也是学校开展德育活动、德育教研的基础阵地。

在人大附中，还活跃着另一种形态的"微型教研组织"。比如，助力新教师角色转换的小型核心团队。每一位加入人大附中的新教师，学校都会为其安排一位学科教学师傅和一位班主任师傅；青年教师第一次给高三上课，无论工作是否满三年，学校同样会为其再安排一位高三教学师傅。这些新老结合的小型核心团队可谓助力青年教师尽快完成角色转换、适应教学工作的能量源泉。

此外，在人大附中，教师们因日常教育教学的真实需求而自发抱团、合作攻坚的做法也蔚然成风。在"双新"建设中，学校对原来的课程体系升级迭代，构建了"一核·两翼·三层级"课程体系。作为"两翼"课程群之一的跨学科课程群，其课程开发与实施等不少重要任务正是由教师们自发抱团完成的。

无论是常设固定的"教研组织"，还是因需而生的"微型教研组织"，组织内部成员自身的专业背景与能力素养都是影响教研质量的关键因素。人大附中校长助理、教务处主任黄群飞介绍说，近几年，各教研组都在尝试建立"结构化进人"机制，即根据"双新"要求，应课程建设的需求，招聘新生力量。例如，从2023年到2024年，学校选聘新任语文教师五位，专业研究方向包括理论语言学、现当代文学、古代文学、现代汉语、复杂网络与文化传播；选聘新任数学教师十二位，专业研究方向有理学、软件工程、电气工程、应用统计、概率论与数理统计、微分方程、电子科学与技术、应用数学、数学课程与教学论、基础数学、几何分析等。多样化的学科背景在各种教研组织形态中更容易形成优势互补的局面，有利于每一位教师的专业成长和团队的协同发展。

在人大附中，教师之间没有各自为战、各行其是的风气，有的是互相帮衬、取长补短、精诚合作的团队精神。这种精神的形成与学校管理密切相关。在每一个年级组、每一个备课组，学校一向提倡鼓励的不是一枝独秀，而是百花盛开；学校也鼓励这些优秀团队之间展开良性竞争，不断实现自我超越。于是，各美其美、美美与共的人大附中教育教学生态逐渐形成并持续赋能教师成长。

2. 常态化的集体备课与校内公开课积蓄能量

开展集体备课、组织校内公开课，是人大附中教研活动的重要内容。各学科教研组开展集体备课的内容及形式不尽相同，但都非常注重以问题为导向进行教研，发现问题、解决问题、复盘总结、提升认识，再优化教育教学，形成完整闭环。

在"双新"实施中，人大附中教师呈现出自觉、研究、协作、实干的行动特点。对于新课标的变化，教师们虚心学习、认真琢磨，同时又根据学情主动研究，争着开展对比实验。依托"深度学习"项目，围绕"如何设计统领性的学习主题""如何确定素养型目标""如何设计挑战性学习任务""如何开展持续性评价"等关键问题，以单元（主题）教学为抓手，以"问题—解决—总结—新问题"为闭环，追求常态课教学的系统改进，实现团队全体成员的共同成长。目前，人大附中已建立了十三个海淀区学科教研基地，在区域形成了一定的影响力。

教师专业能力提升途径关键在课堂，每个教学周都有数节校内公开课，这是人大附中教师为落实"双新"理念所做的积极而主动的探索，是教研团队实践智慧的集中展示。

学校信息中心还为教研组和个人提供了网盘服务。云端的网盘使得教学资源的共享更加便捷。借助网盘共享，历年所有备课组的教案、课件、试题能够面向全组教师开放，组内任何一位教师在需要的时候可以随时打开，当然也可以随时更新。教师们的无私奉献与坦诚分享成就了丰厚而宝贵的线上资源库，也成为教师们专业发展的"宝典"。

科研领航，课题研究突破发展瓶颈

科研兴校、科研兴教是人大附中的治校方略之一。在人大附中，科研一方面是学校发展的战略方针，同时也是绝大多数教师的工作常态。以研究的态度对待教学，始终保持"学习—反思"状态，是人大附中教师队伍的优良传统。多层面、多维度展开的科研工作，是促进教师专业发展的关键力量。

1. 以重大项目为支撑，集体科研成人达己

随着课程改革进入深水区，教育部、北京市及海淀区逐级逐层以重大项目推动学校落实新课程理念。近年来，人大附中先后参与了"双新"示范校建设、深度学习教学改进、大中小学思政课一体化建设、高中多样化特色发展、海淀区青少年拔尖创新人才培养基地建设等项目，还经历了全国中小学科学教育实验校、北京市青少年拔尖创新人才培养基地等申报工作。这些重大项目的推进往往需要不同学科、不同年级、不同部门的教师共同参与。学校科研办积极统筹、协调，有条不紊地开展"有组织"的集体科研，引导教师在成人达己的过程中突破自我发展的瓶颈。

构建学科课程群与跨学科课程群是人大附中"双新"示范校建设的核心任务之一。在学科课程群的建设过程中，学校依托各学科教研组，组建了若干学科课程群建设团队，从规范各门课程的名称、梳理不同层级的现有课程，到优化课程群结构、编制课程纲要、推进课程实施，历时三年完成了 15 个学科课程群结构的优化。实践证明，在学科教研组层面采用"自主选课，统一调控，结成小组，

合作研发"的做法，能充分调动教师研发课程的积极性，从而既能实现课程建设的规模效应，还能对教师个体或群体的教学特色、教学风格产生积极影响。

近些年，在推进这些重大项目的过程中，产生了很多科研成果，既促进了学校发展，也成就了教师个人。例如，刘小惠校长在《人民教育》《中国教育学刊》杂志发表《以"一核·两翼·三层级"课程体系推动学生全面而有个性的发展》《中学创新人才早期培养实践探究——以人大附中为例》等论文，张帅老师在《北京教育》《思想政治课教学》杂志发表《一体化教研促进思政课教师专业成长》《高中课堂善用"大思政课"》等论文，李作林老师在《创新人才教育》《中国电化教育》杂志发表《劳动教育：促进学生个性自由而全面发展的有效途径》《真实问题解决：指向核心素养提升的教学策略——以人大附中通用技术课程建设为例》等论文，袁中果老师在《新课程教学》《中小学数字化教学》杂志发表《人工智能助推教育教学变革》《以课程群建设推动中小学人工智能教育普及》等论文。

2. 以课题研究为抓手，发挥优长实现蜕变

人大附中的教师，尤其是近年来新入职的教师，大多为博士和硕士毕业生，具备良好的科研素养。他们进入中学工作后，需要将学术专长转化为教学专长。这个过程的顺利推进，除了依靠团队带动和前辈引领，还可以通过申报并展开教育教学课题研究实现。课题研究是教师发挥优长、提升专业能力、实现成长蜕变的重要途径。

在人大附中，扎根教学实践开展课题研究，已经成为很多教师自我赋能的途径。2019 年 9 月至 2024 年 9 月，我校共有 19 个国家级、部级课题，37 个市级课题（见表1），80 个区级课题在研，很多课题都聚焦在"双新"示范校建设中的重难点问题，如劳动课程群建设、数字技术赋能课堂教学、拔尖创新人才培养等。高质量科研对教学的反哺作用愈来愈明显，教学科研形成良性互动，共同促进教师专业发展。

表1　我校 2019 年 9 月至 2024 年 9 月在研的部分国家级、部级、市级课题

序号	课题类别	课题名称	负责人
1	教育部政策法规司教育法治课题	拔尖创新人才培养的学校实践探索与培养机制研究	刘小惠
2	全国教育科学"十四五"规划 2022 年度教育部重点课题	中学国家安全教育课程建设与实施范式的实践研究	王佳雨

续表

序号	课题类别	课题名称	负责人
3	全国教育科学"十三五"规划2019年度教育部青年专项课题	普通高中生命教育"大健康"课程群的构建研究	和渊
4	全国教育科学"十三五"规划2019年度教育部青年专项课题	面向未来高阶能力和智能素养的中学跨学科人工智能课程体系建设与教学研究	武迪
5	2019年度教育部教育信息化教学应用实践共同体项目	基于在线课程平台的横向跨学科纵向分层次的中小学人工智能课程建设与实践	刘小惠
6	全国教育科学"十三五"规划2018年度教育部重点课题	中学生涯指导课程的实践探索与效果评价	陆丽萍
7	全国教育科学"十三五"规划2017年度教育部重点课题	视觉引导式教学促进高中生思维发展的实践研究	王璐
8	全国教育科学"十三五"规划2016年度教育部重点课题	基于STEAM理念的中学项目式教学研究	宓奇
9	北京市教育科学"十四五"规划2024年度一般课题	以计算思维培养为核心的初中信息科技课程跨学科主题教学设计与应用研究	袁继平
10	北京市教育科学"十四五"规划2024年度一般课题	应用AI写作反馈技术优化高中生英语写作能力：方法与实践	朱京力
11	北京市教育科学"十四五"规划2024年度青年专项课题	大思政课背景下北京法治课程资源融入高中法治教育的实践研究	张帅
12	北京市教育科学"十四五"规划2024年度青年专项课题	人工智能支持下中学数学拔尖创新人才培养的实践研究	王鼎
13	北京市教育科学"十四五"规划2024年度校本研究专项课题	人工智能赋能集团校扩优提质的路径研究	王晓楠
14	北京市教育科学"十四五"规划2023年度青年专项课题	指向创新素养培养的普通高中校本课程体系实践研究	胡望舒
15	北京市教育科学"十四五"规划2023年度一般课题	循证实践视域下学科核心素养导向的高中生物学课例研究	闫新霞
16	北京市教育科学"十四五"规划2023年度一般课题	基于家校共育的初中超重肥胖学生精准干预实践研究	殷现飞
17	北京市教育科学"十四五"规划2021年度青年专项课题	基于工匠精神培养的传统工艺校本课程开发与实践研究	何玲燕

续表

序号	课题类别	课题名称	负责人
18	北京市教育科学"十四五"规划2021年度单位资助校本研究专项课题	仿真实验技术辅助中学理化生实验教学的实践研究	卢海军
19	北京市教育科学"十四五"规划2021年度一般课题	基于男子气概培养的中学舞蹈教学实践研究	孙玥
20	北京市教育科学"十三五"规划2019年度青年专项课题	高中语文创意写作课程的开发与实施研究	徐翔宇
21	北京市教育科学"十三五"规划2019年度青年专项课题	高中思想政治课活动型课程的设计与实施研究	张帅

3. 以组织活动为常态，搭建平台引领发展

从1999年开始，人大附中每年都举办教科研年会。20余年来，教科研年会已经成为学校"研训一体"的常态化活动。

教科研年会不仅对全校教师在课程建设、教学创新、学生管理等方面的研究成果进行回顾、分享和表彰，也对新学年进行规划和展望，旨在为全体教师和员工提供展示成果、分享经验、学习新知、启发思考的平台。

2024年第24届教科研年会的主题为"融合·创新·赋能，推进高质量发展"。大会分为"校长讲坛""专家引领""教师专业发展——优秀教师成长之路""教学科研——跨学科课例展示与分享""国际交流——艺术团中美文化交流"五个板块。

教科研年会的"专家引领"环节，不局限于教育领域。以第24届教科研年会的专家讲座为例，有来自心理学专家的"心理问题应对策略谈——心理韧性提升"，有来自科技企业的"人工智能助力人大附中发展实践与思考"，还有"新媒体时代舆情危机的成因与应对""从ChatGPT谈具身智能与通用人工智能"等。这些精心策划的专家讲座总是能与时俱进地帮助教师们开阔视野、打开格局。

校内教师的分享同样精彩。本届年会邀请了于2023年新晋为特级教师的六位教师（语文教研组陈莲春、数学教研组孙芳、物理教研组卢海军、政治教研组张帅、历史教研组梁月婵、信息技术教研组武迪），结合自己的专业成长之路现身说法，就教师专业发展的路径、方法、关键问题的突破等展开分享。

榜样的力量是无穷的，近在身边的榜样现身说法，有分享、有展示，是引领、是示范，可辐射、可学习，能激起教师们"百尺竿头，更进一步"的专业发展动力。

2024 年上半年，科研办策划并启动了一个小而新的活动——研途微沙龙。谈到举办研途微沙龙的初衷和目的，科研办主任李桦说："研途，即进行教科研的探索之旅；微沙龙，即小型讨论与交流。之所以推出这个活动，是因为在推进教育教学改革的过程中，教师们在一线教学实践中的创新之举源源不断，很多鲜活、宝贵的经验需要得到即时分享和辐射，同时，在实践中遇到的一些困难、疑惑也需要联合更多的同事进行研讨、解答。"研途微沙龙聚焦教改的热点、难点、痛点，选取教师们关心的话题，每期邀请 3～5 位教师分享。教师们自愿参加，大家互启互鉴，在一起交流切磋，共同成长。

半年时间，研途微沙龙举办了三次，主题分别是"人工智能赋能课堂教学的实践探索""智慧课堂在教学中的应用与探索""生成式大模型助力教学"，共有 14 位教师分享了自己在教学中的创新探索。"微"沙龙引起了"大"波澜：自愿前来参加的教师远远超出了预期，现场研讨非常热烈；"保持年轻的心态，不断学习和尝试"成为微沙龙留给大家共同的深刻印象。

培训助力，找准需求搭建成长阶梯

人大附中健全教师队伍培养机制，充分关注处于不同阶段、不同群体教师的专业发展需求，依据教师成长的特点和规律，科学规划并合理制定校本培训的目标和内容。校本培训对教师专业发展的影响越来越明显。

1. 因需施训，构建专业成长进阶路径

目前，人大附中已经基本构建起一条连续的教师专业成长进阶路径——"青年教师起航计划""骨干教师成长计划""专家教师卓越计划"。

"青年教师起航计划"主要面向的群体是新入职的教师和入职 5 年以内的青年教师。尽快站稳讲台、当好班主任是这一阶段的教师面临的头等大事，起航计划助力他们成为"学习型"教师。

"骨干教师成长计划"主要以教龄在 5～20 年的中青年教师为培养对象，助力其成为"研究型"教师。这一阶段的教师教学经验比较丰富，年富力强，教学业务逐渐由熟练走向精湛；积极参与课题研究是他们突破专业发展瓶颈的关键。

"专家教师卓越计划"致力于帮助教龄在 20～30 年的资深教师从优秀走向卓越，成为具有一定影响力的"专家型"教师。学校对他们的专业引导聚焦于教育教学特色的提炼和教学思想的挖掘。

教师专业成长进阶路径的构建，有力地保证了不同专业发展阶段的教师能够得到契合他们需求的帮助。

在每个阶段的培训中，学校特别重视循序渐进地设计培训内容，以问题为导向，引领教师们拾级而上，持续成长。以"青年教师起航计划"为例，学校认真分析了新教师在不同阶段面临的实际困难和成长需求，分段进阶地设计和实施培训课程。第一阶段为职前培训，侧重工作规范、教师基本准则等内容；第二阶段为教学基本功培训，侧重从备课、说课、作业设计等方面锻炼教学基本功；第三阶段为学科教育教学设计和实践培训。

每年8月中下旬，学校都会为新教师开展集中培训。同时，这两年，学校经过反复讨论、研究，开始尝试安排新教师提前跟岗。在确定录取后，征求新教师的意愿，安排他们进入备课组提前跟岗学习。跟岗时间安排灵活，这些年轻人可以近距离地熟悉未来的工作环境，熟悉课堂管理等常规工作。实践证明，这种提前跟岗的方式，有利于新教师在入职后快速适应岗位要求，顺利开展教育教学工作。

2. 团队助攻，以赛代训创新培训方式

从1997年开始，学校每年年底前都会举办一次青年教师基本功大赛，至今已举办了26届，入职3年以内的教师均须参赛。

青年教师基本功大赛旨在以赛代训、以赛促学，重点关注青年教师阅读和理解课标、教材的能力，教学目标的转化能力，围绕教学目标梳理教学内容、选择教学方法、设计作业、进行教学评价与反思的能力。当然，大赛的项目及评价标准会随着课程改革的要求及时进行调整，目前有解题、教学设计、说课、板书设计等项目。

青年教师基本功大赛，看似是青年教师的"个人大考"，实际上却是"台前一个人，幕后一群人"的团队协作。教研组的前辈们不遗余力，一遍又一遍带着青年教师打磨设计、修改课件、试讲演练。可以说，一个人的成长背后凝聚着团队的支持。

3. 师徒传承，倾囊相授托举成长

在青年教师的专业成长过程中，师徒制发挥着极其关键的作用。一方面，师傅要关心和指导徒弟，通过备课、听课、命题、课题研究等各环节的个性化指导，提升"传帮带"效果；另一方面，徒弟也要积极学习和向师傅请教，在师傅的带领下学习"为师之道"，争取少走弯路，缩短成熟期。

数学教研组的刘文秀老师入职后拜吴中才老师为师。吴老师倾囊相授、耐心指导，带她一路从高一年级老师成长为高三年级老师。3年来，师徒俩坚持听课与反向听课。特别是在高三这一学年，刘文秀老师每天都要听一节吴老师讲的课，听完课后再在自己的班级授课。吴老师也经常听她的课，中肯地指出她在教学过程中的问题并耐心传授解决的策略。数学课离不开讲题，最初刘文秀老师上课只注重自己讲，一道题又一道题，一种方法又一种方法，自己很累，学生收获却并不明显。这也让初涉教坛的刘老师深感困惑：在课堂上，学生明明和自己的关系特别融洽，也非常喜欢听自己的课，但是为什么学生的收获却未能达到预期呢？带着这样的疑惑，刘老师找到师傅，并与他交流探讨其中的原因。师傅对她说："课堂教学一定要关注学生的反应，要激发学生的思维参与，要学会'逗'学生。这里的'逗'不是天南海北、夸夸其谈，而是让学生在老师的点拨下感觉到建立在逻辑基础上的思维灵活性。孔子说过：'不愤不启，不悱不发，举一隅不以三隅反，则不复也。'所以，我们在教学中要注重启发，多做学法指导和变式思考，引导学生举一反三，触类旁通。"一番话点醒梦中人。此后，刘文秀老师不再刻意追求解题方法的多与新，而是更多地关注学生的反应，基于实际学情的变化开展教学活动，教学效果明显提升。

4. 不拘一格，岗位实践打开成长可能性

中学教师的成才大多是岗位成才，具有很强的实践性。岗位实践，是影响教师成长的重要因素之一。学校敢于把青年教师放到重要岗位上去锻炼，让他们在实践中成长、成才。在人大附中，有的年轻教师从教两三年就任教高三；有的年轻教师则在一轮教学实践结束后就被委以重任，担任备课组长，如历史教研组的朱峰老师、政治教研组的杨迪之老师、语文教研组的王强老师。

学校为什么敢让这些资历尚不深厚的青年教师挑起大梁呢？最主要的原因是这些青年教师本身非常优秀。他们往往都是在入职后的第一轮教学实践中，就以扎实的专业功底、宽阔的学术视野、稳健的工作作风、灵活的思维方式脱颖而出。鉴于他们的出色表现，学校认为应该把他们放在重要的岗位上，让他们打头阵、当先锋，鼓励他们放手一试，让他们把自己的才华和能量最大限度地释放出来。当然，"压担子"并不意味着放任青年教师单打独斗、孤军作战。"压担子"只是给机会，学校还会继续为他们"搭梯子"——指派师傅、外出进修等，从而帮助他们尽快胜任工作岗位。事实证明，"压担子"与"搭梯子"相辅相成，让这些优秀的年轻人很快成长起来，成为学校发展的中坚力量。

2021年虽然受到外部因素影响，但人大附中在高考中再创佳绩，这与优秀的高三班主任团队的努力密不可分。那届高三班主任团队成员踏实能干、勇于拼搏、充满活力，平均年龄只有32岁。

人大附中不拘一格的岗位任用还体现在敢于打破传统的学段壁垒，让教师能"上"能"下"地轮岗，从而增强专业能力，开拓成长空间。学校近年来积极推动教师"大循环"任教。人大附中副校长、原数学教研组组长梁丽平老师一直认为，"大循环"是对教师能力的肯定和褒奖。在梁老师的推动下，数学教研组十位备课组长一半以上都有"大循环"教学的经历。吴文庆老师是备课组长、年级组副组长、海淀区骨干教师，他经历了"高中—初中—高中"学段循环教学。回顾这段任教经历，吴老师说："'大循环'可以帮助教师构建完整的中学数学教学体系，了解数学知识的来龙去脉，更好地进行承上启下的衔接授课。同时，'大循环'还能有效帮助教师了解不同年龄段学生的特质，从而增强教师针对不同的学情灵活调整教学方法的能力。"

多向度的岗位流动机制大大激发了教师们的工作热情，"好苗子"的涌现也就成为一种必然。

一个优秀集体的产生从来不是一蹴而就的，而是在一种强大文化场域浸润下、在一种精神力量感召和指引下逐步发展壮大起来的。秉承"爱与尊重"的育人理念，倡导奉献精神、团队精神、科学精神、创新精神的传承，人大附中形成了稳固而又充满活力的"学校文化场"。诚如顾泠沅教授所言："一所学校文化场形成，它就对存在于它的'场'内的每一个成员都施加一些'力'和'能量'，具有激励和凝聚、熏陶和潜移默化、自律自省和约束、扩散和辐射的功能。"

身处这个文化场中的一代又一代人大附中教师，浸润与传承的，既是对教育事业的热爱，也是对教育理想的追求，更是对教育情怀的坚守。这股看似无形的强大力量持续滋养着学校每一位教师的发展，而教研筑基、科研领航、培训助力共同形成的以"研训一体"为鲜明特征的实际行动又为每一位教师持久赋能。如此，寓无形于有形，化理念为行动，持续推动着学校行稳致远、实现高质量发展。

发挥群体教研优势，在合作中落实新课标

课标·聚焦 ∙∙

《普通高中数学课程标准（2017年版2020年修订）》（本文中简称"新课标"）是教师教学的主要依据，研读课程标准，关注新课程，关注新课标修订所表现出来的差异，对日常教学有直接且有益的启发。新课标不仅凸显了核心素养理念，也对一些阐述的细节进行了改动。教师在研读时，既要关注新表述、新变化，又要找到新课标与原有课标之间的有效衔接，在继承的基础上有所创新，不断优化日常教学。

面对新课标，人大附中教师不是被动接受，而是主动学习、研究、实验，将新旧课标联系起来，将课标与不同版本的教材联系起来，开展对比研究。不仅要知其然，知道变在哪里，还要知其所以然，从学科本质出发，思考为什么变、变的背后指向什么。

数学教研组在新课标的学习、研究与实践落地工作中，充分发挥团体教研的优势，以对比实验应对新课标之"减"，以"共研共磨"应对新课标之"加"。通过课程设计、打磨、实施、反思，在新课标落地过程中，扎实有效地提升学生的数学核心素养。

以对比实验应对新课标之"减"

新课标将高中数学必修阶段需要学习的知识分为了五个主题——预备知识、函数、几何与代数、统计与概率、数学建模活动与数学探究活动。新课标与旧课标相比在课程结构上做出了一些调整，删减了算法、简单的线性规划、三视图、三角函数线等内容，定积分与微积分基本定理部分去掉了理科要求，维持文科内容。应对课标中的内容删减，数学教研组的老师们开展了专题研究，除了对比新旧课程标准以外，对不同版本新旧教材的结构以及内容的设置也进行对比分析，旨在搞清楚课标中删减的依据与指向，从而更好地指导教学。

三角函数是基本初等函数之一，既是中学数学的重要内容之一，也是学习高等数学的基础，还是沟通几何和代数的桥梁。三角函数线是三角函数的几何表示，

在高中数学教学中是一个颇具争议的话题。与之前的课标中"借助单位圆中的三角函数线推导出诱导公式"这样的表述相比，新课标中强调的是"单位圆""几何直观"，并没有突出三角函数线。

顺应课标的修改，人教 A 版教材已经删除了正弦线、余弦线的内容，北师大版教材也没有提到三角函数线的相关内容，都侧重于充分发挥单位圆的直观作用去研究三角函数。然而，人大附中所采用的人教 B 版教材，仍以三角函数线作为主要工具，研究了诱导公式、三角函数的性质等。相应地，《平面向量初步》这一章也放在了《三角函数》这一章之前。

在日常的教学活动中，教师对三角函数线的处理，一般多是依据所教教材的版本，教材中有就讲，没有就不讲，限于教学实际，很少有机会将这两种方式做对比。

人大附中 2022 级高一数学备课组既没有被动接受新课标，也不是遵循人教 B 版教材完全照本宣科，而是把"三角函数线这个内容有没有必要专门讲"作为一个小课题去专门研究，以学生学习的效果作为最终检验的标准，主动将高一全部班级随机分为 A、B 两组，参考北师大版、人教 A 版、人教 B 版等不同版本的教材设计，在 A 组班级中只讲授三角函数的坐标定义，在 B 组班级中则同时介绍坐标定义与三角函数线，比较这两组学生对三角函数相关性质的探索情况，以及运用知识去解决相关问题的水平。

对于任意角的三角函数的定义，不同版本的教材处理方式是不同的。A 组班级按照北师大版教材或者人教 A 版教材，直接采用单位圆定义法。B 组班级按照人教 B 版教材，用象限角终边上任一点（原点除外）的坐标比定义三角函数。各班都安排了例题，利用相似三角形去证明角终边上任一点的坐标比定义法与单位圆定义法是等价的。

接下来，A、B 两组对三角函数线的教学处理也不相同。A 组班级没有专门讲三角函数线，而是始终以单位圆为工具，借助单位圆的对称性去推导诱导公式，再结合单位圆的几何直观和诱导公式的代数运算去研究三角函数的图像与性质。B 组班级则是遵循了人教 B 版教材的安排，在任意角三角函数的坐标定义的基础上，对三角函数的几何意义进行研究，引入单位圆和三角函数线；再借助三角函数线的直观性，去探索同角三角函数关系式、诱导公式等，并在动态变化中观察分析三角函数的性质，包括周期性、单调性、奇偶性、最值、零点等。在这样的教学设计下，三角函数线在《三角函数》整章教学中起到了基础工具的作用。

三角函数线在两组教学中的地位有天壤之别，那么学生学习的效果如何呢？在教学中发现，A 组班级在解题中只用单位圆，B 组班级在解题中使用三角函数线（可能也有部分学生用单位圆），两组班级的学生都能完成推导诱导公式、探索三角函数图像与性质等课堂内容；而掌握了三角函数的图像与性质之后，解决很多问题用三角函数的图像足矣，无须再回到单位圆或三角函数线这样的原始工具。这样看来，似乎跳过三角函数线这部分内容也并不会影响学生对三角函数主体内容的理解。但在实际教学中也发现，三角函数线能把三角函数用"看得见"的几何方式表达出来，直观形象，在解决某些问题时是很具优势的，甚至有些问题不用三角函数线将难以解决。

考虑到三角函数线在解决某些问题时极具优势，对理解诱导公式和三角函数的性质亦有益，A组教师在对比实验之后，还是选择了补充讲解三角函数线的相关内容。

在整个对比实验研究的过程中，老师们互相分享教学设计，交流学生的反馈情况，讨论怎样的教学对学生是最有益的。每个人都申报了公开课，将上课过程全程录像，课后一起观摩、评课。通过这个小课题的研究，老师们更加深刻地认识到，教学不是迷信权威，也不能生搬硬套，而应因地制宜、因时制宜、因生制宜。人大附中的学生数学基础相对较好，用一到两个课时专门讲三角函数线，就能帮学生建立起"角—终边—三角函数线—三角函数值"这样的思维链条，提到正弦、余弦、正切，脑海里就有相应的有向线段，而不用每次都回到原始的坐标表达。虽然看起来学生需要多学一个知识点，但学生在学习过程中能感受到三角函数线有趣又好用、直观又便捷，于是解决问题时多了一种可选择的方法。

在后续教学中，数学教研组的老师们也发现，很多学生都能主动运用三角函数线去解决某些问题，即使学习了三角函数的图像之后也没有完全舍弃这一工具。程度较好的学生，能灵活选用单位圆、三角函数线、三角函数的图像这三种方法，大大提高了解决问题的效率。

新课标对比实验的开展，能够很好地发现不同教学设计的优势和不足，找出一条更适合本校学生的学习路径，在这个过程中也能有效地拓宽教师视野，帮助教师在教学中学会观察、学会反思，从而更合理地使用教材，有效整合教学资源，促进教师的"教"与学生的"学"。

以"共研共磨"应对新课标之"加"

在本轮课标修订中，也新增了一些内容，比如有限样本空间、百分位数、数学建模与数学探究活动等。针对这些新增的内容，作为一线教师，不是简单地多上几节课，而是需要弄清楚新增的背景、育人的指向，注重数学内容的主线及知识的关联性，提升学生的数学核心素养。

比如新课标增加"数学建模"这一内容，目的是鼓励学生将实际的数学问题抽象成数学模型，并且通过数学模型的形式对问题进行解释和应用。其核心作用是引导学生从关注难题的解决，逐渐过渡到关注生活中的实际问题的解决。学生需要自主发现生活中的实际问题，再经历问题分析、模型假设、建立模型、模型计算、模型检验、得出结论等一系列环节来解决问题。可以看出，这一过程中所锻炼出的能力，比学生单纯地学习数学知识要重要得多。但同时，也对从事数学教育的教师们提出了更高的要求。

针对这一变化，人大附中2022级高一数学备课组在教学"三角函数"一章时，开展了专题教研活动，研究如何能推出一节既符合新课标精神又适应当前学生数学水平的数学建模课。

在这一时间节点上，想设计出满足上述要求的数学建模课是颇具挑战性的。首先，学生当前具有的数学知识尚显单薄，仅仅学习过函数等少数几个模块的基础知识，他们手中能够用来解决实际问题的数学工具比较少。此外，学生参与数学建模活动的经验明显不足，仅在"函数"一章体验过简单的数学建模活动，但并未进行特别深入的探索。

备课组首先分享了近些年设计的比较成熟的案例。其中，备课组长吴文庆老师上过的一节研究三角函数图像与性质的公开课引起了老师们的关注。在该课例中，吴文庆老师引导学生探究了形如"$\sin ax + \sin bx$"这样的函数的性质，不禁引发了老师们的思考，既然已知函数形式可以推出函数性质，那么是否可以引导学生进行逆向思考，从函数的性质推出函数的形式呢？

在确定了本节课的大体思路后，备课组便开始寻找可以容纳上述思路的数学背景。在这一过程中，才子聪老师提出"以游乐设施'斗转星移'为背景"的建议，获得了教研组的老师们的一致认同。该设施主体由空间中相互耦合的三个圆周运动构成，可以形象地看作多个摩天轮的叠加。游乐设施的运转经常是借助三角函数开展数学研究的绝佳范例，在人教 B 版《高中数学必修 3》教材中，多次以摩天轮为实例，引导学生认识、理解、研究三角函数。

有了教材的铺垫，学生去研究较复杂的游乐设施的运转，既能巩固和深化三角函数等相关数学知识，也能认识到数学教材与实际问题之间的联系，更能强化参与者的模型构建能力。

基于该背景，备课组将本节数学建模课的主题定为"通过研究游乐设施'斗转星移'的高度随时间变化的数据，推算出该游乐设施的角速度、半径等运行参数"。

主题确定后，备课组在多个班级组织了试讲，对教学设计进行进一步的调整和细化。虽然在前期进行了多次的研究和探讨，但在试讲中仍然出现了一些问题，比如：有的学生质疑研究高度的必要性，他们认为，一个游乐设施有诸多有价值的研究角度，比如加速度、运行轨迹、结构强度、排队时长等，但游乐设施的高度"似乎不具有研究价值"；有的学生认为，想要研究该游乐设施，需要做一些假设和省略，但是省略后会较大程度地影响运算结构，因此就对此提出了质疑；还有的学生对该情境提出了疑问，他们认为，该项目的参数可以通过仪器测量的方式得到，不必如此"大动干戈"，等等。

针对学生提出的诸多质疑，数学教研组的老师们没有忽视，而是进行了详细的研究和分析。学生的质疑反映出来的是课程设计上的不足与缺陷，而缺陷的产生本质上还是老师们对课标的研究不够深入，没有立足于现实问题进行教学设计。

为了改进这些问题，备课组群策群力：一方面与多位试讲班级的学生进行访谈，了解他们对该课程的感受和建议；另一方面进一步回归课标、研究课标，对数学建模活动中应当落实的数学素养进行了更精准的把握，并搜集了更多资料，完善背景，将整节课的数学背景落在"游乐设施的评价"上，完美解决了之前学生提出的诸多质疑，进一步优化了课程设计。此外，数学教研组的老师们还主动与物理教研组的老师们开展联合研究，将该课程中用到的物理知识一点一点搞清楚，保证使用和表达的准确性。

在2022级高一数学备课组全体教师的努力下，一节题为"数学建模活动——评价游乐设施'斗转星移'"的数学建模公开课在海淀区进行了展示，获得了一致好评。这节课从分析游乐设施的评价这个点切入，引导学生研究游乐设施运行过程中的加速度。在研究过程中，学生通过分析加速度的产生方式，建立数学模型并进行模型简化，通过高度数据，借助课内知识计算出该游乐设施运行中的加速度，从而达到了评价目的。这一问题具有极强的现实意义，使学生有动力、有兴趣去参与该课题的研究。参与的学生经历完整的数学建模的研究过程，较好地发展了数学建模、数据分析、几何直观、数学运算等核心素养。

数学模型的研究方法研究的不是事物的表面现象，而是对事物内在的本质规律做出研究和归纳，从而总结出事物内在的一致性，然后用模型的表达方式把这种规律性的概念展现出来。因此，数学模型的研究方法能够抓住事物的主要性质和规律。数学教研组的老师们深刻领会新课标的这一要求，以群策群力应对这一增加的内容，在高中数学的教学过程中强化数学建模研究方法的应用，从生活中的真实问题出发，寻找适切的数学探究活动主题，为学生创设真实问题情境，并将其作为提升学生实践和创新能力的载体。同时，改善教学方法，采取有效措施对学生进行引导和渗透，帮助学生建立数学模型的思想，提高学生抓住问题本质的能力和解决真实情境问题的应用迁移能力。

面对新课标中的诸多调整，人大附中始终以实事求是的态度，充分发挥群体的智慧，组织老师们主动研究新课标，助力老师们理解新课标、用好新课标，基于人大附中学情，摸索适合学生的教学方法，实现学生知识、能力、素养三者结合的螺旋式提升。

"最小教研组"撬动"最大备课组"

政策·聚焦

研究性学习是《全日制普通高级中学课程计划（试验修订稿）》（教基〔2000〕3号）中增设的重要内容，是全体普通高中学生的必修课。作为主要由学校自主开发的课程，研究性学习在普通高中是一个新生事物。《普通高中"研究性学习"实施指南（试行）》明确提出，设置研究性学习，目的在于改变学生以单纯地接受教师传授知识为主的学习方式，为学生构建开放的学习环境，提供多渠道获取知识、并将学到的知识加以综合应用于实践的机会，促进他们形成积极的学习态度和良好的学习策略，培养创新精神和实践能力。

研究性学习是指学生在教师指导下，从自然、社会和生活中选择和确定专题进行研究，并在研究过程中主动地获取知识、应用知识、解决问题的学习活动，具有开放性、探究性、实践性的特点。依据研究内容的不同，研究性学习的实施主要分为课题研究类和项目（活动）设计类两大类，其组织形式主要有小组合作研究、个人独立研究、个人研究与全班集体讨论相结合三种类型。这样的特点和形式，决定了研究性学习教学与传统学科教学有很大不同。

人大附中研究性学习教研组有5位专职教师，可以说是全校"最小教研组"，但是，就是这个"最小教研组"，却组织、运转着一支由近百位各学科教师组成、堪称人大附中"最大备课组"的研究性学习教师团队，自主开发建设了涵盖六大领域、40多门课程、每年完成约350个研究课题的特色课程群。"最小教研组"是如何撬动"最大备课组"的？在"最小"与"最大"之间，又发生着怎样的"化学反应"？

"小团队"服务"大团队"

人大附中的研究性学习课程面向高二全体学生开设，贯穿整个高二学年。课程涉及自然科学、人文社会科学、工程技术、交叉创新（跨领域合作）、身心健康和艺术生活六大综合领域，从不同的研究方向延伸出数百个学生研究课题。

显然，这样一项浩大"工程"，仅仅靠教研组的5名专职教师，根本无法保证正常有序运转。为了推动研究性学习课程的顺利运行，教研组专职教师团队坚持以小团队服务大团队。5位专职研学教师分别来自不同的专业方向、具备不同学术特长，这让他们团结协作，共同为各学科、各领域教师提供全方位的课程支持成为可能。

在团队建设上，教研组采取备课组长轮换制度，这一创新做法能够充分调动每一位老师的主动性和积极性，让每一位老师都拥有了从全局观察研究性学习课程实施的视角。在实施课程的不同阶段，每一位老师又都有自己相对占据主导地位的教学任务，这种似松实紧的合作制度，让教研组既能保障大团队的课程落实，也能健康持续地不断发展。

在课程内容设置上，教研组为老师们提供基础的内容框架、时间安排框架，但又不限制老师们在大框架范围内根据领域特色自行调整，让老师们有充分的自由去探索和实践。

在课程实施的支持保障上，教研组将校内校外各种资源打通，用规范且制度化的方式让老师们可以更加便捷地使用各种资源，降低沟通成本，以方便课程的顺利实施和不断优化。

课程内容设计和教学进度安排

在研究性学习课程实施过程中，教研组根据前期储备、选题论证、实施研究、项目结题和成果展示等四个基本科研阶段的不同特点和需求，确定面向全体学生通用的基础课程内容框架，提供给各学科、各领域的老师，老师们可以结合此类资源对自己的领域进行进一步的教学内容开发与设计。

通用基础课程内容框架的确立，就相当于为老师们搭建了一个教学"骨架"。这犹如一栋大楼，盖好了毛坯房，接下来的房间设计与装修，就需要各学科、各领域的老师来大显身手了。这个基础课程内容框架，只是作为老师们设计课程内容的参考坐标，不限制老师们在大框架范围内根据领域特色自行调整，老师们有充分的自由去探索和创新。

各科研阶段的通用基础课程内容如表1所示：

表1　研究性学习通用的基础课程内容

实施阶段	课程内容
前期储备	1. 介绍研究性学习课程基本情况。 2. 介绍领域背景，讲授基础专业知识和基础研究方法。 3. 文献检索和阅读方法及技巧训练。 4. 提出问题，研读文献，准备文献综述。

续表

实施阶段	课程内容
选题论证	1. 提出初始的选题意向，确定课题分组。 2. 通过文献检索和分析，进一步确定研究目标和内容，制定课题研究计划和进度安排，明确成员分工。 3. 撰写开题报告，进行开题论证汇报。
实施研究	1. 按照计划进行课题研究，学习相关知识和技能。 2. 进行中期汇报。 3. 进行数据处理和分析方法和技巧的辅导。
项目结题和成果展示	1. 撰写科学规范的结题报告。 2. 制作结题 PPT，进行答辩汇报。 3. 制作课题展板，进行成果展示。 4. 优秀报告收录学校优秀论文集。

在此基础上，各学科、各研究领域的老师，就会根据自己所属研究领域的专业特点和研究需求，精心设计具有本研究领域特色的专业知识、专业技能等方面的课程内容和活动，形成特色课程，向感兴趣的学生开放。

研学教研组将"以小团队服务大团队"的理念落到时时处处。课程内容确定后，教研组会提供大致的教学时间安排供各位老师参考。在时间安排上，以一个月左右（4～5 周课）为一个大单元，设立单元教学目标。教研组会通过集体备课的方式，将相关课程资源、阶段进度安排、本阶段需要注意的问题提供给各位老师参考。但是在具体的每周教学安排上，教研组给予各位老师充分信任，老师们可以自行掌握。

教研组在对课程流程进行整体梳理的基础上，制定以学期为单位的教学进度计划表（见表 2）。在高二上学期，学生可以确定选题、制订研究计划并实施研究，根据课题需要，部分学生还需要在寒假继续开展研究，并整理初步研究成果，准备开学后的中期汇报。高二下学期，学生按照既定计划继续开展研究，进行数据处理和分析的训练，学习科学地展示研究成果等技能，撰写结题报告，通过 PPT 进行研究成果的答辩汇报，并制作课题展板进行成果展示。

表 2　高二上学期研究性学习教学进度计划

2024—2025 学年研究性学习课程进度安排				
周次	时间	课堂任务	教师课后任务	科研院所
2	2024/9/6	进行研究性学习课程介绍		

续表

周次	时间	课堂任务	教师课后任务	科研院所
3	2024/9/13	了解领域：学生与各领域教师见面，确定人员名单，教师进行课程介绍；对学习要求进行说明；发研究性学习手册，与学生交流研究想法，初步了解学生的研究基础和初步选题意向。 知识储备：领域背景介绍；专业领域内的知识讲解，进行选题讨论。	确定学生名单	
4	2024/9/20	知识储备：相关文献研读；专业内文献检索和综述；本领域的调研方法、研究方法等介绍；文献综述撰写要求。其间可以安排一次大学及科研院所的参观。	布置文献综述任务	条件允许的情况下安排参观
5	2024/9/27			
7	2024/10/11	学生撰写文献综述		
8	2024/10/18	优秀文献综述汇报	收集文献综述	
9	2024/10/25			
期中考试				
周次	时间	课堂任务	教师课后任务	科研院所
10	2024/11/1	初步确定选题：确定研究小组（研究课题及小组成员）；讨论研究课题，确定研究方案。开题报告讲解：对学生选题进行指导，修正。介绍开题报告的撰写方法。	指导学生进行讨论，开题报告撰写讲解	书面审议开题报告
12	2024/11/15	待定 / 撰写开题报告		
13	2024/11/22	开题汇报	审议开题报告，评定学分	
14	2024/11/29			
15	2024/12/6	课题研究：学生在校内进行课题研究，指导老师加强与大学和科研院所的沟通，必要的情况下安排学生赴大学和科研院所进行研究。	跟踪学生课题进展，及时查阅学生的研究活动记录手册，提出意见	安排实验室，邀请教授或研究生对我校学生的研究过程进行指导
16	2024/12/13			
17	2024/12/20			
18	2024/12/27			
19	2025/1/3			
20	2025/1/10	课题研究＆阶段性评价（文献综述、开题报告、开题汇报）		

在课程实施过程中，教研组会定期组织各研究领域的老师们开展集体备课，进行教学研究，从而有效保证全年级研究性学习课程开展的节奏，让老师们在课程实施的过程中始终能够有条不紊。

支持各研究领域教师开发特色课程内容

课程实施过程，就是各研究领域的老师们大展身手的过程。

研学教研组充分尊重各研究领域的教师，支持他们根据所属领域的专业特点和研究需求，精心设计具有本研究领域特色的专业知识、专业技能等方面的课程内容和活动。正是这种将研究性学习通用教学内容与专业领域的特色内容相结合的方式，形成了人大附中特色的 40 多门研究性学习课程，为学生带来基本科研体验和兴趣专业体验。

以人工智能研学课程为例，近年来在人大附中持续开设人工智能主题研学课程的过程中，老师们在研学教研组整体框架的指引下，不断尝试和摸索，结合人工智能前沿的研究和应用动态，综合考量学生的学习基础，逐渐形成了成熟的人工智能研学课程（见表 3）。这门课程的每个阶段，既有研究方法的学习，也有领域特色内容的学习，通过学习活动、体验、讨论等方式逐步推进，让学生在体验人工智能算法的过程中，思考技术应用的场景、算法的底层逻辑、机器给人类带来的影响，并尝试换位思考，从技术的主动应用者与被影响者的不同角度去思考技术与人的关系。

表 3 "人工智能与生活"

研究领域内容：人工智能	研究方法
从统计学到机器学习——回归	文献阅读与综述
分类、聚类算法	选题、开题——提出假设
强化学习算法	实验设计、逻辑论证
数据工程师体验	数据分析、数据逻辑
生成算法	论文撰写、课题结题

为了帮助各研究领域教师挖掘自己的潜能，在校领导的大力支持下，研学教研组还面向各领域教师定期开展专项化培训，形成了集体备课、教师沙龙等教研机制，让教师们分享经验、定期充电。

集体备课是研学课程顺利进行的重要保证。集体备课时，备课组长按照研究性学习的时间节点和重要事务提前准备好备课内容，定期组织教师开展备课，安排下一步的教学计划。备课时会重点强调和落实关键节点，比如开题报告、中期报告、结题报告等，明确每一个关键节点的要求。备课组长还会邀请研学老师进行经验分享，大家互相学习借鉴，打开思路，共同寻找更适切的研究方法和研究工具，共同将课题研究引向深入。

　　每年6月，在研学结题环节之后，教研组会在全校层面组织教师沙龙，为老师们提供问题交流、经验分享、思维碰撞的平台。通过教师沙龙，老师们不仅能够从课程设计、资源开发、组织实施等多角度分享经验，从教师成长方面分享研学课的"双赢"心得，还能在沙龙中碰撞新想法，从而形成新的跨学科、跨领域的研究性学习课程。

对接校内外资源，服务教师开课

　　教师开设、实施研学课程的过程中，会遇到各种问题，产生各种需求，这就涉及校内多个部门的协作和校外资源的对接。学校大力支持研学课程的开设，开放、共享校内外资源，服务广大教师开课。研学教研组则从课程实施的支持保障角度，尽可能将校内校外的各种资源打通，用规范且制度化的方式让老师们更加便捷地使用各种资源，降低沟通成本，以方便课程的实施和不断优化。

　　一方面，研学教研组在学校各部门的支持下，根据不同研究领域的特点，积极落实教学或实验场所，充分利用校内专业教室、校内高端实验室资源，为学生提供多样化、个性化学习空间，最大程度地支持学生个性化研究性学习的需求。同时，开发利用学校图书阅览室资源和中国人民大学的图书馆数据库等资源，为学生查阅科学文献提供保障。

　　另一方面，研学教研组还主动协调校内多部门，合力保障课程开展（见图1）。开课教师只需要提出自己的需求，研学教研组专职团队就会在进行校内外资源的协调落实后，反馈一个具体的、个性化的解决方案，而不需要开课教师再去对接、沟通，节省了沟通成本。同时，对于开课教师带有共性的需求，教研组会内部定期进行讨论研究，制定规范化的流程，进而形成提供给全体开课教师的共享资源，进一步降低后续老师们解决问题的沟通成本。

　　以申请带领学生外出参观大学实验室为例，教师仅需提出需求，中间过程由教研组与各部门进行沟通对接和流程办理，落实后告知各研究领域的教师，教师不需要经历行政审批的流程，而是将主要的精力投入到组织学生外出实践中。

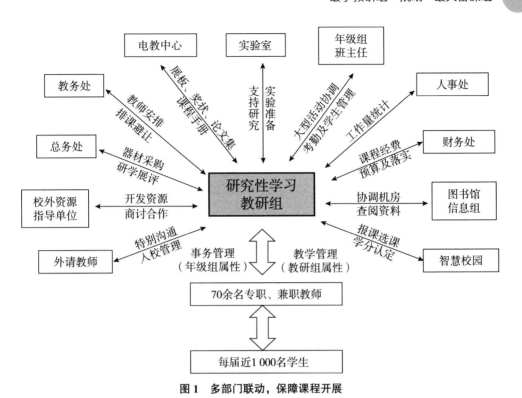

图 1　多部门联动，保障课程开展

　　在解决开课教师需求的过程中，研学教研组不断研究积累，在校领导的大力支持下，形成了一套规范化的校内多部门联动机制，保证开课教师节省沟通成本，将精力集中在课程实施和质量提升上。

　　根据各研究领域的需求，研学教研组还积极对接校外科研机构、高校以及校友资源等，建立社会专业资源平台与校社结对的牵线搭桥机制，与清华大学、北京大学、中国科学院等院校和单位建立了紧密的合作联系，为学生的课题研究提供更加专业的指导和研究保障（见表 4）。社会力量的加入，也进一步提高了学生的研究性学习资源配置水平与过程指导质量。

表 4　某学年合作科研院所

序号	研学领域	合作院校与科研机构
1	工业机器人	北京理工大学
2	国民经济学	中国人民大学经济学院
3	化学	首都师范大学

续表

序号	研学领域	合作院校与科研机构
4	化学制备与性质	中国人民大学
5	机器人技术	北京理工大学
6	机器人与人工智能	北京建筑大学、航天二院、中科院自动化所、中医药大学
7	建筑与文化	北京建筑大学
8	科研实践	中科院地球科学与资源研究所、中科院遗传所
9	能源	清华大学、北京林业大学
10	社会学	中国人民大学
11	生物化学	清华大学
12	市场营销	中国人民公安大学公共管理学院、北京语言大学商学院
13	数字图像处理与模式识别	百度在线网络技术（北京）有限公司
14	图像文化研究与创作	中央美术学院、天津大学
15	微纳米材料制备与表征	首都师范大学、天津大学
16	无人机科学与工程	北京理工大学、北京华云智联科技有限公司
17	燕京八绝之京绣	京华绣丽（北京）文化有限公司、中央美术学院
18	音乐	中央电视台、中国传媒大学
19	造型与设计	中国农业大学工学院、北京师范大学、清华大学
20	植物发育	北京大学生命科学学院
21	空间科学	钱学森空间技术实验室

　　此外，在解决开课教师需求的过程中，研究教研组也在持续积累、扩充、完善课程资源库，包括集体备课材料、各类文档共享、共享专家资源等，通过课程资源库的建设，带给开课教师更加立体、多元的支持。

　　研究性学习课程的建设与实践不但开拓了教师的视野，更新了教师的育人理念，也进一步唤醒了教师的教学灵性，加深了教师对教育工作内涵的理解。有的教师坦言，通过参与研究性学习课程的教学，"体会到了什么是真正的教学相长"。还有的教师说，"开设研究性学习课程的独特经历，为自己职业生涯的更新、提高打开了一扇新的门"。

　　研究性学习课程的实施，是人大附中教师善于合作、主动合作的缩影。这种合作不限于学科组、教研组或年级组层面，而是充分体现在教育教学的各个环节中。人大附中的教师团队犹如五彩斑斓的"万花筒"，不同的组合呈现出不同的炫目图案，给学生呈现出精彩的多元课堂。这种多元合作，促进了不同学科知识和技能的多元融合，促成了具有挑战性和趣味性的多元课程，提升了学校的教育教学质量，为学生提供了更广阔的成长空间。

附

录

拔尖创新人才早期培养的人大附中模式

  "拔尖创新人才"在党和国家政策文件中被反复提及，已成为"较为稳定通用且具有中国特色的人才概念"。[①]习近平总书记在党的二十大报告中再次明确强调要"着力造就拔尖创新人才"，为当前做好拔尖创新人才自主培养工作指明了方向。加强拔尖创新人才自主培养是党和国家立足新发展阶段、贯彻新发展理念、构建新发展格局、促进教育高质量发展、支撑国家现代化建设和中华民族伟大复兴的重要举措。

  中国人民大学附属中学（以下简称"人大附中"）早在 1978 年就开始参与超常儿童的早期鉴别与培养工作，1985 年创办初中超常儿童实验班，2010 年被挂牌列为"国家级教育体制改革试点项目——北京市探索拔尖创新人才培养模式试验项目基地"（以下简称"早培项目"），引起了社会各界更广泛的关注。[②]2019年以来，在落实立德树人根本任务、着力发展学生核心素养的政策引领下，人大附中更加重视"早培项目"与常规教育的良性互动，更加积极主动地面向全体学生推行拔尖创新人才早期培养。2023 年，人大附中入选首批"北京青少年拔尖创新人才培养基地"；2024 年，参与"海淀区青少年拔尖创新人才培养基地建设"项目。

  作为一所完全中学，人大附中参与拔尖创新人才早期培养工作已近 40 年。鉴于"拔尖"是个优秀程度的概念，且指向人才发展的"将来时"，那么，"中学参与拔尖创新人才早期培养工作"的实质应该是——基础教育要致力于培养"有希望成为创新人才的后备人选"[③]，早期培养的作用主要是发现和开发个体的创新潜能，建立强大的"后备人才池"。[④]因此，人大附中的实践探索可谓基础教育阶段中学创新人才培养的典型实践样态。

---

① 杨清.论普通高中拔尖创新人才早期培养 [J].中国教育学刊，2023（8）：64–70.

② 高江涛.埋下种子　绽放未来：人大附中拔尖创新人才早期培养经验集萃 [M].北京：中国人民大学出版社，2020.

③ 胡卫平，辛兵.科技创新后备人才成长规律研究 [M].上海：上海科技教育出版社，2023.

④ 戴耘.拔尖创新人才培养的理论基础和实践思路 [J].华东师范大学学报（教育科学版），2024（1）：1–23.

一、人大附中开展拔尖创新人才早期培养的核心理念

核心理念是中学开展创新人才培养工作的基本准则，隐含着中学创新人才早期培养的理论逻辑。核心理念的提炼需要基于学校的办学理念和育人目标。

人大附中的办学理念是"尊重个性，挖掘潜力，一切为了学生的发展，一切为了祖国的腾飞，一切为了人类的进步"，育人目标是"全面发展＋突出特长＋创新精神＋高尚品德"。这是人大附中落实拔尖创新人才早期培养的根本立足点。

（一）培养有志于祖国建设的创新人才

中国人民大学是中国共产党创办的第一所新型正规大学。作为附属中学，成立于 1950 年的人大附中肩负着为国家培养急需的工农干部的历史使命，是新中国第一所工农速成中学。随着国家的发展，学校还举办过普通高中班、师院预科班、中等师范班、人大预科班、工农干部文化补习班等。从创办工农速成中学，到今天，人大附中一直坚持为党育人、为国育才的初心使命，努力为"祖国的腾飞"，为"人类的进步"培养创新人才。

当前，随着我国整体经济实力的显著提升，能否有效培养和造就一大批拔尖创新人才，已经成为"国家科技实力的最大方差解释变量"，也成为"国家竞争力（包括制度优势）比拼的重要着力点和指标"[①]。在创新人才早期培养实践中，人大附中一直将"为谁培养人"放在首位，学校育人目标中的"高尚品德"，首先是"心怀'国之大者'，立大志、明大德、成大才、担大任"。

具有浓厚家国情怀和鲜明红色基因的人大附中在日常教育教学实践中，高度重视培育学生正确的价值观，尤其重视理想信念教育、以爱国主义为核心的民族精神教育、以改革创新为核心的时代精神教育、道德教育、社会责任教育、法治教育、中华优秀传统文化教育和革命文化教育、社会主义先进文化教育。在向第二个百年奋斗目标进军的新征程上，人大附中必须自觉肩负起培养"有志于祖国建设的创新人才"的时代使命。

（二）创新人才早期培养对象是全体学生

从 1985 年创设首届超常儿童实验班至今，人大附中一直坚持集中编班的培养模式，这也让社会各界长期误解、质疑学校是"掐尖"培养。然而，超常儿童实验班、早培项目只是人大附中拔尖创新人才早期培养的一部分，我们一直坚持

① 柯政，李恬．拔尖创新人才培养的重点与方向 [J]．全球教育展望，2023（4）：3–13.

的是"集中编班与分散培养相结合"①的方式。人大附中拔尖创新人才早期培养的对象始终是全体学生。

人大附中是一所完全中学，同时肩负着义务教育和普通高中教育的培养任务。学校现有在校生约 6 000 人，学生群体的构成是多元的，包括普通初高中、早培项目、中外合作办学项目、"三高"（即"道德标准高""文化修养高""足球技艺高"）足球基地、国际部等。学校始终认为，落实拔尖创新人才早期培养任务，就是面向每个学生的因材施教——关注每一位学生创新潜质的开发，为每一位学生提供学习和发展的机会，鼓励每一位学生努力成长为某个领域的拔尖创新人才。

（三）"创新精神"与"创新能力"是早期培养的重点

拔尖创新人才最显著的特征是"创新"。吉尔福德强调创造性人格和创造性思维是创造力构成的两大指标②；林崇德提出"创造性人才 = 创造性思维（创造性智力因素）+ 创造性人格（创造性非智力因素）"。③人大附中在多年拔尖创新人才早期培养实践中达成的共识是：拔尖创新人才是创新精神、创新能力和创新成果的结合体，拔尖创新人才在中学期间受到的是创新精神、创新能力的培养，而出创新成果则主要在大学期间或大学毕业以后。④多年来，学校始终将学生创新精神与创新能力的培养作为重点，其中对创新能力的培养尤其不能忽视创造性人格，如学习自主，人格独立，好奇心强，乐于探究，思维发散，观念灵活，不迷信权威，敢于质疑等。

（四）基于"全面发展"培养"突出特长"是关键

党的教育方针明确提出，要"培养德智体美劳全面发展的社会主义建设者和接班人"。人大附中一直以来就极其重视学生全面发展，在育人实践中努力使每个学生在德智体美劳诸方面都得到生动活泼的主动发展。

关注全体学生的全面发展并不意味着"千人一面"。每个个体的成长发展过程本身就具有差异性。而且创新人才发展具有领域具体性⑤，并不局限于某一个特

① 高江涛.埋下种子　绽放未来：人大附中拔尖创新人才早期培养经验集萃 [M].北京：中国人民大学出版社，2020.
② [美] J.P.吉尔福德.创造性才能：它们的性质、用途与培养.2 版.[M].施良方，沈剑平，唐晓杰，译.北京：人民教育出版社，2005.
③ 林崇德.创造性心理学 [M].北京：北京师范大学出版集团，2018：187.
④ 高江涛.埋下种子　绽放未来：人大附中拔尖创新人才早期培养经验集萃 [M].北京：中国人民大学出版社，2020.
⑤ 戴耘.拔尖创新人才培养的理论基础和实践思路 [J].华东师范大学学报（教育科学版），2024（1）：1–23.

定领域。因此，拔尖创新人才早期培养要尊重学生的个性差异，为其"突出特长"提供最大的可能性。

人才成长是个人与环境复杂互动的长期过程，创新人才被视为"一种发展现象"①。人大附中在摸索中形成了"发现—培养—评价"②三位一体的培养机制，即在发现中培养，在培养中评价，在培养、评价中再发现、再培养。发现、培养、评价是统一的整体，密不可分；发现、培养和评价的方式是动态的、多维的。这种灵活的培养机制使学校基于"全面发展"培养"突出特长"的理念得以真正落实，为学生将来成为各个领域的拔尖创新人才提供了保障。

二、人大附中拔尖创新人才早期培养的基本思路

中学如何开展创新人才早期培养？首先要依据核心理念规划基本思路，进而依循基本思路逐渐发展并丰富实践策略。基本思路和实践策略共同构成中学创新人才早期培养的实践逻辑。

人大附中立足学校育人目标，始终坚持面向全体学生，重视每一位学生的全面发展，形成了拔尖创新人才早期培养的基本思路。

（一）以多通道促进多元化发展

"5+X"多通道，即人大附中形成了由普通初高中、早培项目、中外合作办学项目、"三高"足球基地、国际部等构成的多样化的早期培养路径。"多通道"构建起四通八达的人才培养"立交桥"，为不同性格禀赋、不同兴趣特长、不同素质潜力的学生提供了选择的可能性，有利于引导每个学生都能找到适合自己的成长道路。人大附中努力的方向是使"重点培养和整体提高"成为"一个连续的人才教育服务体系"的两端③，既能最大限度地让人才脱颖而出，又能保证培养的效能。

（二）以强互动实现开放性培养

强互动，即人大附中多样化的人才培养通道并不是彼此独立、相互隔绝的，而是并行开放、互促互动、互惠互利、资源共享。"强互动"促进了不同人才培养通道的更新与完善，持续优化着"全面发展、人人成才"的育人生态。

---

① 戴耘. 拔尖创新人才培养的理论基础和实践思路 [J]. 华东师范大学学报（教育科学版），2024（1）：1–23.
② 高江涛. 埋下种子　绽放未来：人大附中拔尖创新人才早期培养经验集萃 [M]. 北京：中国人民大学出版社，2020.
③ 戴耘. 拔尖创新人才培养的理论基础和实践思路 [J]. 华东师范大学学报（教育科学版），2024（1）：1–23.

各个人才通道间的碰撞交流频繁且顺畅。早培项目先行先试的教育实验，有成效后会及时向全校辐射，实现超常教育与常规教育的互促互动。依托国际课程中心，在中外合作办学项目中形成熔铸中外精华、彰显中国特色课程体系的先进经验，同样反哺了普通初高中课程体系的更新迭代。

（三）以"一条龙"助力贯通性育人

"一条龙"，即小学、初中、高中、大学（科研院所）贯通培养，打通学段、学科壁垒，强化人才培养的连续性、自主性，构建协同育人的机制和空间。

2010 年早培项目基地成立后，人大附中就积极探索大中小学科研机构一条龙的贯通培养模式。在确保正常学制的基础上，早培项目打通了小学、初中、高中阶段的课程，探索"学科内打通、学科间交叉融合、人文理工齐头并进"的一体化设计，重新整合出兼顾贯通与进阶的完整课程体系。尤其注重数学、物理、化学、生物等课程的纵向贯通与进阶。当前，学校正在积极探索如何将这套贯通设计成果转化推广、惠及全校。

三、人大附中拔尖创新人才早期培养的实践策略

在中学开展创新人才早期培养是一个系统工程，需要相应的实践策略作为保障。相较于创新人才早期培养的基本思路，实践策略更加具体、微观，往往因校而异，能够呈现出比较鲜明的学校特色。

在核心理念的指引下，遵循创新人才早期培养的基本思路，人大附中在长期的实践中逐渐形成了一套行之有效的组合拳。这套组合拳紧紧围绕培养目标，由一系列契合人才成长规律的早期培养行动方略构成，涵盖了对立德树人、课程建设、教学供给、学生发展、师资队伍及文化氛围等关键要素的系统思考。在融合并举、灵活协调的实施中，这些关键要素互相支持、互相促进，使人大附中拔尖创新人才早期培养卓有成效。

（一）立德为先：重视培育学生理想信念、家国情怀与社会责任感

立足新时代，为了"培养有志于祖国建设的拔尖创新人才"，人大附中致力于培育学生理想信念、家国情怀与社会责任感，创设以"班级—年级—学校—社区—社会"为共同教育资源的德育大课堂。在校级层面，分学段制定德育工作目标，按月份规划德育活动；在年级层面，针对不同年级学生的特点整体设计年级活动，打造独具特色的年级大系列活动；在班级层面，打造个性化班级文化，设

计主题班会课。学校与家庭、社会联动，举办丰富多彩的德育实践活动，真正落实"全员育人、全程育人、全科育人"的德育理念。

学校借助"引进来""走出去"两条路径，构建起从思政课程到课程思政的"大思政"教育。一方面，教师适时将重大时事引进课堂，上出形式活泼、体验深刻的"思政金课"。围绕"税收""学习党的二十大"等主题，针对初高中学生不同的知识基础和学习需求，贯通设计一系列学习活动。与此同时，在学科课堂上，教师聚焦学科核心素养，积极挖掘学科育人价值，落实课程思政。此外，学校引进中国人民大学等高校资源，联合开发"全球治理：从中学课堂到国际组织"等高品质通识课程，开拓学生的视野与格局，在学生心中播撒"构建人类命运共同体"思想的种子。

另一方面，人大附中师生积极走出去，在社会大课堂的体验学习中点燃建设祖国的梦想与热情。附中学子参加中国人民大学的"田野课堂"，到浙江台州大陈岛进行旅游岛治理与开发调查；到内蒙古进行社区治理、社会工作、社会政策调查，深化对基本国情的体认；附中教师参与"北京中轴线上的大思政课"活动，选取中轴线上的典型建筑，开发跨学科课程，引导学生讲好中国故事、坚定文化自信。此外，学校还形成了"红色之旅"研学、公益研修课程等富有特色且持续多年的德育形式。从 2015 年起，每年都组织学生赴江西兴国开展研学活动，在一系列活动中受到思想洗礼与精神震撼。学校连续 10 年在聋儿语言康复中心开设公益研修课程"孩子，让我们一起说"，每学期 15 次，学生们陪听障儿童做游戏，教他们说话，在寓爱于行的坚持中涵养社会责任感。

学校通过有设计的系列活动涵养学生超越自我生存的价值取向、超越世俗功利的精神追求。长期浸润其中，学生逐渐突破"小我"，不再以全部精力急功近利地"卷"分数、"卷"排名，而是将眼界与格局投向社会、时代、国家、人类，萌发通过努力让中国、世界更加美好的志向。

（二）课程筑基：持续迭代升级促进学生全面而有个性发展

课程建设是开展拔尖创新人才早期培养的重要载体。经历了从构建横向分领域、纵向分层级的课程体系到建设多样态课程群的迭代升级，人大附中目前基本构建起"一核·两翼·三层级"课程体系。[①]结构决定功能，优化后的学校课程体系能更好地促进学生全面而有个性地发展。

---

① 刘小惠. 以"一核·两翼·三层级"课程体系推动学生全面而有个性的发展 [J]. 人民教育，2024（1）：56–60.

1. 三级进阶、两翼互补，助力创新人才全面培养

三级进阶，是指每个课程群中的所有课程按照"基础—拓展—提升"的功能层级来布局。基础类课程要求全体学生必修，除了囊括国家课程方案规定的必修和选择性必修课程外，学校还纳入了形体、艺术公开课、生涯规划等校本课程，切实支持全体学生全面发展。人大附中以数理课程见长，但从未忽视学生人文素养和艺术修养培养，"在一个创新越来越趋向学科融合的时代，人文和艺术修养成为促进创新思维的关键所在"。①拓展类课程面向全体学生任选，旨在开阔学生学习视野、促进个性发展。当学生学习的格局真正打开时，创新思维萌发、生长的可能性也就更大。提升类课程面向全体学生，包括学科优长课程、大学先修课程、大中衔接课程以及体艺竞技等，旨在最大限度满足不同学生的优长发展和特殊需求。三级进阶的课程结构既保证了课程内容的广度与深度，赋予学生丰富的课程体验，也为学生提供了充分的选择空间，高质、公平地实现"有差异的学生有差异地发展"。

两翼互补，是指学科课程群和跨学科课程群互相补充、互相促进。前者主要以学科知识体系作为不同课程门类的组合逻辑，以课堂教学为主要实施方式。人大附中已构建了语文、数学等 13 个学科课程群。后者以跨学科主题为线索，基于真实情境中问题解决逻辑来组织，多以课堂教学与实践活动相结合来实施，如劳动课程群、研究性学习课程群、"AI+X"课程群等。学科课程群为学生成为创新人才提供了丰富的知识储备和良好的知识结构；跨学科课程群为学生提供了充分的自主学习、合作探究的机会，能有效培养并提升学生在真实情境中解决问题的能力。

2. 研究性学习课程群：给予学生科研创新空间

人大附中一直非常重视国家必修课程——综合实践活动在不同学段的校本化实施。以高中为例，历经 30 余年的探索，人大附中将研究性学习发展成为以"基础研究方法 + 多研究领域"为特征的研究性学习课程群，涉及六大领域四十多个专业，为不同需求的学生提供了选择空间和发展平台。该类课程面向高二全体学生开设，贯穿整个高二学年，每周两节连排。学生在老师指导下依照科学研究的一般过程，亲身体验从方法练习到选题论证再到项目设计、实施及成果呈现的全部环节。研究性学习课程群给予了学生充分的科研实践机会，在培养学生创新精神与能力方面发挥着不可替代的引领、支撑作用。从升入大学的学生反馈来看，经过高中研究性学习的专业训练，他们在自然科学实验方面更容易上手，在社会人文科学思辨和数据分析等方面的研究也更有深度。

---

① 戴耘. 拔尖创新人才培养的理论基础和实践思路 [J]. 华东师范大学学报（教育科学版），2024（1）：1–23.

3.前沿特色课程群：激发学生创新实践的热情

在开足开齐开好国家课程之外，人大附中特别重视开设高端、前沿的特色课程（群）。"AI+X"跨学科课程群将人工智能技术与中学各学科领域相结合，起到了打破学科界限、链接多维思维、激发学生创新的作用。学校每年举办人工智能周，组织优质课例展示，引导学生紧密关注前沿问题。工程素养课程群包含数学建模、信息技术、信息与通信、航天科技、虚拟现实5个系列共38门课程，旨在培养学生的工程素养和创新实践能力，为工程大国、科技强国建设储备人才。

学科课程群中的提升类课程满足了学生高水准的发展需求，极大地促进了拔尖创新人才的早期培养。人大附中先后开出了20门大学先修课。与中国科学院数学所合作开设"数学探究"选修课程已持续了2年，与北京大学物理学院合作开设电磁学先修课已持续近10年。中国人民大学连续3年为附中学生开设"明德人文导学"课程，满足爱好人文学科学生的需求。

研修课最初在早培项目开设，每周利用一至两个半天实施，采用师生互选的双选制。目前，研修课开设有12个系列、近百门课程。这些研修课既有教师单独开设的，也有师生合作共设的。研修课注重过程性评价和多元化评价，培养学生发现问题和解决问题的能力。如今，研修课推广到本部，极大地激发了学生们的学习热情。

（三）教学求变：多样态教与学模式助力学生创新素养培养

创新人才培养，其核心是在具体的实践情境中鼓励和促进个体独特的知识结构、思维方式和价值取向的发展，潜移默化地增强个体创新的内生动力和认知水平。[①]这与落实新课程改革倡导的核心素养是高度一致的，其关键是如何在日常教育教学中落实。

1.基于学科特点的课堂教学探索

人大附中不要求教师按照某一种模式教学，而是给予他们充分的信任和尊重，鼓励不同学科的教师依据本学科特色探索多样态的教与学模式。学校推进"大单元教学"，倡导"深度学习""项目式学习""跨学科主题学习"，吸引学生深度参与，锤炼学生创新思维、涵养学生创新人格。化学组以"手机中的化学""汽车中的化学""厨房中的化学"为主题，推出一系列深度学习的优质课例；数学组聚焦学习情境设计和研究，以真实问题为突破，创设学生熟悉的、与生活经验相关的情境，激发学生学习积极性，引导学生将生活素材经验化、经验素材数学化、数学素材模型化；物理组开展以"设计性任务"驱动的课堂教学研究，

---

① 戴耘. 拔尖创新人才培养的理论基础和实践思路 [J]. 华东师范大学学报（教育科学版），2024（1）：1–23.

引领学生在设计创造新事物或新方案的过程中学习物理；地理组依据课程标准创造性、系统化地进行全模块大单元教学的校本化设计与实施，实现了从单一课时或知识点到大单元教学模式、从个别单元课例向全模块大单元教学常态化实施的转变。

人大附中的课堂教学因科而异、因师而异、因生而异，但始终以"学生的学习"为中心、坚持素养目标导向、尊重学科本质、化用生活资源。近年来，不少教师已经开始自发自觉地探索数智融合的课堂教学。

2. 常态化的学生科研实践活动

学校历来重视学生参与科研实践活动，几乎每天都有科研实践活动。这些高品质、有设计的活动，给予学生更广泛的科研经验和体验，蕴藏着激发创新能力的更多机会，更能促进学生"在特定场景的认知建构和问题解决过程中寻找和发现新的可能性"[①]。

学校建有纳米实验室、粒子物理实验室、电子学实验室等 63 个实验室，把科技前沿知识和最新技术成果融入实验教学，构建了人大附中实验教学体系。以生物为例，初中生物拓展类课程中，实验课程占比 78%，在高中选择性必修课程和校本课程中，实验类课程占一半以上。

学校充分利用地域和资源优势，邀请各领域专家和校内教师合作，共同指导学生开展前沿科研探索。学校与北大、清华、中科院等对接，从初二开始，推荐学生进入高校和科研院所的实验室，开展真实的科研活动。学校还积极推荐学生参加"翱翔计划""中学生英才计划"等，获得更多参与科研实践的机会。近年来，附中学子在科研实践方面硕果累累，但更为重要的是，学生们有机会在科学家身边成长，耳濡目染，真切地体验科学方法、科学思维、科学精神以及团队合作，拓展眼界和格局，更坚定自己从事科学研究的志趣。

3. 促进学生志趣培养的赛事参与

人大附中重视学科竞赛和各类科技竞赛，也连续取得了不俗的成绩。但是，学校更看重的是以赛促学，激发并培养学生致力于科学研究的志趣。参赛同学往往要进行大量拓展学习，在追求卓越、挑战自我的过程中，锻炼自己的意志力、抗压能力、抗挫折能力等。参赛成为学生发掘潜力、涵养志趣、科研成长的"加速器"。在中学阶段的参赛经历，对学生进入大学后学习相关专业会有很大帮助，对未来发展也有积极影响。

除了五大学科竞赛，学校还积极鼓励学生参加各类科学创新活动。以国际青年物理学家竞赛为例，人大附中经历了从关注比赛到尝试参赛，再到承办比

---

① 戴耘. 拔尖创新人才培养的理论基础和实践思路 [J]. 华东师范大学学报（教育科学版），2024（1）: 1–23.

赛的发展过程，并为此开设专门的选修课。"参赛"实质上为学生提供了一系列深度参与科学研究、实践活动的机会，极大地提升了学生对研究的兴趣，锻炼了学生的研究能力和学术交流能力，为学生将兴趣转化为志趣提供了更多的可能性。

（四）成长护航："体质健康 + 心理辅导 + 生涯规划"齐保障

人才的成长往往会经历比其他人更多的精神压力，更需要健康的身体、心理支援和疏导。从创办超常儿童实验班开始，人大附中就意识到学生身心健康的重要性。对于一些不同于常人的"偏才""怪才"，教师们用超越世俗和功利的心态去陪伴他们，守护他们对学科纯粹的痴迷，帮助他们面对挫折、克服孤独。

重视学生身心协调发展的传统早已辐射到整个学校。学校开齐开足各级各类体育课程，严抓体质健康，确保全体学生在校期间有充分的体育锻炼时间，也利用体育课、社团活动等为学生发展各种体育运动爱好提供保障。学校现有 11 人的心理教师队伍，针对不同年级、不同需求开设各种心理课程，还提供个体咨询和团体辅导，为学生成长成才保驾护航。

与此同时，学校又将生涯规划与指导纳入了成长护航的基础保障中。集合学校、家庭和社会的力量，人大附中探索出六种不同的学生发展指导实施路径，包括自我认识型引导、系统化知识引导、学科兴趣引导、体验型引导、专家式引导、咨询服务式引导，以期达成对学生多方面的指导：短期内指导学生选科，中期内帮助学生选择专业、职业，长远看帮助学生规划未来人生。

（五）师资助力：学术精英变名师，教研科研促成长

高素质、高水平的教师队伍，是人大附中开展拔尖创新人才早期培养的主力军。"用崇高的理想激励人才，用宏大的事业凝聚人才，用合理的待遇激励人才，用浓厚的情感留住人才"[①]是人大附中传承下来的教师培养理念。

近些年，各教研组根据人才培养的需要，有意识地选聘相关专业的高校毕业生，优化学科教研组的知识结构。这些年轻教师大多是名校的硕士博士，专业能力强。入职后，学校从师德修养、教育教学基本功等多方面入手，通过新教师岗前培训、教学与班主任双师徒制、青年教师基本功大赛等，让他们尽快站稳课堂、当好班主任。在学校各部门以及教研组、备课组的支持下，这些学术精英尽展才华、积极进取，很快成长为学校师资队伍中坚力量。

---

① 刘彭芝.促进教师发展，迎接时代挑战——关于中学教师发展的新思考 [J].中国教育学刊，2008（1）：31–35.

除了面向新任教师的"青年教师起航计划"，学校还有"骨干教师成长计划""专家教师卓越计划"，引领不同发展阶段的教师持续学习、不断进步。学校在五大学科竞赛培训中还培养了一支具有扎实教学功底、循循善诱、甘于奉献的精英教练团队。

人大附中重视依托教研组、年级组和备课组，组建互帮互助的教学研究共同体，开展形式多样的校本研修活动。教师们还经常根据教育教学实际需要自主结对、自发组建团队，以"微项目""小课题""微沙龙"的组织形式共同研讨。很多富有特色的跨学科课程就是以这种方式开发出来的。学校也积极支持教师们走出去，参加市区级培训或兄弟学校教育教学研讨活动，或取经，或传经，在充分的专业交流中互通有无、互相促进。

"自上而下"与"自下而上"相得益彰，人大附中教师有口皆碑的教学能力就是这样磨炼并传承下来的。此外，教师们的科研能力也很强。近4年来，我校共有19个国家级、部级课题，36个市级课题，67个区级课题在研。高质量科研对教学的反哺作用愈来愈明显，教学科研形成良性互动，共同促进教师专业发展。

（六）文化蓄势：历史积淀与精神传承生发源源动力

秉承"爱与尊重"的育人理念，倡导"奉献、团队、科学、创新"的精神传承，人大附中形成了稳固而又充满活力的"学校文化场"。[①]顾泠沅教授曾指出："一所学校文化场形成，它就对存在于它的'场'内的每一个成员都施加一些'力'和'能量'，具有激励和凝聚、熏陶和潜移默化、自律自省和约束、扩散和辐射的功能。"[②]人大附中文化场的突出特征是创新、开放、包容、进取，这些文化基因正是我们持续推进拔尖创新人才早期培养事业的底气和原动力。

学校领导干部以身垂范，以自己对事业的激情和追求带动着教师，影响着学生，产生了"头雁效应"。高素质的师资队伍和高需求的学生相互激发、相互成就，形成了超越世俗功利、追求自我实现的教育气象。不同班级的学生常在一起上选修课、开展社团活动，毕业的学长也经常回到母校为在校生传经送宝，传承卓越。

人大附中还注重构建自由、开放、包容的制度环境。学校变"管理"为"治理"，以实现人的和谐发展为目标，充分尊重、信任师生，鼓励师生拥有"突出特长"，积极为师生搭建展示平台，提供资源支持。学校支持教研组根据需要引进不同学术背景的高水平教师，促进组内教师的良性竞争和合作。自由、宽松的

① 陈万根，王坤，王珊，王朝贤.学校文化场效应的现实表征与提升策略 [J].教育科学论坛，2021（25）：11–13.

② 李保明.理想教研文化的建设 [J].教学与管理，2008（2）：21–22.

氛围也推动了跨学科、跨学段、跨项目、跨学校的教师深度交流，实现了优质教学经验的自我更新和辐射传递。

面向未来，人大附中将继续探索面向人人、具有普适性的拔尖创新人才早期培养模式，为更多中小学提供借鉴，为实现教育强国贡献智慧与力量。

以示范帮扶助力教育高质量发展

"双新"示范校建设的重要任务之一，就是示范引领。《普通高中新课程新教材实施国家级示范区（校）建设指南（2020年7月版）》指出："示范区（校）要培育、总结和提炼本区（校）在普通高中新课程新教材实施中形成的典型经验和优秀成果，在全省乃至全国发挥示范、引领和辐射作用。积极履行社会责任，加强对薄弱地区、薄弱学校的结对帮扶力度。"

当前，我国教育正在向高质量迈进，但区域、校际发展不均衡以及教育质量发展不充分的问题仍然突出。破解这个时代命题，除了靠政府主导，示范校积极发挥示范、引领和帮扶作用，也是一条重要途径。人大附中从2002年获评北京市首批高中示范校起，就开始将优质资源向外辐射。学校以"引领"和"担当"为己任，一方面在基础教育改革创新的最前沿探索；另一方面，帮助更多的薄弱校和教育欠发达地区提升办学水平，由于成果突出，2014年被国务院授予"全国社会扶贫先进集体"。

2020年7月入选"双新"国家级示范校以来，人大附中基于近20年教育帮扶积淀，结合教育部的要求，统筹规划，融合推进，持续、深入开展示范帮扶行动。在实践中，致力于探索精准型、长效型、治本型的示范帮扶，逐渐形成"两面向、全覆盖、多举措"的实践模型。"两面向"，是指帮扶对象大致分为两大类：一是面向人大附中联合总校各成员校，二是面向人大附中联合总校以外。"全覆盖"，是指帮扶内容涉及干部输送、教师培养、课程建设、课堂教学等学校工作的方方面面。"多举措"，是指多种帮扶模式齐下，持续发力。

对内辐射引领：联合共享优质资源，打造"发展共同体"

集团化办学是推动优质教育资源共享、实现教育公平的重要手段。人大附中基于10年教育帮扶的实践，于2012年成立人大附中联合总校，至今已有20余所成员校。在多年的探索中，形成了较为完善的联合共享机制，如派出"领头人"、实地调研指导、联合教研、危机干预等，为各成员校的可持续发展提供保障。同时，将各成员校紧密联合起来，成为"文化价值共同体""教师成长共同体""教研科研共同体""学校发展共同体"，在"共同体"框架下展开一系列的示范帮扶行动（见图1）。

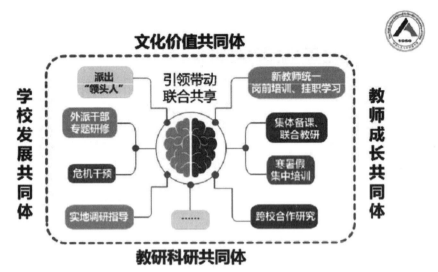

图1　面向人大附中联合总校各成员校的帮扶行动

教师的专业发展，是集团化办学和"双新"实施取得成效的关键。人大附中联合总校通过完善的教师培养机制，助推各成员校教师快速成长，孕育教师"自发展力"。

1.跟岗学习、集中培训

人大附中牵头，联合总校组织协调各成员校的教师招聘。新教师入职后，参加统一的岗前培训。部分成员校的新教师在人大附中跟岗1~2年。据统计，2020—2024年，共有43名成员校教师在人大附中跟岗培训。在这里，他们与人大附中资深优秀教师结为师徒，在专家、名师手把手的指导下成长；他们听课、观摩，参与教研组、备课组活动以及海淀区教师进修学校的培训活动等，并走上人大附中的讲台授课……这种基于人大附中教育教学现场的浸润式、参与式培养，不仅有助于新教师快速提升教学水平，同时也有利于本部学校文化的熏染，有利于集团内教师形成一致的价值观、教学质量观。这些教师返校后，很多都成为各学科的骨干，担任部门负责人、教研组长、备课组长等，将在人大附中习得的精神文化、教育教学经验向更多教师辐射。

人大附中每年的教科研年会、暑期培训大会，是全体教师集中研讨、共同学习、共谋发展的重要平台，成员校教师也以线上线下的形式一同参与。2019年暑假，人大附中举办教师培训大会，设 1 个主会场，15 个分会场，联合总校成员校共计 7 000 多人次参训。一位来自人大附中朝阳学校的老师称此次培训带给他前所未有的震撼。他说："这是一次教育的盛会，各种新理念、新知识、新技术扑面而来。我全程 7 天参会，一场报告都没有落下，手机拍照、录像直到发烫，一共拍摄了近 500 张照片、50 个视频，手机内存几乎用光。回校后，我立马将这些资料分类整理，制成文本，组织组内教师学习借鉴。"

2. 集体备课、联合教研

教师专业能力提升的关键途径在课堂，教师资源共享最重要、最有效的方式是集体备课、联合教研。大家集思广益、互通有无、取长补短，在最大限度地实现教育教学目标的同时，也使得每个人都站在他人和团队的肩膀上快速成长。

"双新"实施以来，人大附中牵头组织，加强集团校内集体备课、联合教研。在常态化的教育教学工作中，人大附中和成员校教师集体备课，共同教研，共享自编教辅资料和课后练习题，重要考试统一命题。各成员校同学科、同年级的教师组建一个总备课组，由一位或多位人大附中骨干教师担任备课组长，定期组织集中研讨，内容包含学科核心素养、课标和教材分析、教学过程设计、单元评价设计等，每一位教师都是参与者、互助者。在多年的实践中，逐渐形成"五定、五备、三统一"的常态化集体备课制度（见图 2）。

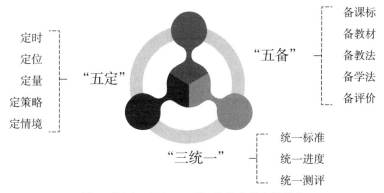

图 2 "五定、五备、三统一"的集体备课制度

聚焦课改难点、痛点、热点，人大附中与成员校教师共同研讨、交流分享。2024 年 5 月，人大附中精心策划、举办了"人大附中新技术赋能课堂教学改革的探索与实践暨人大附中联合总校教研活动"，展示了 14 节不同学科的公开课。这些课均体现出人工智能技术的融入与跨学科教学方法的创新，吸引了约 200 名来自本部及成员校的教师积极参与，共同交流探讨人工智能在课堂教学改革中的应用。

此外，人大附中还牵头组织巡课评课、公开课研讨、同课异构等活动，并组织骨干教师走进成员校听课、观摩、诊断、指导，助力各成员校更好地开展教育教学改革。

3. 跨校合作研究

团队合作是联合总校教师资源共享的另一种模式。人大附中与成员校的教师自发组建微团队，合作开发新型课程，如跨学科 STEAM 课程群、人工智能课程群等；共同开展课题研究，如"中学生生涯指导课程的实践探索与效果评价""高中思想政治课活动型课程的设计与实施研究"等，兼顾各类学校特色、水平，使得研究成果更具有普适性和推广价值。这个过程并不只是人大附中教师的单向输出，而是打破学校边界，实现资源的互惠、互鉴和互补，最终形成优质共生的创生性发展新局面。

对外帮扶带动：分享先行先试经验，服务国家发展战略

面向人大附中联合总校以外的帮扶需求，学校主要借助多种平台、项目，统筹调配各种资源、手段，形成"组合拳"，多措并举地开展帮扶行动，扩大优质资源覆盖面。

1. 示范、引领、带动，积极分享先行先试的经验成果

示范校通过先行先试的探索，形成具有学校特色的实践模型，积累指向问题解决并具有示范作用、借鉴意义和推广价值的典型经验和优质成果，是有效示范、引领、辐射的基本路径。

一是将在课改关键领域形成的有效经验向外辐射。人大附中入选"双新"国家级示范校以来，已取得一些突出成果，并积极借助各种平台对外交流、展示。例如，人大附中在大中小学思政课一体化建设方面成效突出，先后承办教育部"2020 年深化新时代学校思想政治理论课改革创新"现场推进会、"北京市大中小学思政课一体化建设"现场会等，为兄弟学校提供经验借鉴。学校领导、教师多次在市、区里介绍人大附中的劳动教育、人工智能教育、特色课程建设、拔尖创新人才培养等，将在关键领域形成的有效经验向外辐射。2022 年 5 月，刘小惠校长受邀参加"2022 年广西新课程新教材实施经验交流暨教学展示活动"并作主题报告，与广西同仁分享操作性较强的新课程实施策略。2024 年 1 月，在海淀区普通高中国家级"双新"示范区、示范校工作总结会上，刘小惠校长以《高质量推进"双新"示范校建设，为拔尖创新人才培养厚植沃土》为题作报告，分享人大附中推进"双新"示范校建设的经验和收获。

二是充分发挥名师资源在区域教研中的作用。人大附中有着宝贵的名师资源，特级教师、市区学科带头人、骨干教师、兼职教研员等100多人。他们投身新时代课堂教学改革与创新的最前线，已成为海淀区乃至北京市教研、科研和教师培训的重要力量。三年"双新"示范校建设期间，人大附中承办区级以上教学研讨会、论坛、现场会100余次，推出示范课、研究课200余节；各学科教师作为主讲人承担区级教研活动400余次，内容涵盖教材与教法分析、复习与命题策略、专题讲座等，辐射带动更多同行深入开展改革创新实践。

三是借助网络平台展出公开课、精品课。人大附中早在2005年就发起成立"国家基础教育资源共建共享联盟"（简称"联盟"），目前已将优质资源辐射全国31个省、市、自治区，发展联盟校8 600多所。"双新"实施以来，学校积极在"联盟"平台上展出公开课、精品课，供全国各地的同行观摩。2020年3月—7月，学校在"联盟"平台上开通初、高中同步课堂，同时直播人大附中公开课，合计1 000多节。2020年9月至今，人大附中每周录制初、高中公开课并上传"联盟"平台，合计1 000多节。2020年以来，学校教师还积极承担教育部"基础教育精品课""国家中小学网络云平台"、中国教育电视台"同上一节课"、北京市空中课堂、海淀区空中课堂研发工作，共录课400多节。

四是形成著作、论文等科研成果。人大附中鼓励教师将教学实践提升为科研成果，通过发表论文、出版著作等，辐射影响更多的同行。例如，在《人民教育》杂志发表论文《以"一核·两翼·三层级"课程体系推动学生全面而有个性的发展》，在《中国教育学刊》杂志发表论文《中学创新人才早期培养实践探究——以人大附中为例》。目前，已出版《走进古典诗词写作》《佟先生的语文课》《青春红楼：红楼梦整本书阅读》《中学论语专题精讲》《汽车中的化学：指向核心素养的深度教学实践》《高中数学教学情境与问题设计》《你好中小学人工智能》《讲透高中物理：力学》等专著20余本。

五是接收高校实习生及兄弟学校教师跟岗学习。人大附中积极发挥北京市中小学教师教育基地学校的作用，2020—2024年，共接收来自北京大学、北京师范大学、中国人民大学、首都师范大学等高校的实习生140余人及其他兄弟学校的教师70余人跟岗学习。

2. 着力对口帮扶，服务国家发展战略

人大附中与党和国家的事业发展同频共振，近些年，积极落实《教育脱贫攻坚"十三五"规划》《"十四五"县域普通高中发展提升行动计划》等文件精神，以优质校帮扶服务国家发展战略。

为助力老区、边区教育发展，人大附中分别于2019年、2020年与陕西省延安中学、云南省兰坪县第一中学结为联谊校。学校多次组织干部、教师赴延安支教，开展主题报告、示范课、学术讲座、座谈等活动。延安中学 11 位教师在人大附中跟岗听课一周。人大附中、联合总校领导班子多次赴兰坪，开展定点帮扶脱贫攻坚工作调研。人大附中教师在线上为兰坪一中师生开设音乐、心理专题讲座。兰坪一中的干部、教师受邀来京观摩、交流。兰坪县部分教师到人大附中跟岗学习一个月。

从 2022 年起，中央组织部、教育部等八部委联合开展国家乡村振兴重点帮扶县教育人才"组团式"帮扶工作。为切实提高帮扶工作质量，教育部充分发挥专家对教育帮扶的研究、咨询、指导作用，组建了教育人才"组团式"帮扶工作专家顾问委员会，人大附中校长刘小惠被聘为专家顾问委员。2023 年 3 月 28 日—29 日，刘小惠校长率 15 人组成的工作团队，分四个调研组，分赴甘肃省武威市古浪县第五中学、白银市靖远县第二中学、白银市会宁县第五中学、定西市渭源县第一中学进行调研，深入了解四县一线支教帮扶工作的开展情况，为支教校长提供咨询建议和帮助。

2022 年 5 月，教育部组织实施部属高校县中托管帮扶项目。按照教育部的部署，中国人民大学与云南广南县第一中学、河北威县第一中学、河北南宫市南宫中学三所县中建立托管帮扶关系。在人民大学的带领下，人大附中与三所县中积极对接，研究制定帮扶方案，发挥示范引领作用。2023 年 4 月 26 日—27 日，人大附中相关领导、骨干教师、部门负责人一行 12 人，先后赴河北南宫中学、河北威县第一中学，通过调查研究、听课评课、召开座谈会等方式，与两所中学的同仁进行深入交流研讨，扎实推进帮扶工作。

2023 年 6 月 15 日—19 日，人大附中调研团一行 14 人来到云南广南县第一中学，通过调查研究、听课评课、召开座谈会等方式，与广南一中教育同仁进行深入交流研讨。调研团依据语文、数学等九大学科进行分组，深入到高一、高二年级课堂观摩随堂课共计 18 节，针对教学过程中的特色、亮点和实际问题提出了建设性的意见和建议。同时，召开座谈会，与各教研室教师进行了学科交流活动，就新课标解读、新高考备考、课堂教学改进、学科教研开展等问题进行深入交流。

其间，调研团特意赴广南县落松地小学参观学习，并听取了落松地小学"全国最美乡村教师"农家贵老师的报告。农老师坚守"麻风村"36 年，用"一心一意守初心，一校一村一辈子"的坚守，照亮深山孩子的求学之路。他的事迹深深打动了调研团的每一位老师。

2023 年 7 月 15 日，在"躬耕教坛 强国有我——人大附中 2022—2023 学年度教职工培训大会暨第 23 届教科研年会"上，学校特意邀请农加贵老师来到会场，给全体教师作报告。农老师带给大家的，是一次心灵的触动，更是一次精神的洗礼。

据统计，2020 年 9 月—2024 年 7 月，人大附中共计完成了 9 省 21 个县（市）21 所学校的走访调研、对口帮扶工作（见表 1），以听评课、作报告、交流座谈等多种形式示范如何实施新课程、新教材。

表 1　人大附中 2020 年 9 月—2024 年 7 月京外支教帮扶情况汇总

时间	省份	受援单位	支教帮扶团队
2020 年 9 月	云南省	兰坪县第一中学	脱贫攻坚工作调研团队
2021 年 7 月	海南省	人大附中三亚学校	"双新"示范校项目团队
2023 年 3 月	甘肃省	古浪县第五中学	"组团式"帮扶刘小惠顾问委员团队
		渭源县第一中学	
		靖远县第二中学	
		会宁县第五中学	
2023 年 3 月	贵州省	威宁彝族回族苗族自治县民族中学	"组团式"帮扶周建华顾问委员团队
		织金县第三中学	
		六盘水市第八中学	
		纳雍县第五中学	
		赫章县实验中学	
2023 年 4 月	河北省	河北南宫中学	县中托管帮扶项目调研团队
		威县第一中学	
2023 年 4 月	海南省	人大附中海口实验学校	
		人大附中三亚学校	
2023 年 6 月	云南省	广南县第一中学校	县中托管帮扶项目支教团队
2023 年 7 月	陕西省	延安中学	初中支教团队
		延川县延远中学	
2023 年 7 月	四川省	荣县第一中学校	高中支教团队

续表

时间	省份	受援单位	支教帮扶团队
2023 年 7 月	贵州省	贵阳市教育局	初高中支教团队
2024 年 5 月	河北省	河北南宫中学来访	全校
		威县第一中学来访	
2024 年 5 月	浙江省	杭州外国语学校来访	全校
2024 年 6 月	广西壮族自治区	南宁市第二中学	高中支教团队
		柳州铁一中学	
2024 年 7 月	贵州省	贵阳市教育局	初中支教团队
2024 年 7 月	海南省	三亚市教育研究院（面向全市中学）	初高中支教团队
		海口市教育研究院（面向全市中学）	

　　随着"双新"示范校建设的不断深入，人大附中教育改革和教育帮扶的行动也将持续推进。教育是成风化人的事业，需要倾心倾力、久久为功，示范引领、教育帮扶亦是如此。经过了 20 余年实实在在的探索，教育帮扶已成为人大附中的一项事业，内化为人大附中人共同的价值追求和自觉行动。在建设教育强国的进程中，人大附中还将以求真务实、真帮实干的精神，继续发挥示范、辐射、帮扶作用，助力基础教育高质量发展。

后　　记

　　《厚植沃土　深耕内涵——人大附中"双新"国家级示范校建设探索》一书，是近 5 年人大附中高中教师在校本化实施新课程、新教材过程中的成果荟萃。

　　在编写过程中，我们深入探寻学校各个角落所发生的变革与成长，从国家课程方案的严格落实，到校本课程的迭代更新；从课堂教学样态的创新探索，到跨学科学习活动的蓬勃发展；从核心素养导向的原创命题开发，到多元化的评价体系持续完善；从教研、科研活动的深入开展，到系统化、专业化的教师队伍建设；从学生发展指导体系的逐步完善，到良好育人生态系统的构建……为了使这些成果更好地呈现出来，我们走进每一个学科教研组进行访谈，先后与上百名一线教师做了深入交流，收集了几百万字的文字资料及大量照片、视频资料。在此基础上，我们历经无数次研讨，精心搭建内容框架，深入挖掘亮点和特色，几易其稿、反复打磨，不断优化、更新，最终撰写出这本 30 余万字的书稿。

　　本书虽尽力涵盖众多关键领域与突出亮点，却依然存在挂一漏万的遗憾。学校在"双新"实施中的有益探索、宝贵经验、优秀成果实在太多、太丰富，由于篇幅有限，未能全部收录其中。那些未被详述的点滴，同样是人大附中前行路上坚实的脚印，共同构筑起这一伟大教育变革实践的成果大厦。也正是每一位人大附中人永无止境的探索和创新，为学校发展源源不断地注入蓬勃活力，推动着学校不断向前发展、行稳致远。

　　作为首批普通高中新课程新教材实施国家级示范校，我们也希望借助本书的出版，分享人大附中在构建五育并举的学校课程体系、创新课程组织管理方式、深化教学改革、推进考试评价改革、加强校本教研、发挥示范引领与对口帮扶等方面先行先试的经验成果，为更多的教育同仁开展此项工作提供启发和借鉴，影响、带动更多的教育同仁，共同积极投身建设教育强国的行动中，书写更多、更精彩的教育篇章。

　　本书的出版，得到了人大附中领导和老师们的大力支持、帮助和理解，得到了中国人民大学出版社大众出版分社社长赵有光及编辑黄婷、程子殊等的鼎力相助，在此一并表示最诚挚的感谢！

编者

2025 年 1 月 3 日

图书在版编目（CIP）数据

厚植沃土　深耕内涵：人大附中"双新"国家级示
范校建设探索 / 刘小惠主编. ——北京：中国人民大学
出版社，2025.4. ——ISBN 978-7-300-33727-2

Ⅰ. G637

中国国家版本馆 CIP 数据核字第 2025SF9550 号

厚植沃土　深耕内涵——人大附中"双新"国家级示范校建设探索

主　编　刘小惠

Houzhi Wotu　Shengeng Neihan——Renda Fuzhong "Shuangxin" Guojiaji Shifanxiao Jianshe Tansuo

出版发行	中国人民大学出版社			
社　　址	北京中关村大街 31 号		**邮政编码**	100080
电　　话	010-62511242（总编室）			010-62511770（质管部）
	010-82501766（邮购部）			010-62514148（门市部）
	010-62515195（发行公司）			010-62515275（盗版＋举报）
网　　址	http://www.crup.com.cn			
经　　销	新华书店			
印　　刷	北京宏伟双华印刷有限公司			
开　　本	720 mm×1000 mm　1/16		**版　　次**	2025 年 4 月第 1 版
印　　张	21.25 插页 1		**印　　次**	2025 年 4 月第 1 次印刷
字　　数	379 000		**定　　价**	88.00 元